中國歷代思想家【十四】

主編者：中華文化復興運動總會
王壽南

高攀龍・劉宗周・黃道周
朱之瑜・黃宗羲・方以智

臺灣商務印書館 發行

高攀龍

傅武光　著

目次

高攀龍

一、高攀龍的生平及其成學的一番經歷

身爲中國的知識分子，天生的要扮演悲劇英雄的角色，不論環境是多麼的艱困，都必須負起經國濟民的重任。大學上高懸明明德、親民、止於至善的目標，就是要塑造出格致誠正、修齊治平、以貫之的完人，以爲國家的中堅。明朝末年，主持東林書院的高攀龍，就是在這種模式中塑造出來的典型人物。

1

高攀龍，字存之，號景逸。常州無錫（江蘇無錫）人。生於明世宗嘉靖四十一年（西元一五六二年），卒於熹宗天啓六年（一六二六年）。享年六十五歲。

2

景逸的祖父靜成公（名材），是個孝廉，做過浙江的黃巖縣令，政聲很好。高家的家風，由他開始振興起來。父親繼成公（名德徵），生了七個兒子，景逸排行第二。靜成公有個弟弟，叫靜逸公（名較），沒有兒子。當景逸還在繈褓中的時候，靜成公就將他抱給靜逸公做嗣子。

景逸從小就顯露出異於常人的禀賦，五、六歲時，嗣母拿水果餅餌給他，他就懂得屈身拱手去接。有時叫他自己去拿，他也從來不會違命多取。誠實端重，有如成人。

3

神宗萬曆八年，十九歲，爲邑諸生。後二年，中鄉試舉人，極爲内閣大學士沈鯉所賞識，才一見面，便以「天下士」相期許。

萬曆十四年，二十五歲，這是影響景逸一生學問路向最具關鍵性的一年。這時縣令李復陽與顧憲成在黌宮講學，他跑去聽了之後，對於聖人之學，非常嚮往。於是開始揣摩門路。他想，聖人之所以成聖，一定有個下手處。可是好久好久都揣摩不出。

一天看朱子《大學章句》，看到「入道之要莫如敬」的話，就專心致力於收斂心神，裝出一副篤恭莊敬的樣子；可是這樣一來，反而覺得昏氣鬱塞，好像被繩索綁住似的，渾身不自在。然而才 放鬆，卻又散漫如故。爲此，他頗感徬徨失望。

過了一段時間，他忽然想起程子所說：「心要在腔子裏」的話，心裏很高興；可是又不知「腔子」是指什麼？急切之間，又找不到注釋，頗感迷惘。後來偶然在小學中看到解釋說：「腔子猶身子耳」。一時興奮得不得了。因爲這樣一解說，方才局促在方寸之間的心，頓時擴充到全身；不再有拘礙的感覺，所以整個人馬上輕鬆快活起來。

這時，有個名叫羅懋忠（號止菴）的學者，來跟他講論李見羅（材）的學說。李見羅的學說，以「修身爲本」爲主，跟景逸當時所信守的相合，因此更確定了他的自信，不再有所懷疑。

4

萬曆十七年，景逸二十八歲，成進士。這年，嗣父過世，他在家守喪三年。萬曆二十年，三十一歲，到京師謁選，朝廷給他做行人司的行人，職責是奉使出外，傳宣王命。這是景逸步入宦途的開始。

面對浮沉莫測的宦海，景逸曾經作一番深切的內省，他希望藉此立下做人處事的原則，以爲航向宦海的船舵。在他對自己的內心做過一番透視之後，他發現自己平生「恥心最重」，對於羞惡之事，最感痛心疾首。他自信，憑此羞惡之心，率性而行，便可以對得起天地，對得起自己。於是他這樣對自己發誓：「吾於道，未有所見，但依吾獨知而行，是非好惡，無所爲而發者，天啓之矣。」這一信念，不僅在他渺茫的宦海中，爲自己樹立光明的燈塔，尤其是在他內心產生一股沛然莫之能禦的力量。頓時他的胸懷開闊了起來，也把自己提升了起來，慨然要以自己的雙肩，擔當這個宇宙。他信任自己的心，好像小孩子信賴自己的父母，好像教徒信仰上帝和耶穌。自此以後景逸不論蒞朝居官，或退處林下，都能直道而行、見義必爲，這不能不說是這一信念所放射出的力量。

5

就在這一年，他寫了生平第一封奏疏給神宗，表現出他過人的眼光。原來有個做四川提學僉事的張世則，反對程朱之學，自己寫了一本《大學古本初義》，上疏給神宗，大意說：「讀〈大學〉古本而有悟，知程朱誤人之甚。朱熹之學，專務尚博，不能誠意，成宋一代之風俗，議論多而成功少，天下卒於萎靡而不振。」因此請求下令廢止，並建議以他那本《大學古本初義》頒行於天下所有的學校。景逸知道了這件事，十分駭異，就寫了一封〈崇正學闢異說疏〉，他認爲「儒者說經，不能無異同，而是非不容有乖謬；是非謬則萬事謬矣。夫自孟子沒而孔子之學無傳，千四百年而始有宋儒周、程、張、朱得其正傳而絕學復續，孔子之道至程朱而闡明殆盡，學孔子而必由程朱，正如入室而必繇戶。」疏上之後，神宗很贊同他的看法，認爲「有關世教」，就沒有聽信張世則的建議。

6

《大學》改本與古本的問題，在明代產生了很大的爭論，到今天還是無法解決的疑難。所謂改本，指朱子所作的《大學章句》。所謂古本，指《禮記》中的〈大學〉篇。朱子認爲〈大學〉有錯簡，又有脫簡，於是調整了許多文句的次序，又補了〈格致傳〉。故後人稱之爲改本。到了王陽明，提倡良知之說，與朱子分道揚鑣，對〈大學〉的解釋，與朱子歧異尤大，譬如「親民」之親，不當作新，格物之義並不是即物窮理。總之，他認爲〈大學〉沒有錯簡，更沒有脫簡，本來就是一篇完整的文章，爲了別於朱子的改本，他稱自己所尊信的爲「古本」。

張世則著《大學古本初義》，很明顯的是尊信陽明那一派的說法。就〈大學〉論〈大學〉，所謂改本與古本，到底誰是誰非，孰優孰劣，這本是見仁見智的問題，正所謂「儒者說經，不能無異同」。但是，因此而說程朱之學不能誠意，壞亂風俗，則很顯然是一大誣罔，說重一些，簡直是挾門戶的私見，作人身的攻擊，這就是所謂「是非乖謬」了。景逸對此事，並不指責張世則意見有異同，而是從事實真相論是非，這是出於公義，出於本心之不容已。這也是他「恥心最重」，因而見義勇爲的表現。由此也可看出景逸此時就已堅定地尊信程朱之學了。

7

行人司衙門裏，有很多藏書，一有空閒，他就恣意閱讀，對於朱子和薛敬軒（瑄）的著作，更是讀得細心；凡是有會心處，便立即摘錄。一天讀到薛敬軒「一字不可輕與人，一言不可輕許人，一笑不可輕假人」的話，他內心又受到很大的震撼，從此，這幾句話就深深地烙印在他的心田裏，每動一念，每做一事，必求無愧於這幾句話才安心。薛敬軒是明朝初年的大儒，爲學完全宗仰朱子，取朱子「知其性之所有而完之」之話，而提出「復性」的主張。以爲爲學的目的在復其性，方法則是「敬」。他這種主張，對景逸的思想發生很大的影響。

8

景逸是個善於自省的人，無論讀什麼書，都要引到心上深思一下，證驗一下。經過一番用功勤讀之後，有一天，他又忽然猛省道：「讀書雖多，不甚得力者，尊德性工夫少也。」因此他想起朱子「半日讀書，半日靜坐」的話來。也開始嘗試著空出半日的時間來靜坐，以涵養德性。無論家居、出遊，每天都不忘這項工夫；或者在水邊的石上，或者在茂林修竹的涼蔭下，隨處都在實驗。

有一次靜坐久了，深思所謂「閑邪存誠」的精義，覺得自己此刻已經完全沒有邪念，整個心都透體晶瑩，毫無沾染，一片是誠，並不須向別處另覓一個「誠」。他忽然覺得精神奔放，暢快淋漓，好像長年伏櫪的駿馬，脫了韁繩，獲得大自由、大自在。至此，經由靜坐而得到的「尊德性」的效驗，讓他親自體證到了，他益發尊信朱子的學說，益發堅信聖人可學而至。從此「半日讀書，半日靜坐」就成了他所依循的不二法門。也由於靜坐，更使他習於內省；而每一內省，都使他很自然地跳上人生更高的層面。景逸一生品學之完粹，最最得力處，就在於他不住的內省。

9

萬曆二十一年，景逸三十二歲，這一年內閣首輔王錫爵一口氣排擠掉不肯黨附自己的官員，達六十餘人之多；景逸義憤填膺，又寫了一封〈君相同心惜才遠佞疏〉給神宗。疏中痛責王錫爵私心太重，又斥及他的黨羽鄭材和楊應宿，請神宗加以罷黜。王錫爵看了這封奏疏，大怒，請旨將景逸貶到廣東揭陽去做添注典史的小官。

10

被貶之後，景逸回到了自己的家鄉，先前在朝的那股慷慨激昂的義憤，漸漸地隨著歲月的遷流而平靜下來，而擺在眼前的現實——下一步該走的路，卻是遠赴廣東的揭陽！我為什麼要到揭陽？為什麼「忠而被謗」？所謂天道，是耶？非耶？景逸困惑了。望著南天的白雲，他陷入無邊無涯的沉思。這時他清楚的感覺到，有一股不平之氣，慢慢地從心田裏升起。他形容自己此刻的感受是「胸中理欲交戰，殊不寧帖」！

11

第二年的秋天，景逸啓程赴揭陽上任。他絕大部分是沿水路南下；沒有水路的地方，才捨舟陸行。他歇腳的第一站是杭州。在那裏，他結識了一個名叫陸粹明（號古樵）的學者。他是廣東新會人，為人清苦澹默，終日靜坐，有時甚至經月閉戶不出。他的老師是潮陽的蕭自麓，蕭自麓又師事羅念菴（洪先），且又宗仰陳白沙（獻章），所以他們師弟所講的是主靜之學，這與景逸主張靜坐，不謀而合。因此景逸也從陸古樵的學問上得到很多啓示，尤其服膺他所說的「只要立大本，一日有一日之力，一月有一月之力。務要靜有定力，令我制事，毋使事制我」的話，因此他更確信靜坐對涵養德性之重要性。

在杭州，他們一塊兒遊覽西湖的景色，談論了好幾天。有一天，陸古樵問景逸：「本體如何？」景逸一時茫然，不知如何作答，只隨便引《中庸》「無聲無臭」的幾句話應付應付；但自己心裏明白，那是強不知以為知，並非真有所見。他覺得好難過好難過。那晚，月明如洗，照得山川妍麗嫵媚。大夥坐在六和塔畔，舉杯邀月，酣暢無比，可是景逸始終快樂不起來，好像受了什麼拘束；縱然勉強鼓起興致，而心神總不附貼。夜深別去之後，他又作一番深切的內省：爲什麼今日面對良辰美景，知己勸酬，而我卻如此納悶？想了又想，猛然發現，自己雖然讀了很多書，但還是「於道全未有見，身心總無受用」。一下子，他又把從前的種種工夫，種種受用，全部否定掉了。事實上，以他的好學，以他的工夫，怎可能「全未有見」？只是他進步了，他正不斷地一步一步往人生較高的層面跳升；每跳升一層，便不滿方才所停留的那一層。好像登山，登上山腰，回望山麓，自然會有一陣新奇的喜悅；可是仰望山頂，又不滿於山腰。景逸就是這樣一味的對現有的成就感到不滿，所以不斷地使他的生命，往上昇華。

經過這次反省，他內心又產生一股莫可抗遏的力量，要求他自己非要在這次謫居的歷練中，徹底變化氣質，看清自己的本來面目不可，否則「此生真負此身矣」。於是在次日南行的舟中，繼續依循朱子「半日讀書，半日靜坐」的途徑，立下課程，每日不斷地用功。在靜坐時，胸中有不妥貼的地方，便拿程朱所指示的法門，諸如「誠敬」、「主靜」、「觀喜怒哀樂未發之中」、「默坐澄心體認天理」等，一一試行，無論飲食、作息，都念念不忘。入夜也不解衣；倦了就和衣而睡；睡醒又坐，再將前面各法反覆實行。漸漸的，他有時可以感覺到，心氣和平，毫無雜念，全副精神充塞於天地之間；只是不能維持很久。

12

景逸離了杭州以後，溯錢塘江而上，至常山，然後陸行。經過武夷山時，特地去拜謁朱子祠，以及朱子的高足蔡九峯（沈）祠，因這裏的武夷精舍，就是從前朱子講學的地方。對於朱子，景逸慕臆已深，此時來到他講學的故址，髣髴時光倒流了四百年，而與這一代鉅儒相晤於一堂。景逸內心所激起的，何止是「高山仰止」之情呢？

在此遊覽一番後，又取道延平、清流，而於九月中旬到達汀州。這段路程，山重水複，風景奇絕。他形容這時的感受是：「溪聲鳥韻，茂樹修篁，種種悅心，而心不著境。」可見他讀書、靜坐的工夫，正是積日有功呢。

13

過了汀州，走了一段路，到一家旅舍住下來。這家旅舍，有一個小樓，前門面對青山，後簷瀕臨深澗，景逸登上小樓，面對月光下清美的山川景色，怡然忘倦。他信手拿起二程的語錄，靜靜的閱讀。忽然有一段話，猛烈地觸動他的靈知，而引起鉅大的共鳴。那段話說：「百官萬務兵革百萬之眾；飲水曲肱，樂在其中。萬變俱在人，其實無一事。」他重複地唸著。唸著，唸著，他忽然頷首微笑，一邊合上書本，一邊自語：「原來如此，實無一事也。」一剎那間，他覺得自己的心擴大到無邊無際，晶晶瑩瑩，坦坦蕩蕩；沒有一絲念頭，沒有一絲掛累。先前胸中的理欲之戰，至此完全平息。所顯現的是一片太虛；日月星辰、山河大地，乃至整個宇宙都包羅在其中，一時分辨不出是我在宇宙中，還是宇宙在我心中。那種輕鬆快活之感，就好像卸下百斤重擔，憩息於綠蔭之下，有一種莫可言喻的清涼。就這麼電光一閃，景逸看清了自己的本來面目。

14

程朱學派的理學家，都很鄙夷人家說：「悟」，認爲那是禪宗的玩藝兒。像朱子自己，就毫不客氣地批評象山的那一套是「蔥嶺帶來的」。景逸尊信朱子，對於「悟」字，本來也非常忌諱。可是經過這一晚的親身證驗，景逸倒覺得那是一樁極平常，而且極重要的一段過程了。從此以後，他講學不再忌諱說「悟」，反而認爲「學必須悟，悟後方知痛癢」，「從此方好下工夫」。這是他志學以來，最大的收穫，最大的轉變。

本來探求人生真義與宇宙本源，有很多的途徑。大部分的人總是走了運用理智的那條路；可是運用理智的結果，往往只製造出一些難以調理的名言概念；在這些名言概念之間，又引出無窮的問題，又須勞駕理智再引出許多名言概念來解決。如此循環無端，問題越引越多，終使理智自身窮於應付；而離所要追求的人生真義，越來越遠。今天科學之進步，文明之發達，就是運用理智的總成績。它對人類衣食住行方面的基本需求上，可說圓滿的達成了任務；但這也止於對人類之追求美善，構成一助緣，並未使人類都提撕向上，認識了人生的真義與宇宙的本源。相反的，只見物欲橫流，人心陷溺，有不可自拔之勢。可見理智並不是萬能的。

其實，在生命現象的現實世界，與性理本體的理想世界之間，並沒有中間物隔斷；但要由現實世界化為理想世界，卻需要一段工夫。這段工夫，需要理智的運用，但運用到某一階段，必須放下理智，而以自己的身心去證驗。若缺少了這段體驗工夫，則又如前面所述，陷入名言概念的膠漆之中。朱子講學最重「格物」，要人「因其已知之理而益窮之，以求至乎其極」，這是屬於運用理智的工夫。可是朱子又說：「至於用力之久，而一旦豁然貫通焉，則眾物之表裏精粗無不到，而吾心之全體大用無不明矣。」要達到「豁然貫通」的境地，自然需要經過身體心驗的過程，而所謂「豁然貫通」，其實就是「悟」了。景逸學本朱子，所不同的就在朱子忌諱言「悟」，而景逸不諱言「悟」。

15

景逸經過這一「悟」，所看到的「本來面目」是什麼樣子呢？原來「性上一物無有」，不可執著，若執著於某一事某一物，就是性上有了沾染與牽累；如執著於名，執著於利，執著於福澤等，就是性上受到名利福澤等物的沾染與牽累；既受沾染與牽累，便不能快活自在。不幸的是，人類一降生於世上，就掉入得失、成敗、禍福、榮辱、貧富、貴賤、利害、生死等等無常的泥淖中，要使性上沒有絲毫沾染與牽累，簡直是不可能。所以人人都需要費一番工夫把這些沾染與牽累除去，以呈露他的本來面目；這樣才能獲得大快活、大自在。當然，這番工夫是十分艱苦的，必須不斷的磨練，不斷的涵養。一旦火候夠了，自然就能像蓮花一樣，出汚泥而不染，應物而不著於物，也就是程子所說的「物來順應，物去不留」。到此境地，則不論是統領「百官萬物，兵革百萬之眾」，或是退處林下「飲水曲肱」，都沒有在我心上留下一點痕跡。所以無往而不「樂在其中」。就好像浮雲掠過太空，雖一時紛紛擾擾，變化莫測；但過後仍是虛淨澄明，一物不留。所以景逸曾說：「人想到死去一物無有，萬念自然撇脫；然不如悟到性上一物無有，萬念自無繫累也。」他後來所以能夠把生死看得很開，從容的殉國，就是得力於此一悟，見性見得真，工夫下得密啊！

16

景逸自七月下旬啓程南下之後，經過兩個多月的跋涉，終於在九月下旬抵達揭陽。

揭陽位於廣東東南靠海的地方，它的東鄰就是潮州了。景逸在揭陽，除了在官舍中教讀儒童的本分工作外，一方面仍然保持在舟中時所訂下的規程——讀書、靜坐；一方面出遊訪友，講學論道。其中談得最相投的要數潮陽的蕭自麓了。他就是先前在杭州所邂逅的陸古樵的老師。自麓之學，出於陳白沙與羅念菴，以主敬爲宗。與景逸主張靜坐，是同一路數。這無形中又給景逸增加了一份信心，證明他以靜坐爲涵養德性的方法是很正確的。

17

景逸在揭陽待了差不多三個月，就乞差回鄉去。臨行，蕭自麓對他說：「公當潛養數年，不可發露。前輩皆默用一陣堅苦工夫，故得成就耳。」景逸深以爲然。

行至漳州，遇到當時很有名的學者李見羅。他是江西豐城人，這時因獲罪遣戍於此，年紀已經很大了。見羅之學，拈出「止修」二字爲宗旨，教人「知修身爲本而止之」。他認爲浩然一身，稟自天地。其明德善性，與天地萬物相貫通，是一純粹至善；也是齊家治國平天下的根本。所以止於至善，就是止於心性之善；要發明心性之善，就要修身；知修身，就是知本。他這種主張是針對王學末流所謂現成良知而發的，意在匡救空講而無實修的弊病。景逸與他談論數日，印象十分深刻，後來他曾回憶這段經歷，並讚佩地說：「李見老揭修身爲本，於學者甚有益，故遊其門者，俱切實可觀，其於明宗（案李見羅以『修身爲本』爲學之宗）之旨，蓋未嘗不心服也。」景逸一生主張格物窮理，修身實踐，固然是遵循朱子的老路；但也可以說受了李見羅很大的影響。

別了李見羅，又經過把月的長途旅行，終於在第二年的二月初，回到了無錫。這次回鄉，在景逸的生命歷程上，具有很深的意義；因爲，從此景逸開始過他悠悠二十七年的隱居生涯——這時他才三十四歲。

18

次年，他的生父與生母，相繼去世，遺囑將財產均分爲七份（景逸七兄弟），景逸因自己另有嗣產，不肯接受，便把他所分得的那一份，設置「義田」，以贍養親族。

辦完父母親的喪事後，景逸在太湖邊上，蓋了一座小樓，打算在此遯跡終老。他給這座新居取名叫「可樓」，意思是「無所不可」。他在那兒，除了讀書、靜坐之外，常常帶著幾個小童倘佯於湖上，往往十天半月才回來。就這樣，他在太湖三萬六千頃的碧波上，送走了無數的夕陽和素月。

19

可是，讀中國書是愈讀愈不能忘懷天下國家的。聖賢的教訓，千言萬語，就是要撥開你心上的雲霾與沾染，呈露出那人飢己飢、人溺己溺的責任心來。所以，雖然景逸過著悠遊無爭的日子；但他的心是血熱的，他無時無刻不關心著國家的大計與社會的風教。

萬曆三十二年，他已經四十三歲了，上距揭陽之行，正滿十年。在這遯隱的十個年頭中，常與學者往返論學，結交了很多志同道合的朋友。其中與他關係最密切的，自然是他的同鄉顧涇陽（憲成）、顧涇凡（允成）兄弟了。論學既久，跟隨他們的學生也多了起來。最後他們感覺不能沒有一個固定的講學之所了，於是他們共同捐資醵金，就在無錫重建了東林書院。

東林書院原是北宋末年楊龜山（時）的講學之所，龜山是二程的高足弟子，爲程門開了「道南」一脈；南宋的朱子，就是他的三傳嫡系弟子，景逸與顧涇陽兄弟所以選在東林故址復修書院，一方面固然是爲了紀念龜山，另一方面也表示了他們講學的宗旨，是尊信程朱的。

他們每月邀集江、浙一帶的士紳學者在東林會講三日，由景逸與涇陽輪流主持。每次開講，總有數百人參加，情況越來越熱烈，越來越盛大。

景逸感於當時學者在科舉制度下「自幼以干祿爲學，先文藝而後德行，俗根入髓，非頃刻可拔」。所以他主講東林書院，以「收攝精神，主靜立極」爲主，教學生一方面要「埋頭讀書，使義理浹洽，變易其俗腸俗骨」；一方面要「澄神默坐，使塵妄消散，堅凝其正心正氣」。這種主張對那些醉心於功名利祿而迷失本源的俗儒來說，真是一劑對症的藥石。其實，這也還是他平日所遵行的「半日讀書，半日靜坐」的老法。他由此法深得受用，所以也拿此法來教人家。而參與東林講會的學者，經過這番磨洗鍛鍊之後，也都能躬行實踐，有爲有守。像後來做吏科給事中的魏大中、官居御史的李應昇等，都頂天立地，大節凜然，令人肅然起敬。

[20] 在師友朋羣的議論切磋之中，景逸在品德學問上，也不斷地提升了自己的境界，他曾自述這段進學的程序說：「丙午（四十五歲），方信得孟子性善之旨。此性無古無今，無聖無凡，天地人只是一個。丁未（四十六歲），方實信程子鳶飛魚躍，與必有事焉之旨，謂之性者，色色天然，非由人力，鳶飛魚躍，誰則使之。勿忘勿助，猶爲學者戒勉；若真機流行，瀰漫布護，亙古亙今，間不容息，於何而忘，於何而助。辛亥（五十歲），方實信大學知本之旨。壬子（五十一歲），方實信中庸之旨。此道絕非名言可形，程子名之曰天理，陽明名之曰良知，總不若中庸二字爲盡。中者停停當當；庸者，平平常常；有一毫走作，便不停當；有一毫造作，便非平常。本體如是，工夫如是，天地聖人，不能究竟。況於吾人，豈有涯際。勤物敦倫，謹言敏行，兢兢業業，斃而後已云爾。」至此，景逸的學問功力，已達到與聖賢相契合的境界。孔子自述：「四十而不惑，五十而知天命。」景逸可算是亦步亦趨了。

[21] 在景逸、涇陽諸君子的苦心培灌下，四方前來參與講會的學者，越來越多，東林的名氣

也越來越大，終於引起了朝廷的注意。尤其高、顧諸君子所講的學問是內聖外王一以貫之的大道；本於讀書人不容己的責任心，他們講學的終極目標，自然要歸宿到家國大計與世道人心上。他們爲全民建立一個理想，拿這個理想來衡評當時的政治；他們也建立一個人格的標準，拿這個標準來裁量當時的人物。他們儼然在廣大的社會與學術界中，樹立起一個楷模，代表正義，代表理想，成爲讀書人嚮慕的中心。漸漸的他們形成一股清流，產生強大的風力，使得朝廷中的正人君子，不論前輩、晚輩、大官、小官，都與他們聲氣相通。像大學士葉向高、朱國禎、劉一燝，吏部尚書孫鑨、周嘉謨、趙南星，禮部尚書孫慎行，兵部尚書孫承宗，左都御史鄒元標，副都御史楊漣，僉都御史左光斗等，都是朝廷的大員，而都與東林有關係。

但是，東林聲勢壯大的結果，卻招來小人的忌恨。到了熹宗天啓年間，東林已成了魏忠賢的死敵，而被誣指爲「東林黨」。於是朝廷的議論，不管正與不正，只要是對閹黨不利的，魏忠賢便指倡議的人，爲東林黨人。事實上，東林諸君子並沒有一個有形的組織，他們只是「以文會友，以友輔仁」，志同道合，羣而不黨。魏忠賢既以私人之念，目東林爲黨，自然他所謂的黨人，未必個個都是與東林有關係的。天啓五年，魏忠賢矯旨頒布的「東林黨人榜」，人數多達三百零九人，其中就有少數幾位與東林毫無關係；只因個人恩怨而被列入這張「黑名單」中。

這三百零九人裏，已有二十一人，生平不可考。其餘二百八十八人，絕大部分是進士出身。根據近人李棪先生所著的《東林黨籍考》及《東林登科錄》所考訂，則自明世宗嘉靖二十三年（一五四四年），至熹宗天啓二年（一六二二年），會試（進士試）共二十二次（科），上舉可考的二百八十八人中，有二百六十六人是分別出身於這二十二科進士榜的。也就是說，在那七十年間，每一科都有進士加入了東林的行列中。由此可見高、顧諸君子風力之大，影響之深了。在倡議修復東林書院之初，涇陽已經五十五歲，而景逸年僅四十有三。兩人攜手主持了八年，涇陽就去世了。此後領導東林的責任，就落到景逸的身上，直到他去世前一年（六十四歲）書院被毀爲止。所以，首先倡議修復東林的雖是涇陽；而主持講會較久，並集其大成的卻是景逸。

22

光宗即位（一六二〇年），下詔起用貶謫諸臣，於是起用景逸爲光祿寺丞。這時，景逸已近六十歲了。數數日子，他已在太湖的湖濱，度過了二十七年的漫長歲月。雖說中國傳統的讀書人對出處進退講的是「窮則獨善其身，達則兼善天下」，可以屈，可以伸；但無論如何，「兼善」才是讀書人的本色，而「獨善」是情不得已。要達而兼善，還比較容易；窮而獨善，就需要一番修養工夫，才能做到了。以屈原之賢，被放之後，還難免「顏色憔悴，形容枯槁」；以柳宗元之才，被貶之餘，也難免「摧心傷骨，若受鋒刃」。可知窮而無怨，實在是難。然而景逸在他長期的放逐生涯中，不僅是毫無怨言，而且還能「屈肱飲水，樂在其中」。更難能的是書院講學，砥礪德操，蔚爲風氣，影響一代學風與政治。孔子說：「孝乎惟孝，友于兄弟，施於有政，是亦爲政，奚其爲爲政。」景逸真可謂當之無愧了。其所以能如此，全得力於他的「靜」功，他曾說：「大聖賢必有大精神，其主靜只在尋常日用；學者神短氣浮，須數十年靜力，方得厚聚深培。」就是這套主靜工夫，使他涵養更深粹，而且數十年如一日。這也真不負蕭自麓所囑：「公當潛養數年，不可發露」的寶貴贈言了。

23

天啓改元（一六二一年），景逸由光祿寺丞，陞爲光祿少卿。這年春天，不斷南侵的清兵，連續攻陷了東北的瀋陽與遼陽。朝野震恐，京師戒嚴。天啓二年（一六二二年）正月，清兵又攻陷了關外的重鎮廣寧，且連下四十餘城。於是，遼東之地盡失，清兵迫在關外，危及京師。明廷人心惶惶，不知所措。景逸看出遼東之敗，敗在事權不一，經略與巡撫不合。因上〈破格用人疏〉，謂「非常之時，豈當守尋常之格」，建議「特設一防禦大臣，專理守戰」，並推薦當時任禮部右侍郎的孫承宗擔當這個重任。熹宗採納了他的建議，就命孫承宗督師，「經略山海關及薊遼、天津、登萊軍務。」果然孫承宗不負眾望，在短期內就收復了廣寧及遼河以西的失地。並且在他在職的四年之間，邊事平靜，清兵不敢再犯。足見景逸不但對局勢深有識見，且有知人之明。

同年四月，景逸上疏追論三大案。所謂三大案，就是梃擊案、紅丸案和移宮案；都發生於神宗晚年。原來神宗有兩個兒子。長子朱常洛，爲王貴妃所生；次子朱常洵，爲鄭貴妃所生。鄭貴妃十分自私，而偏受專房之寵。長子常洛被立爲太子後，她很不甘心，時時想害死常洛，以便由他的兒子入繼大統。於是在萬曆四十三年五月，有一名叫張差的漢子，手持木棍，闖進皇太子所住的慈慶宮，打傷守門的宦官李鑑，走近大殿廊簷，被捕。這就是所謂的「梃擊案」。

萬曆四十八年七月，神宗病逝。八月一日，太子常洛即位，改元泰昌，是爲光宗（原定改次年爲泰昌元年，後因光宗在位僅僅二十九天，於是羣臣議定，八月以後，改稱泰昌元年，以爲紀念。次年，原定爲泰昌元年，改稱爲天啓元年）。光宗即位到了第五天，便得了病。宦官崔文昇拿藥給他吃，吃了反而更糟，一天一夜要大便三、四十次。病到八月二十九日，情況危急，鴻臚寺丞李可灼獻上一顆紅丸。他吃了獲得暫時的安睡。黃昏時睡醒了，再吃一顆。睡到半夜，便去世。這就是所謂的「紅丸」案。

光宗生前寵幸「李選侍」，按規矩光宗既死，李選侍應該搬出乾清宮，讓新任的皇帝住；可是她沒有搬。新即位的熹宗，仍舊住在慈慶宮。後經大學士劉一燝、吏部尚書周嘉謨、兵科都給事中楊璉與御史左光斗合力催促，李選侍不得已才搬出乾清宮。這就是所謂的

「移宮」案。

景逸認爲梃擊一案，鄭貴妃的弟弟鄭國泰是主凶。鄭國泰雖已經病死；但他的兒子鄭養性，卻仍留在京師，恐有異謀，應「將鄭養性一家，發回原籍」。又認爲紅丸案的崔文昇，是鄭貴妃腹心。他進瀉藥，是「明以藥弒」，函應「明正典刑」。此外，景逸又主張殺李如禎，因他勾結叛將李永芳，又「交關鄭氏，計陷名將，殺百萬軍民，失地千里」。疏上之後，鄭養性被勒令回籍，其他則不見下文。

不久，景逸由光祿少卿，改爲太常少卿。再上〈恭陳聖明務學之要疏〉，又追究三大案，抨擊去位不久的大學士方從哲，他說：「從哲之罪，非止紅丸；其最大者，乃在交結鄭國泰。國泰父子所以謀先帝者不一：始以張差之梃，繼以美姝之進，終於文昇之藥；而從哲力左右之，培植其爲鄭氏者，鋤擊其不爲鄭氏者。一時若狂，知有鄭氏而已；此賊臣也。討賊則爲陛下之孝，而說者乃曰爲先帝隱諱則爲孝，此大亂之道也。」當時方從哲雖已去位，可是他的門生黨羽在朝廷上仍有勢力；摘取疏中「不孝」諸語，激怒熹宗，傳旨「高攀龍誣朕不孝」，將加重譴，賴首輔葉向高援救，乃罰俸一年。

不久，又改大理少卿。這時左都御史鄒元標，由於在京師創辦了「首善書院」，聚徒講學，被三個黨附魏忠賢的給事中連疏攻訐，辭職回鄉。景逸因爲也參加過首善書院的講會，乃自請與鄒元標同罷，結果得旨慰留。沒多久，又晉陞爲太僕卿。

25 景逸是本著一腔報國的熱忱與高遠的理想踏入仕途的；可是紀綱的廢弛，小人的肆無忌憚，太使他寒心了。回想從前退居林下，講學論道的悠遊日子，他不禁感嘆的說道：「宦情秋露，學境春風」。他想，與其在宦海浮沉而不能實現自己的抱負，還不如傳道授業，以厚培元氣，默移世運。於是在天啓三年（六十二歲）的春天，他又討個差事還鄉去了。歸途寂寥，寫了一本《周易孔義》。從前在東林與錢啓新講《易經》，就想把講義寫定成書的；但沒有如願，至此乃得完成。回到無錫後，又在東林書院主持講會。

26 鄉居數月，朝廷又起用景逸爲刑部右侍郎。景逸力辭，不允。這時魏忠賢已大權在握；傾陷正人，無所不爲。於是大學士葉向高、吏部尚書趙南星、吏科都給事中魏大中沆瀣一氣，共同對付魏忠賢，但仍然無奈他何。

天啓四年，景逸六十三歲，六月，左副都御史楊漣彈劾魏忠賢二十四大罪，被嚴旨切責。稍後，又被削職爲民。八月，拜景逸爲左都御史。這是都察院的最高長官，與六部尚書並列爲「七卿」；而當時的吏部尚書趙南星正是景逸的座師。景逸認爲「師生不可分掌部院」，上疏懇辭，不允。

對於政治，景逸向有兩大主張，第一，在興利方面，最重掄才。因爲人才爲政治之本。第二，在除弊方面，首在懲貪。因爲貪官是百姓之蠹。現在做了左都御史，懲貪更是他分內之事。在他上任不久，就辦了一件大快人心的案子。就是重懲巨奸崔呈秀。崔呈秀是進士出身的一名御史，卻貪狠卑劣，甘居下流，他「巡按淮陽」時，作威作福，貪贓枉法。強盜被捕的，「每名得賄三千金則放」；不肖官吏應彈劾的，「多以賄免」；不應推薦的「多以賄薦」。行蹤所到，「透支至一萬四千兩，各縣賠補，不勝其苦」。「淮陽士民，無不謂：自來巡方御史，未嘗有如呈秀之貪污者」。景逸把這些罪狀一一揭發出來，送交吏部議處。吏部尚書奏請將崔充軍，得旨：「革職候勘」。崔趕緊跑去看魏忠賢，拜魏忠賢爲義父。至此魏崔二奸，視趙南星與高景逸爲眼中釘，不拔掉不快。

同年（天啓四年）十月，趙南星奏請以太常卿謝應祥補山西巡撫。魏忠賢的另一走狗大學士魏廣微，叫御史陳九疇參他一本，說吏科都給事中魏大中是謝應祥的門生。魏大中替謝向吏部文選郎夏嘉遇運動，所以謝才被趙南星奏薦爲山西巡撫，可見魏、夏二人徇私，應當罷斥。二人上疏答辯，陳九疇再疏攻訐。於是交下吏部與都察院核議。趙南星與高景逸都說：「大中、嘉遇無私，九疇妄言不可聽。」魏忠賢大怒，矯旨罷黜魏、夏二人，並黜九疇。又責趙南星與高景逸等朋謀結黨。於是趙南星引罪求去，魏忠賢又矯旨切責，放歸。次日，景逸也引罪辭職而去。總計景逸做左都御史，只有兩個月。

天啓五年三月，魏忠賢藉汪文言的案子，逮前副都御史楊漣、僉都御史左光斗、吏科都給事中魏大中、御史袁化中、太僕少卿周朝瑞、陝西按察副使顧大章等六人。他們的共同罪名是受過熊廷弼的賄賂。經過幾個月的屈打追贓，六人相繼慘死於獄中。魏忠賢覺得還不夠，又要栽贓給景逸，幸賴錦衣衛吳孟明「以百口保」，才免被逮。

這時的魏忠賢，早已是大權在握，勢傾朝野了。他之所以能如此，主要得力於三個自甘墮落的進士，即崔呈秀、魏廣微和顧秉謙。崔呈秀更是小人之尤。魏忠賢在他還沒來投奔以前，還不敢太放肆；有了他作乾兒子，就肆無忌憚了。崔投靠魏忠賢之後，不但「毋庸倏勘」，反而從此平步青雲，直做到兵部尚書，兼左都御史，並獲太子太傅的加官。他做了幾本名册，獻給魏忠賢，一本叫《同志錄》，錄的是所謂東林黨人；一本叫《天鑒錄》，錄的是反對東林黨的人。魏忠賢就憑這兩本名册來黜陟百官。於是無恥之徒，都向崔呈秀「暮夜乞憐」，以致「其門如市」。而朝廷也就「善類爲之一空」了。魏廣微則做一本《縉紳便覽》，把正人列爲邪黨，把邪黨列爲正人。也獻給魏忠賢做爲黜陟人才的參考。顧秉謙則替魏忠賢主編《三朝要典》，顛倒三大案的是非，極盡詆毀東林之能事。其中論「移宮」一案，竟說：「楊漣等內結王安，故重選侍之罪，以張翊戴之功。」遂以楊漣爲「移宮」一案的罪首，而想將他開棺戮屍。於是南京御史游鳳翔上疏攻訐景逸，硬說他挾私排擠，也是移宮案中的罪魁。因此景逸被削籍爲民。這是天啓五年夏秋間的事。接著，在同年八月魏忠賢又矯旨毀天下書院。東林遂成瓦礫之區。

28

景逸自辭官歸里後，屏跡湖濱，讀《易》自遣，又過他從前那段優游的日子。幾十年的學力與靜功，早已使他脫然無累。雖窮居林下，也過得十分開心；所謂富貴利達，榮辱生死，只如太空浮雲；任他千變萬化，也不著痕跡。景逸的心，此時就像廣大的太空，清明虛淨，任他多少浮雲掠過，總無掛搭繫累。當削籍的消息傳來時，景逸若無其事欣然說道：「非此，異日無以見諸公於地下。」的確，生死都看開了，功名又算什麼呢？

可憐那些附羶逐臭、陷入權欲深淵的小人，還不斷地製造罪惡。雖然景逸已罷官削籍，崔呈秀仍然私忿未消，必欲殺之而後已。又與魏忠賢合謀，藉「提督蘇杭織造」太監李實之名，誣劾前應天巡撫周起元及景逸等，共七人，說：「周起元爲巡撫時呑沒帑金十餘萬，日與高攀龍等往來講學。」另外五人是吏部員外郎周順昌、諭德繆昌期、御史李應昇、周宗建、黃尊素，他們的罪名是與周起元朋分贓款。於是魏忠賢又矯旨遣「緹騎」四出逮捕。

天啓六年三月，家住吳江的周宗建與常熟的繆昌期，相繼被逮。景逸獲悉了這個消息，預料自己也必不能免，但他還是從容如常，不露一絲聲色。

到了三月十六日那天，景逸一早就到道南祠，作文一篇祭告楊龜山。回來後，跟幾位好友在後園賞花，談笑自若。就在此時，忽然又傳來緹騎出現的消息，景逸說：「果然料得不錯」。那晚，祖孫父子相聚，小酌一番，景逸還是像平常一樣藹然可親。對於家事，也沒作什麼吩咐，只說：「吾有贍田二百畝，售之，可當緹騎費，俟天明，肅然就道耳。兒輩各歸寢，吾亦安枕矣。」到了半夜，又再度傳來緹騎的消息。景逸起身，問清楚後，步入書齋，取紙寫了幾行字，裝入封袋，封好；放在一個小箱子裏。然後轉到大人那兒談了一會兒。又把兩個孫子喚醒，叫到自己寢室，告訴他們說：「吾此行，未卜歸期，叮嚀汝者只四字曰『無貽祖羞』而已」。說完，從小箱裏取出剛才那個封裝，放在几案上，吩咐道：「以此付官旗，勿先啓視。」兩孫退出後，寢室門就關上了。起初家人以爲他已上床就寢；可是過了好久都沒聽到一絲聲響，家人才覺得不對勁；推開寢門一看，人去床空，燈影孤寂。到處去找，也沒找到，乃趕緊拆開几案上的封袋來看，原來是封遺表。上寫：

> 臣雖削奪，舊係大臣。大臣受辱則辱國。故北向叩頭，從屈平之遺則。君恩未報，結願來生。臣攀龍垂絕書。乞使者特此報皇上。

又有一封別友人書云：

> 僕得從李元禮、范孟博遊矣。一生學問，到此亦得少力。心如太虛，本無生死，何幻質之足戀乎！

諸子讀了，驚駭萬分。趕緊從旁門奔到池邊；可是已經來不及了！一代大儒、一代忠臣就在他六十五歲之年，視死如歸地步屈原之後，付出了他的一切。時間是三月十七日凌晨。

第二天魏忠賢所派的緹騎，便到了無錫。景逸能在緹騎到達之前從容殉國，免於被辱，也真可算是「至誠前知」了。如今雖然時隔三百五十年，可是讀了那封可歌可泣的遺表，仍教人追悼於無已。

二、高景逸所處的時代

北宋興起的新儒學——所謂理學，發展到南宋，便形成朱、陸兩大派平分江漢的局面。此後朱、陸之爭愈演愈烈。直到近世，都沒有寧息。所以元、明兩朝的學術思想，可以說完全是宋學的延續。說得直捷一點，就是朱、陸二派的延續。

由於元仁宗皇慶二年（一三一三年）詔取朱子《四書集注》爲考試的標準，所以朱學始終受到學子普遍的重視；但爲了利祿而重視朱學，這對朱學並沒有什麼助益。真正研究朱學而有成就的人，也並不是受了科第的引誘才研究。而主張陸學的人更是公然與朝廷的功令相反對，思想的種子並不因政令的籠罩而斷其生機。這是中國學術思想所以能不斷新生的道理。所以儘管朱學變成了官學；陸學仍然足與分庭抗禮。

明代初期，朱學佔了上風，像吳康齋（與弼）、胡敬齋（居仁）、薛敬軒諸儒，都是朱學的後勁。到了中葉，王陽明起來，遙接象山的薪火，以萬丈的光芒，照亮了半個天邊，舉世仰爲泰山北斗。當時雖有羅整菴（欽順）、呂涇野（柟），爲朱學之重鎮；但相形之下，也顯得黯淡無光了。此後，王門弟子遍布天下，陽明雖歿，而聲勢益張。於是整個學界，只知有陸、王，不知有程、朱，這是明代中晚期（嘉靖中葉至萬曆中葉的七十年間）的情形。

陽明之學，所以能風靡天下，是由於良知之說精義入神，而又簡易直捷。在陽明個人，也確然是孤詣獨造，而有其真知灼見，所以能篤信力行，樹立風標。但陽明之良知，是從居夷處困、百死千難中磨洗出來的；他的弟子們「既非先生百年一出之人豪，又非先生萬死一生之學力」，自然對良知的體認，絕沒有像他這樣真切，這樣深刻。所以到了弟子們的身上，「往往掠其便以濟其私，人人自謂得孔子真面目，而不知愈失其真精神。」於是那從百死千難中體驗出來的良知，就變成「現成良知」了。

王學之風行天下，主要得力於泰州（王艮）與龍溪（王畿），因爲他們到處講學，把良知之說平民化；但也由於他們二人而漸失王學的真傳，因爲他們都是講「現成良知」「不學不慮」的人。龍溪力主「四無」之說，認爲「心意知物」都是「無善無惡」。泰州則主「不學不慮」，不著「致」字工夫。尤其是泰州一派，從徐波石（樾），而顏山農（鈞），而何心隱（本名梁汝元）、而李卓吾（贄），愈來愈放縱，至於破壞名教，蔑視倫常。即以李卓吾爲例，他曾說：「酒色財氣，不礙菩提路」，實在不像個讀書人了。當時禮科給事中張問達上疏劾他「與無良輩游庵院，挾妓女白晝同浴，勾引士人妻女入庵講法，至有攜衾枕而宿者，一境如狂」。可見其妄誕之一斑了。李卓吾曾受業於王艮的兒子王襞，又私淑王艮的三傳弟子羅近溪（汝芳）。何心隱則是王艮的三傳弟子，都是王學的嫡傳，而也都改變了王學的面目。何心隱卒時，景逸十八歲；李卓吾卒時，景逸四十一歲。可見他們與景逸是先後同時的。

此外，與景逸同時的，還有胡廬山（直），他明白承認佛教「三界唯心」的見解。還有耿天臺（定向），認爲「良知現現成成」，梨洲說他：「於佛學，半信半不信」。還有管東溟（志道），步龍溪之後，倡統一三教之說（王畿作《三教堂記》），早有融合三教之論）。

總之，景逸所處的時代，是一個王學末流百弊叢生的時代。純正的儒學，因任心廢學而流爲狂禪；馴至正學不明，世風日下。景逸對他自己所處的時代，了解得很清楚，他說：「今其弊略見矣，始也掃聞見以明心耳，究且任心而廢學。於是乎詩書禮樂輕而士鮮實悟。始也掃善惡以空念耳，究且任空而廢行。於是乎明節忠義輕而士鮮實修。」景逸看出，導致這種學風的關鍵，在於「掃聞見以明心」與「掃善惡以空念」，前者是批評陽明「致知不在格物」；後者是批評「無善無惡心之體」之說，就因「不本於格物」，所以遂認明德爲「無善無惡」，這是陽明立教不慎所致的。要救此弊，針對前者，則要「格物」；針對後者，則要「明善」。他認爲性是絕對至善，要明此至善之性，則要從格物入手。因爲「由格物而入者，其學實；不由格物而入者，其學虛」，而「畢竟實病易消，虛病難補」。這些見解，都是朱子的那一路。景逸早年就喜讀朱子之書，也景仰學宗朱子的薛敬軒，後來看出王學的種種流弊，更堅信只有朱學才能救此弊病。所以他和顧涇陽在東林講學，一以朱子爲宗，做了由王返朱的先鋒。

三、學術思想

景逸爲學，一以儒家爲宗，深湛純粹，而涵蓋甚廣，茲撮其大要，分就復性、格物、靜坐、實踐、修與悟五端加以論述。復性一端，是其爲學目的；格物以下，則是爲學方法。

1 復性

(一)

復性一詞，在唐李翺之作《復性書》首先提出，明初薛敬軒也拈「復性」爲宗旨，但薛之倡復性說，是根據朱子《大學章句．序》「知其性之所有而全之」以及「治而教之，以復其性」等語而來。景逸於宋代大儒最重朱子，於明代大儒最重薛敬軒，所以他也倡復性之說，以爲學問之宗旨。

他說：

聖人之學，復其性而已。（《高子遺書》〔下簡稱《遺書》〕卷九〈尊聞錄序〉）

又說：

學問起頭要知性，中間要復性，了手要盡性，只一性而已。（《遺書》卷八下〈與許涵淳書〉）

其他類此言語，在遺書中俯拾皆是，可見景逸對性的重視。

㈡

其實這是一個談論了兩千年的老問題，到底性是什麼？性是善是惡？見仁見智，人各為說。但是景逸認為性是一切學問的根本，「本立而道生」，所以非要把性的問題弄清楚，從而在性上立大根定大本不可。而他對這個問題，也確有真知孤詣，而建立起百世不惑的學說。

他處理這個問題，分三個層次，就是「起頭要知性，中間要復性，了手要盡性」。知性，是要了解性的本來面目是怎樣。復性，是要恢復性的本來面目。盡性，則是要充分發揮性的作用。知性的目的在復性；復性的工夫做到極致，則盡性之功，已在其中。所以景逸特拈復性二字作為為學的宗旨。

(三)

先說知性。

究竟性的本來面目，是怎樣的呢？他說：

夫性，善而已矣。（《遺書》卷九〈曹真予先生仰節堂集序〉）

這還是根據孟子而來的傳統說法，但孟子道性善，其立論根據還嫌粗略。景逸則另找較爲細密而有系統的理論根據來解釋。他的根據是：

徵之孔子，所成之性，即所繼之善也。（《遺書》卷九〈方本菴先生性善繹序〉）

這是指《易經．繫辭傳》而言，易傳原文說：

一陰一陽之謂道，繼之者善也，成之者性也。

這是由宇宙界講到人生界，由天道推證人性，並且說明兩者之間的關係。此外，景逸也常引《中庸》之言以作論證；《中庸》首章云：

天命之謂性，率性之謂道。

這也是從先天的基礎上，給性善說立下理論根據的。正可與易傳之言相發明。

原來中國人認爲，整個宇宙，是一個有機體。天地萬物之生生不息，就是生機流行的現象，此生機就是宇宙的本源，稱之爲道。所謂「一陰一陽之謂道」，是說道是由一陰一陽和諧的運動變化而呈見。所謂「繼之者善」，是說能繼此和諧的運動變化而不息，使其永永呈見，不斷地起創生作用，便是善。

那麼，假如只有孤陰或孤陽，便不能起變化；或陰陽雖具而不和諧，也不能起創生作用，也就無以見「道」，生機就要停息，宇宙就要斷滅，如此就是不善了。

可知宇宙萬象雖複雜，而其本源是諧和而統一的，宇宙萬象之生生不息，和諧運行，就是所繼之善，所以景逸說：

善即生生之易也。（《遺書》卷八上〈答馮少墟書〉）

降到人生界來說，人爲萬物之一，如能繼此和諧之道與萬物和諧相處，與同類相親相愛，便是善。若互相爭鬥，殘及物類，便是違背天道，便是不善。

究竟人類的想望，是要和諧相處，相親相愛呢？還是互相鬥爭殘害呢？張橫渠說：「民吾同胞，物吾與也。」王陽明說：「大人者，以天地萬物爲一體者也；其視天下猶一家，中國猶一人焉。」大凡中國的聖哲，都有民胞物與的偉大懷抱，而期於「與天地合其德，與日月合其明，與鬼神合其吉凶。」他們認爲只有人類才有此德性，也只有人類才能自覺其有此德性，而情不容己地要發揚此德性。

此性實禀自於天，故曰：「天命之謂性」。天就是道，也就是創生萬物的生機。此生機在個體形成時，便內具於人類而爲其性，此性能繼一陰一陽之道而起創生作用，這就是善。故曰：「繼之者善也。」此性充分發揮，便是道的再現，故曰：「率性之謂道」。可見是先有生生不息之善，然後有內具於個體之性，故景逸說：

善即生生之易也。有善而後有性；學者不明善，故不知性也。（《遺書》卷八上〈答馮少墟書〉）

既然性自善出，當然性也就是善了。所以景逸很肯定地說：

夫性，善而已矣！以其為人之本色，無纖毫欠缺，無纖毫汚染，而謂之善也。（《遺書》卷九〈曹真予先生仰節堂集序〉）

又說：

人性萬物皆備，原不落空；人性本無一物，不容執著。（《遺書》卷八上〈答呂劍潭書〉）

由於性稟自於天，具備了創造道德的生機，所以說「萬物皆備」、「無纖毫欠缺」；但性又無形體、無聲臭，所以說「本無一物」、「無纖毫汚染」。因此景逸常說：「性上不容一物」、「性上一物無有」。有，便是私欲，而非本色。他稱此無纖毫欠缺、無纖毫汚染之性爲天地之性。這是根據張橫渠說的。

但，性是形體既成以後始有之名。它既內具於形體，便墮入氣質之中，成爲「氣質之性」，而非「天地之性」了。因爲性是不能單獨存在的；它必須藉氣質來呈現。而氣又有清濁厚薄之不同，所以透過氣質而表現出來的氣質之性，也有種種不同的品類，除了極少數聰明睿智、先知先覺的聖人能表現出天地之性的本來面目之外，以下的人都走了樣，有了偏差。因爲在氣質所構成的形體中，有嗜欲、有好惡。於是貧富、貴賤、成敗、得失、禍福、榮辱、利害、生死種種問題由此發生；種種計較，由此引起。每一樣計較都像一條麻繩，將天地之性緊緊綁住，那氣質越是薄濁的，越是被它綁得緊。於是原來「無纖毫欠缺」的，現在失去了它主宰的地位；原來「無纖毫污染」的，現在被薰染得烏煙瘴氣，因而完全失去了它的本來面目。所以，所謂天地之性，只存在於「人生而靜以上」（即先天）；至有生以後，則天地之性就變爲氣質之性了。了解了這一層，就知道一個人品德不好，是受氣質拘蔽的結果，而不是本性不善。故景逸說：

明乎氣質之性，而後知天下有自幼不善者，氣質而非性也。（《遺書》卷三〈氣質說〉）

氣質不好是可以改變的，改變得徹底，則氣質之性即爲天地之性。改變之道，則在於學；學主於明善，「一明善，隨他不好氣質，當下點鐵成金。」（同上）故曰：「學以變化氣質爲主」，「天地之性非學不復。」（同上）

(四)

由此便牽連到第二個層次，即「復性」的工夫了。

既然性是絕對至善，「無纖毫欠缺，無纖毫污染」；則有所欠缺，或有所污染，便非性的本來面目，而是受氣質拘蔽的緣故。景逸說：

吾性本來清淨無物，不可自生纏擾；吾性本來完全具足，不可自疑虧欠；吾性本來蕩平正直，不可自作迂曲；吾性本來廣大無垠，不可自為局促；吾性本來光明照朗，不可自為迷昧；吾性本來易簡直截，不可自增造作。（《遺書》卷一〈語〉）

所謂纏擾、虧欠、迂曲、局促、迷昧、造作，都是被富貴利達、禍福生死等種種計較綑縛所致，而這種種計較，又都起於氣質的嗜欲與好惡，非天地之性所原有；所謂「性上一物無有」，即是說性上原無富貴利達，也無禍福生死。既非性上所原有，便是私欲，所以「不容執著」。一執著就汲汲營營自生纏擾，自爲迷昧。這樣就是「惹事」。究其本原，都是私欲作祟。

復性正是要去除私欲，「不要惹事」。所以景逸說：

學也者，去其欲以復其性也，必有事以復於無事也。（《遺書》卷九〈東林會約序〉）

對天地之性來說，私欲是有生以後添出來的，復性正是要把添出來的一件一件地減去，直到減無可減爲止；他說：

人生而靜時，胸中何曾有一物來。其營營擾擾者，皆有知識以後，日添出來，非其本

然也。既是添米，今宜減去，減之又減，以至於減無可減，方始是性，方始是善。（《遺書》卷三〈爲善說〉）

就像剝筍，富貴利達與禍福生死等等計較，好比一片片的筍殼；天地之性好比筍心；筍殼剝盡，筍心便裸露出來，私欲除盡，天地之性才呈露無隱。所以說：「無欲便是性。」

這個地方用「增減」來說明善性與氣質的關係。很容易引起誤會，以爲善性與氣質是完全對立的兩物；其實不是。善性藉氣質而表現，沒有氣質，善性就無由呈露。反之，沒有善性，氣質便沒有創生作用。所以說：「天地之道，爲物不二，故性即是氣，氣即成質。」（《遺書》卷三〈氣質說〉）也就是說性與氣質，原是一體，原是一物。

如此說來，由氣質而來的好惡，本來也是爲表現其善性而設，不一定是壞。孔子說：「唯仁者能好人，能惡人。」可見只有仁者的好惡，才能公正無偏。一般人則因氣質薄劣之故，常會放失本心，失去主宰，而致好惡偏頗。偏頗便是私欲。所以去私欲的根本工夫，只在端正好惡。每生一念，便要問：「我這好惡，還從吾君吾民上起念否？還只在自家意見上異同、軀殼上通礙起念否？」（《遺書》卷三〈好惡說〉）假如是前者，則是公義；假如是後者，便是私欲。是公義，則斷然行之，是私欲，則斷然去之。

能夠這樣想，就是一種內省工夫。就在想的當時，放失的本心，便已收回，而恢復其主宰的地位，產生創造道德的作用。所以反省的本身，就是收放心的過程。放心一收，自然公私分明，好惡端正。所以說：「只此念，已向仁路上來，不患其不能好惡矣。」（《遺書》卷三

〈好惡說〉）

不斷地內省，不斷地收放心，氣質便逐漸地澄明。澄明到極點，天地之性便完全呈露。到此境界，不僅氣質是善，就是好惡也是本色，正如孔子所說的「從心所欲，不踰矩」了。所以景逸很重視收放心的工夫，他說：

何以復性也？孟子曰：「盡其心者，知其性也。學問之道無他，求其放心而已矣。」是所繇以復之之道也。（《遺書》卷九〈尊聞錄序〉）

可見復性之道，雖在變化氣質，正其好惡；而尤其根本的，還是在「收放心」的工夫上。

(五)

放心收回了。在本心的主宰下，好惡正了。一件件的私欲剝落了。天地之性呈露了。但，復性的工夫並不是到此就盡了。這只是一個端緒。因爲性是有創生作用的，要讓它不斷地創造道德，才算眞正復了它的本來面目。

所以此後還要盡性。

景逸對他所體認的至善之性，常拿「本無一物」、「不容一物」、「其實無一事」諸語來說明。所以教人「不要惹事」，必須「有事以復於無事」。這也很容易引起誤會，以爲性與事物，勢不兩立，必須脫離事物，才能復性盡性。其實正好相反。

性藉氣質而顯，而氣質引生事物，故性亦必透過事物而表現。脫理事物，性無由見。所以性要在事物上復，更要從事物上盡。景逸之所謂「不容一物」、「不要惹事」只是說應付事物，而不累於事物。若應事而被事所累，便不是出於本心之自然，而是有所安排，有所造作，有所執著。這樣就是「惹事」。換句話說，就是私欲作祟，好惡失正。因爲「凡天理，自然通暢和樂；有不通暢處，皆私欲也。」（《遺書》卷八上〈與吳子往〉）假如應付事物，本心做得主宰，好惡出於至公，則無論「百官萬物」、「兵革百萬之眾」如何紛至沓來，也都無累於心。因爲那是出於本心自然的流露，不涉安排，不假造作，無所執著。雖然「有事」，也好像「無事」一般。這就是程子所說的「物來順應，物去不留」。景逸也說：「循理便無事。」（《遺書》卷八上〈致涇陽書〉）

由此可知，盡性必須在「應事」上盡。而其關鍵則尤在於如何使「有事」以復於「無事」。究極言之，其工夫只在克除私欲；私欲去盡之日，便是天地之性完全呈露之時。而所謂克除私欲，則只在應事時，自審其好惡之機，務令出於公義而已；出於公義即是循理而行，是本心的自然流露。至此境界，便是天地之性已復。但此項工夫卻不能即此而停止。稍有怠忽，則私欲又起。所以復性之後，要長保此性之光明澄澈。等到工夫純熟，天理流行，則物來順應，無所執著；萬事萬物，只如鳶飛魚躍，花落鳥啼。莫非天則之自然。而所謂富貴利達、禍福生死，也只如浮雲之掠過太虛，雖紛擾萬變，仍不礙其虛淨澄明。如此方是盡性。

(六)

景逸之提倡復性說，固然是上接朱子之正傳，而另一面則亦可謂針對王學而發。陽明之學，以良知爲宗。而晚年講學，每提四句爲教法，即「無善無惡心之體。有善有惡意之動。知善知惡是良知。爲善去惡是格物」。此即所謂「四句教」，亦即「四有」之說。門人錢緒山（德洪）以爲這是師門教法的定本，不可更易。而另一門人王龍溪則以爲未達極致。他說：「體用顯微，只見一機。心、意、知、物只是一事。若悟得心是無善無惡之心，意即是無善無惡之意，知即無善無惡之知，物即無善無惡之物。」此即所謂「四無」之說。

景逸對「無善無惡心之體」一語，極其不滿。他認爲「心體即性」，性是絕對至善，不能說「無善無惡」。既然說「無善無惡」，則此所謂善，顯然不是「性善」之善，而是指「念」，所謂「無善無惡」即等於說「無善念無惡念」罷了。他說：

> 陽明先生所為善，非性善之善也；何也？彼謂有善有惡者意之動，則是以善屬之意也。其所謂善，第曰善念云而已。所謂無善，第曰無念云而已。吾以善為性，彼以善為念。吾以善自人生而靜以上，被以善自五性感動而後也。故曰非吾所謂性善之善也。
>
> （《遺書》卷九〈方本菴先生性善繹序〉）

這樣解釋「無善無惡」之說，的確是一語道破的！本來陽明之意，即認爲善之起，在吾性感動之後，不認善在人生而靜以上。他曾說：「心無體，以天地萬物感應之是非爲體。」又說：「良知只是個是非之心；是非只是好惡。只好惡就盡了是非；只是非就盡了萬事萬變。」這明明是從本心好惡上指點出良知；從好惡才分了是非；從是非再定了善惡。良知，是先天的；人間的善惡，則是後起的。所以陽明說：「無善無惡者，理之靜；有善有惡者，氣之動。不動於氣，即無善無惡；是謂至善。」又說：「至善者，心之本體，動而後有不善也。」人在有生以後，心體受了感動，因而由好惡而分了是非，由是非而定了善惡。而在人生而靜以上，則心體未受感動，好惡未形，所以無所謂不善，既無所謂不善，則亦無法相對地反顯出所謂善。如此說來，說心體是「無善無惡」似無不可；說它是「至善無惡」也很恰當。所以陽明在答吳悟齋的信上逕說：「至善無惡者，心之體也，有善有惡者意之動也。」可見他說「無善無惡心之體」和「無善無惡者理之靜」以及「至善無惡者心之體」三句話，實在是道理一貫的。

景逸則認爲，性禀自天，「所成之性，即所繼之善」，雖在先天也屬純粹至善，絕不能說是「無善」。惟其是純粹至善，所以人倫庶物之善，即是性。若如四句教所言，心體無善無惡，善是後起之念，則人倫庶物是善而非性。他說：

> 善者，性也。無善是無性也。吾以善為性，彼以善為外也。吾以性為即人倫即庶物；彼以人倫庶物是善而非性也。是歧體用、歧本末、歧內外、歧精粗、歧心跡而二之也。聖人之道一以貫之。（《遺書》卷九〈許敬菴先生語要序〉）

此外「以善爲外」、「歧體用、歧本末、歧內外、歧精粗、歧心跡而二之」攻擊王學，無異是以禪學視之，這對陽明本身來說，未免指責太過；而對王學末流來說，正是深中肯綮；因爲景逸當時的王學學者，確已因高唱無善無惡之說而流入於禪了。

陽明的本意，是從心上之好惡指點良知，由好善而分是非；由是非而定善惡。人生而靜以上，好惡未形，無所謂惡，自亦無所謂善，故不妨說心體爲「無善無惡」。而說「無善無惡」，同時亦表示心體爲一超越善惡對待之上之涵義。也就是表示一超越之絕對至善義。所以也不妨說是「至善無惡」。此與景逸所主張的性純粹至善說，原是可以會通的。景逸之所以齦齦力辯，深致其不滿，主要是指責陽明立教不慎，以致貽誤後學。他說：

> 如曰止於至善，有何名相倚著之可言，至矣！極矣！今必曰無善無惡，又須下轉語曰無善無惡乃所以為至善也。明者自可會通；然而以之明心性者十之一，以之滅行檢者十之九矣！（《遺書》卷八〈致涇陽書〉）

陽明立教，本也因人而異，有所謂接上根的教法與接中根以下的教法。四句教裏第二句「有善有惡意之動」以下，即是爲中根以下的人說法。因中根以下的人「自有知識以來，已爲習俗所染」，所以要他「在良知上實用爲善去惡工夫」，以免「懸空想個本體，一切事爲，俱不著實」。至於接上根的人，則謂良知只是個好惡，只要如實的好惡，則所好就是善，所惡便是惡，更不要再多一個好「善」惡「惡」之意，也就是所謂即本體便是工夫，不容再有工夫。陽明怕人家先尋一個「善」放在自己心上，然後「著意去好善惡惡」，所以才定要說

「無善無惡心之體」。

可是，無論如何分別立教，「無善無惡」一語總是容易引起誤會。顧涇陽說得好：「既曰無善無惡，又曰為善去惡。學者執其上一語，不得不忽其下一語也。何者？心之體無善無惡，則凡所謂善與惡，皆非吾之所固有矣。心之體無善無惡，吾亦無善無惡耳。」到了「吾亦無善無惡」的地步，必然是猖狂妄行，走入狂禪那條路上去了。這些事實，為景逸所親見，聰慧如李卓吾都不能免，可見「明者」也難得會通，何況其他的人呢？所謂「以之明心性者十之一，以之滅行檢者十之九」，確是一針見血之論。

(七)

景逸鑑於「無善無惡」之說，流弊如此之大，因而使他特別重視「教」；他說：

立教不可不慎。讀《論語》，便見聖人小心。其周物之知，曲成之仁，正在於此。故附會失真者，其真自在；快意下語者，語即流禍。（《遺書》卷八下〈答方本菴書〉）

又說：

聖人知不學之害小，而學術之害尤大。不學之害害其身；而學術之害害萬世。（《遺書》卷九〈重刻諸儒語要序〉）

在景逸心目中，「無善」之說，就屬「快意下語」，因而造成「學術之害」，這是指他立教失當而言，所以他說：

無善之說，不足以亂性，而足以亂數。（《遺書》卷九〈方本菴先生性善繹序〉）

孔子最重教，他說：「我學不厭，教不倦。」《論語》中記諸弟子問仁，孔子只告訴他們行仁之方，而從不正面解釋仁之本體，如顏淵問仁，答曰克己復禮；請益，則曰非禮勿視，勿聽，勿言，勿動。所以孔子之教，亙古無弊。景逸之特重朱子，也重在其立教之無弊。至陽明，則立教不出百年即流弊叢生。可見與孔子、朱子大不相同，所以景逸給他一個總評，說：

姚江天挺豪傑，妙悟良知，一破泥文之蔽，其功甚偉。豈可不謂孔子之學；然而非孔子之教也。今其弊略見矣。始也掃聞見以明心耳，究且任心而廢學。於是乎詩書禮樂輕而士鮮實悟。始也掃善惡以空念耳，究且任空而廢行。於是乎名節忠義輕而士鮮實修。蓋至於以四無教者弊，而後知以四教（案：即文行忠信）教者，聖人憂患後世之遠也。（《遺書》卷九〈崇文會語序〉）

這段話歷數「無善無惡」之說因「快意下語」所造成的「學術之害」，真可說是搔著了癢處。雖然陽明自身足稱立德、立功、立言三不朽，但從「教」的立場來看，上述那些弊端的造成，陽明是不能辭其咎的。景逸說他不可謂非孔子之學，然而非孔子之教，真是恰當極了。

(八)

在景逸當時，王學末梢已與禪學合流。景逸一方面以性善說辨陽明的四句教；另一方面，復以性善說辨儒佛之異同。

一般人對儒佛之異同，有一個很普遍的看法，以為是本體相同，而工夫有異。像與景逸同時的管東溟（志道）就認為「毘盧性海，本共一家；而三教聖人，原無二性。分吾儒，分二氏，總是妄生分別」。因此要統一三教，歸於一宗。景逸認為這是非常嚴重的錯誤；他說：

> 說者曰儒釋體同而用異，是大不然。道本無體，體本無朕，只就用處見之。由其用處如是，所以如其本體如是。試看儒佛用處何如，便可默識其體。（《遺書》卷八上〈與管東溟書〉）

體與用是相資相待的。有此體，方有此用；由此用，可以識此體。既然承認儒佛之用有異，則儒佛之體必不可能相同，這是很簡單的推理。而實際上，儒佛之異，確然是本體根源上有異，所以才導致工夫之不同；那麼所謂本體之異，異在何處呢？景逸說：

> 聖學所以與佛學異者，只一性字。（《遺書》卷八上〈答區羅陽太常書〉）

儒家講性，佛家也講性；但是兩家所講，相似而實不同。他說：

微細體勘，儒釋源頭相似而實非。佛氏渾論空體，真彷佛太極，而實非聖人之太極。（《遺書》卷八上〈與管東溟書〉）

渾論空體，形空佛性；太極則指儒家之性（在宇宙界謂之太極，在人生界謂之性）。儒家講性，常拿「無聲無臭」、「寂然不動」來形容，即如景逸自己也常說：「性上本無一物」。佛家講性，也講「寂靜」，講「空」，講「本來無一物」。大凡可以用來形容佛性的詞語，也可以用來形容儒家之性。如所謂「渾論空體」不就跟「無聲無臭」、「性上本無一物」的意思一樣嗎？乍看之下，貌皆相似，使人皂白莫辨。一般人因此就認爲「儒佛體同而用異」了。其實，在本質上有絕大的不同。

儒家之性，直由「生生之易」透來，能繼「一陰一陽」之道，而不斷的起創生作用，所以是絕對至善。

佛家，則以空爲性，萬法皆由因緣而成。緣備則生，緣離則滅，所以諸行無常，諸法無我。諸行諸法無自體，無自性，惟以空爲性。所謂佛性，其本身就是一個空；且連一個空的念頭都不容著，而要把它空掉，所以叫「空空」。總之，佛家講的是「緣起性空」。

既然是「空」，當然是是非不生，善惡雙泯，而形成名副其實的「無善無惡」。其所謂善，只是「念」，也是由因緣會合而生的；所以景逸說：

佛氏所謂善，念中善事也；與吾聖人言善，絕不相干。（《遺書》卷八上〈答涇陽書〉）

聖人言善，即是性，是能創造道德的實體。佛家以善爲念，則只是一個虛見，一個光景。光景只是乍現的幻象，不是創生的實體，所以著不上工夫，縱施工夫，也將如捕風捉影，一切落空。因爲佛家本來就無所謂體用關係的。從所謂因緣生萬法，法無自性，以空爲性，就可知「緣生」即「空」；「空」不能起「緣生」之用。所以也就不能說「空」是「緣生」之體，「緣生」是「空」之用。換言之，「空」與「緣生」，不是體用關係。雖然後來發展出來的「如來藏自性清淨心」（又稱真常心）與儒家之性本質形態都非常相似；但仍不能說此真常心爲一創生的實體，能創生「緣起」之大用。體用原是儒家義。「空」或「真常心」既與「緣生」拉不上體用關係，顯見其所謂體，不是儒家之體；其所謂用，不是儒家之用。所以景逸說：

> 不做工夫，皆假本體也。（《遺書》卷八下〈答薛用章書〉）

又說：

> 用處一差，即是本體不徹；而所謂見者，乃虛見也，虛見之謂光景也。（《遺書》卷八上〈答耿庭懷書〉）

佛家既無體用之關係，從儒家的觀點看來，自然無處著其工夫，所以說「用處差」、「不做工夫」。而佛家之所謂「體」又不能像儒家一樣可以從「用」處來認取。所以說它是假本體，是光景。此從體用之關係來辨儒佛本源之不同，確是拔本塞源之論。

又由於佛氏以空爲性，是非善惡，皆掃而空之，所以不能扶植倫常，紀綱世界。景逸說：

> 釋氏之道，始於止，妙於空。其空之妙，即空字更不容著，故至於滅而倫理，棄而事物，絕而思慮。其初雖鬚髮之微，覺為煩惱，亦削去之。（《遺書》卷八上〈答劉直洲書〉）

又說：

> 佛氏最忌分別是非，如何紀綱得世界。（《遺書》卷一〈語〉）

佛家一心嚮往寂滅，不能「義以方外」，所以不能開物成務。此則誠如陸象山所說：「佛氏雖盡未來際，普渡之，皆主於出世。」與儒家之以是非善惡撐持乾坤、經世濟民的精神，亦屬本質上極重大之差別。雖然佛家也講「作用是性」，謂運水搬柴，都是神通妙用；但那並不表示佛家對倫常庶物的重視。反之，他正是要藉眼前的事物，來指點出緣起性空的道理。所謂「作用」，指事而言，耳聽目見，知覺運動都是事。不管什麼事，都是因緣而起。而緣起之事，皆當體即空。故所謂作用是性，意思只是說：作用之事，當體即是空性。只在眼前，不是隔得很遠；如此罷了。此是從本質上辨儒佛入世與出世之不同。

至於儒家之性，則是創生的實體，能不斷地創造道德；一方面敬以直內，一方面義以方外。前者所以成己，後者所以成物，其根源則全在於是非明白。所謂「知是必行，知非必去，因物之是而是之，因物之非而非之，我不與也」。意即率性而行，莫不是天則之自然。

而視聽持行、人倫庶物，無非是性，無非是善。乃至於山峙川流、鳶飛魚躍，莫不是此性之一體而化。亦莫不是至善之全體呈露。

此即表示體用一源，顯微無間，明體足以達用，循用足以明體。而明體之方，則在於格物窮理。因爲理散在萬物，亦在吾心，故心即是理，但「未窮之心不可爲理；未窮之理，不可爲心」（《遺書》卷八上〈答劉念臺書〉），「不窮其理，物是外物；物窮其理，理即是心」（《遺書》卷一〈語〉）。所以儒家非常看重格物工夫。而佛家則否，景逸因此又以格物與不格物、窮理與不窮理來辨儒佛之異；他說：

致知不在格物，故虛靈之用，多為情識，而非天則之自然，去至善遠矣。故致知在格物一語，而儒禪判矣。（《遺書》卷八上〈答王儀寰書〉）

又說：

從窮理入者，即虛是理；虛靈知覺便是仁義禮智。不從窮理入者，即氣是虛；仁義禮智只是虛靈知覺。（《遺書》卷八上〈復錢漸菴書〉）

又說：

聖人之學，所以異於釋氏者，窮理而已。窮理則性為聖人之性；不窮理則性為釋氏之性。性豈有二哉，所從入之端殊也。（《遺書》卷八上〈答馮少墟書〉）

儒家之性實，佛家之性虛。惟其實，故可以憑格物窮理之工夫而致其知。惟其虛，故安不上格物窮理之工夫，故曰：「由格物而入者，其學實；其明也，即心即性。不由格物而入者，其學虛；其明也，是心非性。」（《遺書》卷八下〈答方本菴書〉）此則從工夫上辨儒佛虛實之異。

此外景逸還有一段話說：

> 佛氏因果之說，即吾儒感應之理。聖人以天理如是，一循其自然之理，所以為義。佛氏以因果如是，懾人以果報之說，所以為利。其端之殊，在杪忽間耳。（《遺書》卷九〈重刻感應篇序〉）

佛家講因緣生萬法，由是而有因果之說，謂有善因乃有善果。故佛家勸人行善，為的是得善果，此是有所為而為，出之於安排，所以是私，是利。儒家講感應「一善感則善應隨之，一不善感則不善應隨之，自感自應也。自感自應，所以為天也。」（《遺書》卷三〈知天說〉）自感自應只是天機流行，不假安排。其行善，乃善性之自然流露。所以是公，是義。此則又以立教之動機辨儒佛義利之別。

2 格物

(一)

格物一詞，原為《大學》八條目中，最基本的一目，程伊川（頤）素重《大學》，遂視格物爲治學的下手工夫。他教人有重要的十個字說：「涵養須用敬，進學在致知。」致知則在格物。此後，朱子完全把這兩種工夫承襲了下來，成爲他學術系統的主幹。景逸尊信程、朱，也認爲「學必由格物而入」（《遺書》卷一〈語〉），因此對格物的工夫，看得特別重要。雖然他只是將程朱之說加以引申；但是針對王學流弊來說，卻具有一番深意。

(二)

格，是「至」的意思。格物，就是「窮究到天理極至處，即至善也。」（《遺書》卷八下〈答方本菴書〉）說得直捷一點，格物就是窮理。不過，理是抽象的；物是具體的。講窮理，未免蹈空而不落實，所以先儒多講格物。

所謂窮至事物之理，是誰去窮呢？那自然是用我們的心去窮。在此則產生一個先決問題，就是心與理的關係問題。

姚江學派主張「心即理」。朱子則認爲，心不即是理，心中之性才是理；故曰「性即理也」。因爲朱子以心屬之氣，以性屬之理。性在心中，猶理在氣中。從本源上說，由天地大自然而產生人類，是人類與天地大自然共一理，故「在心之理，在物之理；一也。天下無性外之物，無心外之理。猶之器受日光，在彼在此，日則一也。」（《遺書》卷三〈陽明說辨〉）所謂無心外之理，就是說，沒有與人心不同之理。這點朱子本來就確認無疑的，朱子說：「反本還源，心與理一。」（《朱子文續集．答江隱君書》）可是由於朱子理氣二分，心性二分的分析解說，反而使後人誤會他析心與理爲二。這點誤會，景逸知道得最清楚，他說：

理即是心，心即是理，這是一點兒都不錯的；但這是窮理的結果。不窮理，則心是心，理是理，不能融貫爲一。所以景逸說：

理者心也，窮之者亦心也；但未窮之心，不可謂理；未窮之理，不可謂心。（《遺書》卷八上〈復念臺書〉）

王學只講「心即理」，而不要窮理工夫，遂以物爲外物，自然要走上「任心廢學」的末路了。

(五)

窮理，是以吾心去窮物理，原是內外雙綰，通而爲一的；但在「豁然貫通」以前，畢竟「物」還是在「外」，而與我有隔，所以在格物時容易迷失目標，往而不返，而流於真正的「徇外」。爲免此病，景逸又有「知本」之說。

所謂知本，就是「知修身爲本」。《大學》八條目，自格物至正心，都是修身工夫；齊家至平天下，則是修身的擴充。所以《大學》上說：「自天子以至於庶人，壹是皆以修身爲本。」也就是說，一切工夫，一切學問，都要以修身爲歸宿；否則便是「徇外」，便是「捨本逐末」，而失其價值。

身又有「本」，就是心；心即理，故理也是「本」。因此一切工夫，一切學問，當內本之人心，外本之天理。而天理人心，實一非二。窮理乃所以明心；明心乃所以修身。故窮理當以修身爲本。景逸說：

大學所重在知本，若不知修身為本，格盡天下之物，也沒相干。（《遺書》卷五〈會語〉）

又說：

格物之功非一，其要歸於知本，如修身為本而本之，天下無餘事矣。（《遺書》卷八上〈與涇陽論知本〉）

既以修身爲本，則一切工夫，一切學問，都要有益於進德。故所致之知，主要在德性之知，而非聞見之知。他說：

格物窮理，皆所以致其良知，而非徒誇多鬥靡，為聞見之知矣。何者？道理一不向身體貼，便非知本，便非致知也。（《遺書》卷八上〈與涇陽論知本〉）

又說：

或疑程朱致知為聞見之知；不知窮至物理，理者天理也。天理非良知而何？（《遺書》卷二〈語〉）

致其良知、窮至天理，都足以明心，故屬德性之知。但「理不專在一處求，這裏也是，那裏也是」（《遺書》卷八上〈答顧涇陽先生論格物〉）。所以一草一木都不能遺；而格一草一木，正是要格至一草一木之「所以然」之理，亦即天理；而不是僅止於質量等等的形構之理。他說：

庭前草不除，便是這意思。如觀雞雛、觀盆魚，皆是。（同上）

此舉三事，都是程明道（顥）的故事。明道書窗前，有茂草覆砌，有人勸他芟除，明道說：「不可，欲常見造物生意。」他又在盆裏養幾條小魚，時時觀看。人問其故，他說：「欲觀萬物自得意。」他又曾對人說：「觀雞雛可以觀仁。」

可知格草木便是要格到「造物生意」，這才是極處，至善處。格其他之物亦然。如格小魚，便要格到「萬物自得之意」；格小雞，便要格到天心之「仁」。

不論是「造物生意」，或是「萬物自得之意」，或是「仁」，都是生生不息的真機，都是一純粹至善。此純粹至善之真機在人類便是性。人類與草、木、魚、雞等萬物，只不過是此至善真機所演出的各種方式。所以看清了萬物的本來面目，也就知道了自己的本來面目，這叫「知本」。此種知，與進德有本質上的直接關係，所以是德性之知。

若格草木而止格到呼吸作用、光合作用、導管、篩管、表皮、真皮諸理；格小魚、小雞而止格到消化系統、排泄系統、肌肉、血液、鱗甲、羽毛諸理，則屬質與量等關係的形構之理；此與人類千差萬別。致知於此，只見與人類有異有隔，而無可會通。故知，此不是極盡處，不是至善處，不是「本」，僅止於「聞」，止於「見」而已，對於進德，並沒有本質上的直接關係，所以是聞見之知。若專在此上用功，而不知另有歸宿，便是「不知本」，便是所謂「誇多鬥靡」了。其實在格至「所以然之理」的同時，「形構之理」當也可以連帶而知之；只因容易令人在此迷途不返，故先儒講格物，主要在教人致其德性之知，這是先儒立教的一番苦心。

但聞見之知，絕不能說它不重要。雖然它對進德沒有本質上的直接關係，卻有間接關係。假如說，德性之知是進德的必要條件，則聞見之知便是充要條件；沒有聞見之知，德性絕不能圓滿。就以前舉曾子之孝來說，見父當孝是良知。良知自然是德性之知。而曾子之孝，大杖逃，小杖受，所以為孝之極致。而曾子之分別逃與受，先須知道大杖足以傷人，甚至足以致死，所以才逃。小杖不足以傷人所以才受。而知杖之大小輕重，及其後果，是屬聞見之知。若並此而不知，勢必大杖不知逃，陷父於不義，反為不孝。可見聞見之知不可缺。

其實，孔子早就說過「多聞闕疑，多見闕殆」的話（《論語．為政》），勸人「多聞，擇其善者而從之，多見而識之」（《論語．述而》）。《易經．大畜卦象傳》也說：「君子以多識前言往行，以畜其德。」可見孔子對聞見之知本來就很重視的。不過，就從這幾句話看來，孔子之重聞見之知，還是從「擇某善」、「畜其德」上起見。若不歸本於「善」和「德」，便沒有什麼可取了。換句話說，聞見之知是中性的，無所謂善，無所謂惡。因此在聞見之知上，還須有一個更高的主宰，來主導聞見之知的去向，判定它的價值。不像德性之知，本身就是自律自主的、純粹至善的。所以比起忠恕之道的德性之知來，孔子又不得不說聞見之知是「知之次」（《論語．述而》）了。甚至在另外一個場合，孔子還當著子貢的面，否認他自己是「多學而識之者」，而斷然說：「予一以貫之。」（《論語．衛靈公》）

這一分辨，極關重要。景逸對此，也體會得最深刻；他說：

聖人不任聞見，不廢聞見。不任、不廢之間，天下之至妙存焉。舜聞一善言，見一善行，若決江河，沛然莫之能禦也。非聞見乎？而聞見云乎哉？（《遺書》卷三〈陽明說辨〉）

孔子之否認自己爲「多學而識之者」，是乃不任聞見；其勸人「多聞多見」，則是不廢聞見。舜之「聞一善言，見一善行」，是不廢聞見；其聞見之後，「若決江河，沛然莫之能禦」，又是不任聞見。不任與不廢之間，有一個重要的樞機。

根據前引景逸論格物的話，所謂「格物窮理，皆所以致其良知，而非徒誇多鬥靡爲聞見之知」。這並不就表示景逸反對聞見之知。事實上，他很重視。他曾說：「聞見狹而心亦狹；非細事也。」他所反對的，只是在聞見之知上「誇多鬥靡」而無所歸宿罷了。景逸當時，信守王學的人，「致知不在格物」，是連帶聞見之知而廢之；而奔競於科舉的人，則又「誇多鬥靡」，唯聞見是任。各走極端，過猶不及。故景逸對此二者，都施以鍼砭。

那麼如何才能使聞見之知產生價值，而免流於「誇多鬥靡」、「捨本逐末」呢？所謂「不任不廢之間」的樞機，畢竟將如何把握呢？景逸說，這靠「反身」。所謂「反身」，就是格物致知之同時，收其放心，以爲一身之主。使所窮之理、所致之知，都體貼到身心上來；景逸說：

天理與心靈，又豈有兩物。妙在體貼兩字耳。（《遺書》卷八上〈答羅匡湖給諫書〉）

又說：

體貼得上身來，雖是聖賢之言行，即我之言行矣。（《遺書》卷五〈會語〉）

既經體貼，則在心的整合統一下，聞見之知便納入德性之知的體系中，而成爲其架構的一部分，於是兩者得以相輔相成，而使德性之修養，臻於完滿之境。景逸說：

人生不向道理上去，總是虛生；道理不向身心上去，總是虛語。（《遺書》卷八上〈復陳敬伯書〉）

又說：

今乃見此理充周於吾前，活活潑潑地，真不可須臾離也，妙在反躬而已矣。學不切己，精神都向末上去，終日問辨，以為無不在道；而與道背馳矣。（《遺書》卷八上〈與李見羅書〉）

所謂「不向身心上去」、「學不切己」，就是不能反躬，因此「終日論辨」也就淪爲「誇多鬥靡」了。孔子弟子中精通六藝的，要推子游、子夏。可是孔子稱好學，必推顏淵，此中有甚深之意義。景逸說：

顏子用志不分，只在情性上學。不在情性上學，聖人不謂之學。身通六藝之人，豈不各有所好；聖人不謂之好學。（《遺書》卷五〈會語〉）

所謂「用志不分，只在情性上學」，就是收其放心，爲一身之主；也就是「反身」了。顏子絕非不通六藝之學，只是一反身，六藝之學便融入他的身心，布乎四體，形乎動靜。其所呈露於外的，只是一完美的人格；所謂六藝之學，反覺隱遁莫見。正如肥料、水分爲根莖所攝取而開出燦爛的花朵。我們只看到它的花朵，卻看不到原先的養料與水分。孔子之讚顏淵好學，正在於顏淵之能反身。能反身，就能一以貫之了。所以景逸說：

> 纔知反求諸身，是真能格物者也。（《遺書》卷一〈語〉）

景逸論格物，本也僅就程、朱之說加以引申，但引申到以反身說格物，便脫出程、朱的範圍了。其別異程、朱者在此，其精采處，也正在此。

㈥

從以上所述，可見景逸論格物，實有超越前人的地方，也可見他對格物的工夫是如何的重視。但景逸教人格物，則落實在讀書上，從讀書著手。所以他總是教人說：「半日讀書，半日靜坐」，或說：「讀書、靜坐不可偏廢」。因爲書是往聖先賢智慧經驗的累積，也是前人格物窮理的總成果，「昧者以之明，疑者以之決；怯者以之勇，躁者以之和。正如跛者之杖，盲者之相，病者之藥。」（《遺書》卷三〈示學者〉）所以讀書無異是「享現成」；他說：

> 古人何故最重讀書？書是古人所經歷，欲後人享現成。（《遺書》卷三〈示學者〉）

的確，書本上所記載的，大都是已驗而有效的結論，可以作爲修己治人的依據，而減少我們暗中摸索的艱苦；而且也唯有以古人的終點做我們的起點，才能繼續擴大格物致知的範圍。所以古來聖賢沒有不重讀書的。可是景逸當時，情況卻有不同；他說：

> 自姚江（陽明）因俗學流弊，看差了紫陽（朱子）窮理，立論偏重，遂使學者謂讀書為徇外。文士不窮探經史；布衣只道聽塗說。空疏杜撰，一無實學。經濟不本於經術；實修不得其實據。（《遺書》卷三〈示學者〉）

本來朱子立教，是主敬與窮理並重的，後學漸失其真，缺了主敬工夫，於是窮理也就流爲誇多鬥靡了。這一點，景逸也承認，他說：「朱子一派，有本體不徹者，多是缺主敬之功。」（《遺書》卷二〈箚記〉）陽明看出此流弊，乃倡「心即理」之說來矯治它，認爲良知已具萬理，更不須向外窮理。可是這樣立說，流弊更大，遂使學者廢書不讀，談空說妙。真可說是「矯枉過正」了。景逸之重視格物，正是要矯陽明立教之偏；其教人讀書，主要也在匡救王學「任心廢學」的流弊。

景逸論格物，主張反身；其教人讀書亦然。他說：

> 學者讀書，需要句句反到自己身上來看。一面思索體認，一面反躬實踐；這纔是讀書。（《遺書》卷三〈讀書法示揭陽諸友〉）

書是聖賢言行的紀錄；讀書的目的，就在向聖賢學習做人的方法，而「不是教人專學作文字，求取富貴」（同上）。所以要達此目的，端在「句句反到自己身上來」。能如此，則「雖是聖賢之言行，即我之言行矣」，否則就淪於「誇多鬥靡爲聞見之知」了。

3 靜坐

㈠

格物、讀書是明善見性的落實工夫。而能否明善見性，其關鍵則繫於能否反身。反身，其實就是收放心的工夫；收放心就是「居敬」工夫。這種工夫在靜中實驗，最易見效。所以景逸於格物、讀書外，又常教人靜坐。他說：

> 學者靜坐是入門要訣。讀書、靜坐不可偏廢。（《遺書》卷五〈會語〉）

又說：

> 吾輩每日用工，當以半日靜坐，半日讀書。靜坐以思所讀之書；讀書以考所思之要。（《遺書》卷八上〈與逯確齋書〉）

讀書乃所以窮理；靜坐乃所以居敬。沒有敬的工夫，窮理便淪爲「徇外」；但，不窮其理，則不識本體，而有妄念；妄念雜生，便是不敬。所以景逸說：「居敬窮理，只是一事。」

（《遺書》卷一〈語〉）換句話說，讀書靜坐只是一事。

(二)

靜坐之說，也遠有所承，所謂「半日讀書，半日靜坐」，就是朱子教人的方法。在朱子以前，周濂溪就說：「聖人定之以中正仁義而主靜，立人極焉。」這是理學家中主靜之學的鼻祖。其後，大程子也說：「性靜者，可以爲學。」又說：「靜後見萬物皆有春意。」小程子則見人靜坐，便嘆其善學。到了二程高弟楊龜山，便力倡「反身」之說，教人「以身體之，以心驗之，從容默會於幽閒靜一之中，超然自得於書言象意之表」。龜山一傳爲羅豫章，專以「靜坐中看喜怒哀樂未發作何氣象」爲學。再傳得李延平，則「危坐終日，以驗夫喜怒哀樂未發之前氣象爲何如，而求其所謂中者」。他告訴人家：「學問之道，不在多言；但默坐澄心，體認天理。」李延平就是朱子的老師。景逸最重朱子，也重龜山。前述以「反身」說格物，即受龜山之影響。其主張靜坐，便是祖述龜山門下一系列的師承學說。此外，明代中葉的陳白沙，也以主靜爲學，謂「靜中養出端倪，方有商量處」。其後學蕭自麓、陸古樵都與景逸有來往，故其受白沙影響，亦至顯然。此層在第一節部分「生平及成學經過」中，已有說明。

(三)

靜坐是最落實、最易行的工夫；而所以要靜坐的道理，則有幾層曲折。景逸認爲，由靜坐可以收到見性的效果；他說：

靜中觀喜怒哀樂未發氣象，正令於心無所著時，默然識其體，此見性之捷法也。（《遺書》卷八上〈答耿庭懷書〉）

又說：

龜山門下相傳「靜坐中觀喜怒哀樂未發前作何氣象」，是靜中見性之法。（《遺書》卷一〈語〉）

靜所以能夠見性，是由於靜中能「敬」。敬是見性、復性、盡性的總關鍵。他說：

性以敬知，性以敬復，性以敬盡，只一敬而已。讀書，窮此者也；靜坐，體此者也；會友，明此者也。（《遺書》卷八下〈與許涵淳書〉）

又說：

千聖萬賢，只一敬字做成。（《遺書》卷一〈語〉）

所謂敬，簡單地說，就是「心無一事」、「心無所著」。這種境界，對一般人來說，只有靠靜坐才能達到。因爲一般人神短氣浮，需要靠靜坐才能收攝浮蕩精神。他說：

聖學全不靠靜；但各人稟賦不同。若精神短弱，決要靜中培壅豐碩。收拾來，便是良知，散漫去，都成妄想。（《遺書》卷八上〈答吳安節書〉）

又說：

靜坐，收攝浮蕩精神。靜處收攝寧定，則事至物來，方能審擇是非，不迷所向。（《遺書》卷八上〈與揭陽諸生書〉）

又說：

惟靜可以收拾精神，填補學問。（《遺書》卷八下〈答王叚洲書〉）

收拾浮蕩精神的結果，是妄念減少。《遺書》卷五〈會語〉有云：

彥文問曰：「夫子靜中光景何如？」曰：「念頭頗少。」

等到浮蕩精神收拾淨盡，便至於心無妄念。心無妄念，便是「胸中廓然無事而靜」（《遺書》卷一〈語〉）。也就是私欲去盡，而天理顯見。所以景逸說：

靜則理顯，不靜則理昧。故靜即理也。（《遺書》卷八下〈與華潤菴書〉）

又說：

> 惟天理至靜。（《遺書》卷一〈語〉）

所謂「靜則理顯」與前引所謂「收拾來便是良知」是一樣的意思。天理、良知既顯，吾心便有主宰。「主宰定，更無物可奪得。」（《遺書》卷五〈會語〉）無物可奪，便是至靜。靜坐而至此地步，就是真正的見性。所以景逸說：「靜以見性，見性至靜。」（同上）

(四)

靜坐而達於見性，這是靜坐的極功。但對內聖外王的一貫之道來說，這只是起點，而不是終點。因爲，靜坐的目的，是要在靜中養出「端倪」，然後在動時使用的。景逸說：

> 主靜之學，要在慎動。（《遺書》卷一〈語〉）

又說：

> 動時工夫要在靜時做；靜時工夫要在動時用。（《遺書》卷五〈會語〉）

又說：

> 學者不過借靜坐之中認此無動無靜之體云爾。靜中得力，方是動中真得力；動中得力，方是靜中真得力。（《遺書》卷三〈靜坐說〉）

靜坐正是做的動時所用的工夫，「動時差了，必是靜時差」。因此必須做到「靜如是，動亦如是」，才真正有其意義。

由是可知，主張靜坐，並不是一味向內而忽略世務；而是爲康濟斯民所做的最基礎、最重要的準備工夫。

4 實踐

(一)

中國學問的精神，在於「明體達用」。漢唐儒多講名物制度，可謂較偏重在「用」上；宋明儒多講心性修養，可謂較偏重在「體」上。但體用是相資相待的，很難加以劃分，所以不能說漢唐儒有用而無體，宋明儒有體而無用。

由於宋明儒在心性上多講了一些，一般人遂譏宋明儒爲迂腐而不達世務，這是絕大的誣罔。其實，宋明儒所以看重心性修養，只是認爲體用是顯微無間的，若體有不明，則用處必差。心性不明，必致「生心害政」。所以宋明儒之講心性修養，正是求經濟大用之美滿。像朱子做南康軍太守，陸象山做荊門軍太守都政績斐然；王陽明且敉平大亂，卓樹軍功，都足以證明宋明儒是明體達用的。

㈡

景逸重靜坐，主要的還是偏重在「明體」上；但景逸也跟其他的宋明儒一樣，「明體」所以求其「達用」。靜坐，正是爲的「要在動時用」。所以他說：

> 學問通不得百姓日用，不是學問。（《遺書》卷五〈會語〉）

通不得百姓日用，是由於不能實踐。不能實踐，便是有體而無用；既無「用」，則所謂「體」，也非儒家的真體了。所以景逸說：

> 學問必須躬行實踐，方有益。如某人見地最好，與之言亦相入；但考之躬行，使內外不合。是以知虛見無益。（《遺書》卷五〈會語〉）

能實踐，就是內（體）外（用）合一。若只是「見地最好」而不能實踐，則是內外分而爲二，體用兩不相干。那麼所謂「見地」只是「虛見」而已，入於釋氏去了。如此自然通不得百姓日用。所以他說：

> 學問不貴空談，而貴實行也。（同上）

又說：

講學者，講其所行者也；不行，則是講而已矣；非學也。（《遺書》卷一〈語〉）

可見只講格物、靜坐是不夠的，還必須躬行實踐。直通到百姓日用上去，才算體用圓融，德行完滿。不然格物、靜坐都落了空。

(三)

景逸如此重實踐，跟他重「教」的用意是一致的。他深深感到，不在實踐處立教，容易產生談玄說妙而蔑棄人倫庶物的流弊。而他親眼所見的王學末流，正是這種情形。所以景逸極力揭舉孔子與朱子教人的方法，以破當世王學末流的迷妄。他說：

聖門言仁，只是說行處多；如視聽言動，恭寬信敏惠五者，行于天下，俱是說行。只如此體貼，便是為仁之道。（《遺書》卷五〈會語〉）

又說：

夫子言仁，曰恭寬信敏惠，可見仁都在事上；離事無仁。（同上）

《論語．顏淵》記顏淵問仁，孔子答說：「克己復禮爲仁。」再問其詳，孔子便說：「非禮勿視，非禮勿聽，非禮勿言，非禮勿動。」又〈陽貨〉篇記子張問仁，孔子答說：「能行五者於天下，爲仁矣。」子張再問那五者？孔子說：「恭寬信敏惠。」孔子答弟子問仁，從來沒有從正面用訓詁的方式來解釋仁的意義，也沒有直接說明仁的內涵，而都是從行仁的方法上來指點，像「視聽言動」、「恭寬信敏惠」，都是教人實地去實踐。也就是說孔子立教不從本體上去做抽象的說明，而只是從工夫上教人做具體的實踐。因爲「道不可須臾離」，倫常庶物，無不是道。只從倫常庶物上實踐，便可以見道；下學人事，可以上達天理。從工夫上可以通到本體。若只在本體上、仁上、道上、天理上做抽象的說明，則沒有下手工夫，無法真正認識什麼是仁，什麼是道，什麼是天理。比如一座樓閣，若不設個樓梯，則雖有雕梁畫棟之美，也無法登上去親覽其勝。那麼所謂樓閣勝概，只不過是想像中一光景而已。

最能體會孔子這種精神而審慎立教的，要推朱子；景逸說：

朱夫子之言，俱是用上說，使人可知可行。（《遺書》卷五〈會語〉）

朱子之學，「尊德性」與「道問學」兩者齊頭並進，沒有倚輕倚重之別。在尊德性方面，教人居敬涵養；在道問學方面，教人格物致知。使學者有著手用力之處，所以沒什麼流弊。景逸之崇重朱子，正在這個地方。

到陽明出來，以「無善無惡」爲教，由於沒有實地下工夫處，所以後學多空談而無實行；未及百年，即流入於禪。與孔子、朱子兩相比較，顯然「非孔子之教」。其相異之處，正在於孔子、朱子重實踐，而陽明之學則高明而無梯級可登。

景逸有鑑於此，所以特別重教；由重教而重實踐；由重實踐而重工夫。他說：

竊以為，于今之時，不患本體不明；惟患工夫不密。不患理一處不合；惟患分殊處有差。心做處十分酸澀；得處方能十分通透。（《遺書》卷八上〈復錢漸菴書〉）

又說：

嘗妄意以為，今日之學，寧守先儒之說，拘拘為尋行數墨，而不敢談玄說妙，自限於不知之妄作；寧稟前哲之矩，硜硜為鄉黨自好，而不敢談圓說通，自陷於無忌憚之中庸。積之之久，倘習心變革，德性堅凝，自當恍然知大道之果不離日用常行，而步步蹈實地；與對塔說相輪者遠矣。（《遺書》卷八上〈答葉臺山書〉）

這兩段話，一則說「于今之時」，一則說「今日之學」，顯然他是針對王學末流而發的。其中「談玄說妙」與「談圓說通」兩句，正說中了王學末流的要害。要救此弊，首要「工夫密」，要「做處十分酸澀」，要「步步蹈實地」；總之，要能實踐。我們由這些大聲疾呼的話語，也可知景逸憂患天下後世之深了。

5 悟修並重

(一)

程朱學派的學者，講「居敬」，講「窮理」，而十分忌諱言「悟」；一言悟，便斥之爲禪。景逸卻不同，他非常重悟，謂「學必須悟，悟後方知痛癢」（《遺書》卷八上〈與羅匡湖書〉）。又謂「不悟不足以爲學」（《遺書》卷一〈語〉），因爲他一生學問的成就，最大得力處，即在揭陽之行汀州旅舍中之一悟。那一悟，使他看清了自己的本來面目，同時也了解了該從什麼地方下手做工夫。有了這一次的親身證驗，他對爲學工夫的看法，發生了一百八十度的轉變。以往，他也「深鄙學者張皇說悟」，而此後卻「只看作平常」，認爲那是爲學必經的重要過程，「從此方好下工夫」。景逸本是十分宗仰朱子的；但在這一點上，卻言朱子之所不敢言。

(二)

不過，景逸言悟，不是專門以悟爲學，盡棄其他工夫。而是要與「修」配合，悟修並重。前面所述「靜坐」工夫，目的即在求「悟」，而「格物」與「實踐」，則是「修」的工夫。又前面論性，謂首須知性，然後繼以復性、盡性。知性之重要關鍵，即在於悟。復性與盡性則是修。

當然，見性的基本工夫是靠格物；格物是「修」。但格物而要格到「實見得天人一、古今一、聖凡一、內外一」，格到「一以貫之」，必要經過一悟境。在未達此境之前，對於天地萬物，只見其殊相，而與我有隔。此即所謂「不窮其理，物是外物」。一旦豁然貫通，則見得天人一、內外一。此即所謂「物窮其理，理即是心」。見得「物是外物」，是「迷」；見得「理即是心」，是「悟」。迷、悟之間，只是一念之隔；迷、悟之關鍵，只繫於此一念之破與不破。景逸說：

迷悟一關，聖凡千里；其要在一念之破不破耳。（《遺書》卷八上〈與羅匡湖書〉）

破即是悟；不破則是迷。而此念之破，只是刹那間事，像閃電；電光一閃，即透體通明，其間沒有先後次序可言。他說：

人心一片太虛，是廣運處。此體一顯即顯，無漸次可待。徹此為明心。（《遺書》卷八上〈復錢漸菴書〉）

又說：

此念忽破，則真心豁然顯現，方知前者之為妄。（《遺書》卷八上〈答羅匡湖書〉）

可知此念不破，一生皆迷，所以學必須悟。

㈢

悟，不是語言文字上的知解活動，而是本心性體與天心仁體的直接感通。但要達此一境，卻須靠語言文字上的知解活動來構成一助緣，也就是先須格物致知。等到「用力之久」，助緣已成，自然會有「豁然貫通」之一日。豁然貫通，就是物格知至，也就是悟了。所以悟非格物不爲功。景逸說：

學者以知至為悟；不悟不足以為學。故格物為要。（《遺書》卷一〈語〉）

格物致知是「修」，物格知至是「悟」。不施格物之功，不足以言悟；格物而不至於悟，則只是「徇外」。所以「悟」與「修」必須並重。他說：

悟修二者，並無輕重。即如仁義禮智四字，言仁智處皆是悟；言禮義處皆是修。悟則四字皆是修；修則四字皆是悟。真是半觔八兩。（《遺書》卷五〈會語〉）

又說：

修而不悟者，徇末而迷本；悟而不徹者，認物以為則。（《遺書》卷九〈馮少墟先生集序〉）

又說：

不真修，非真悟也。不悟之修，止是粧飾；不修之悟，止是見解。二者皆聖人所謂文而已。（《遺書》卷八上〈答蕭康侯書〉）

悟之一境，只有靠真修才能到；也只有由真修而來之悟，才是真正的見性。所見之性才是真正的至善之性。若不由真修而言悟，則只是「攝心而乍見心境之開朗，或專氣而乍得氣機之宣暢」，其所見之性，只是「精誠之妙用」，故遂「認物以爲則」；謂運水、搬柴都是性。此其所謂悟，只是見解，只是光景。在景逸看來，這種悟是禪悟，而不是「用力之久，一旦豁然貫通」之真悟。

(四)

景逸又認爲，不僅在未悟之前，需要一番真修；尤其在既悟之後，更須真修。因爲，悟只是本體的暫現，若要使它永久呈露，則有賴於修。悟後不修，則暫現之本體，又爲習心所錮蔽，轉眼又迷；他說：

> 悟者，虛靈之偶徹，本體之暫現也。習心難忘，本真易昧，故非真修不足以實真悟。（《遺書》卷八上〈與劉雲嶠書〉）

悟後之修，主要在於實踐。實踐則本體即在視聽言動等工夫上顯現出來。於是即工夫便是本體，即本體便是工夫。前述景逸論性，謂「起手要知性，中間要復性，了手要盡性」。知性，是由修而悟；復性與盡性是悟而後修。又景逸之主張靜坐，意在教人「動時工夫要在靜時做；靜時工夫要在動時用」。靜時做，是求其悟；動時用，是悟而後修。如此悟修兼施，庶可達於「從心所欲，不踰矩」之境。其實聖賢之所以超凡入聖，正得力於悟後之修；景逸說：

> 立卓，非顏之悟乎？至於不遷怒，不貳過，斯其悟真悟矣。一貫，非曾之悟乎？至於啓手足，斯其悟真悟矣。（《遺書》卷九〈重鍥近思錄序〉）

顏淵在孔門，最稱完器。他曾讚歎孔子之道說：「仰之彌高，鑽之彌深；瞻之在前，忽焉在後。夫子循循然善誘人，博我以文，約我以禮，欲罷不能。既竭吾才，如有所立卓爾；雖欲從之，末由也已。」這表示顏淵已深深體悟到孔子之道及其人格氣象的高峻卓絕；但是顏淵之真正偉大處，則在於不遷怒，不貳過。曾子嘗說：「夫子之道，忠恕而已矣。」這是曾子對孔子之道的深透體悟；但是曾子之真正偉大處，則在於戰戰兢兢，至死不渝。若他們沒有這番真修實踐，則不成其爲顏淵曾子了。

(五)

景逸所見當時王學之弊，正在於沒有真修工夫。而沒有真修，則又由於沒有真悟之故。他說：

> 今之悟者何如耶？或攝心而乍見心境之開朗；或專氣而乍得氣機之宣暢，以是為悟，遂欲舉吾聖人明善誠身之教，一掃而無之。決堤防以自恣，滅是非而安心。（《遺書》卷九〈重鍥近思錄序〉）

這樣的悟，景逸稱之爲不修之悟；「不修之悟，止是見解」，見解只是光景。而不是悟到純粹至善之性。既安不上格物工夫，也無從實踐。所以根本通不到百姓日用，更通不到詩書禮樂與名節忠義。所以景逸說：

今其弊略見矣！始也掃聞見以明心耳，究且任心而廢學。於是乎詩書禮樂輕而士鮮實悟。始也掃善惡以空念耳，究且任空而廢行。於是乎名節忠義輕而士鮮實修。（《遺書》卷九〈崇文會語序〉）

既無實悟，又無實修，則是流入於佛了。可見景逸千言萬語，總不外鍼砭王學，挽狂瀾於既倒，扶大廈之將傾。其憂世之深，用心之苦，實在令人欽佩。

6 結論

由以上五節的論述，可以看出，景逸之學，大體是尊信朱子的；而尊信朱子的同時，又大力抨擊王學的流弊。但這並不表示景逸有門戶之見。相反的，他正是要打破門戶，會通眾流。他攻擊王學，主要是站在「教」的立場說話的。所謂「豈可不謂孔子之學，然而非孔子之教」，確是十分公允。實際上，景逸品學的成就，得力於王學的很多。從他衡評王學之中肯，便可知他對於王學有很深的造詣。他講學論政，主張明辨是非，嘗謂：「綱紀世界，全要是非明白。」是非明白，其實就是陽明良知立誠、知行合一之教。其砥礪氣節，其實也與良知同一血脈。其主張「學必須悟」，更是受陽明的影響。所以景逸對於王學，實際是取精用宏。只是爲了矯正末流之弊，不期然而然地走上了由王返朱，避虛歸實的道路。

他不僅對陽明之學，深有契悟；對於往古學脈，也瞭如指掌。他說：

自古以來，聖賢成就，俱有一個脈絡。濂溪明道，與顏子一脈。陽明象山，與孟子一脈。橫渠伊川朱子，與曾子一脈。白沙康節，與曾點一脈。（《遺書》卷五〈會語〉）

又說：

學問俱有一個脈絡，宋之朱陸亦然。陸子之學直捷從本心入，未免道理有疏略處。朱子卻確守定孔子家法。只以文行忠信為教，使人以漸而入。然而朱子大，能包得陸子；陸子麤，便包不得朱子。（同上）

又說：

朱子一派，有本體不徹者，多是缺主敬之功。陸子一派，有工夫不密者，多是缺窮理之學。（《遺書》卷二〈箚記〉）

又說：

除卻聖人全知，一徹具徹，以下便分兩路。一者在人倫庶物，實知實踐去。一者在靈明知覺，默識默成去。此兩者之分，孟子於夫子微見朕兆；陸子於朱子遂成異同。本朝文清（薛瑄）文成（王守仁）便是兩樣。宇內之學，百年前是前一路；百年來是後一路，兩者遞傳之後，各有流弊。（《遺書》卷四〈講義〉）

朱陸異同之爭，在當日兩家弟子即成水火。其後愈演愈烈。以陽明之高卓，也竟不免牽朱入陸，而有「朱子晚年定論」之作。因而導致陳清瀾（建）作《學蔀通辨》，加以反擊。景逸對這樣大的公案，卻心平氣和地指出他們的來龍去脈。景逸之意，認爲兩派學者各是其所是，各非其所非，都有所偏蔽。不如轉換一種眼光，來看各家學派的流變與異同。只要是真理，便取；不管他是那一家那一派。他說：

> 自朱、陸兩先生分門後，兩脈並行于世。龍以為，但取其來龍真，結穴真，不必問其何方何向也。（《遺書》卷八上〈答鄒南皐書〉）

惟有如此，才能斟酌損益，去短集長，而獲得最後的折中。可見景逸治學的態度與前此學者不同。前此兩派的學者好像訴訟的兩造，公說公有理，婆說婆有理。景逸則要做斷案的法官，對於兩造的訟辭，都要一一驗其來歷，辨其真假。換句話說，景逸不在門戶上爭傳統，而側重在學術史的研究。所以景逸的學術思想，是兼收並蓄的。表面上是一本朱子，實際上是出入於程朱、陸王之間。

四、著作

景逸的著作，根據《明史·藝文志》、《清朝續文獻通考·經籍考》，及宋定國、謝星纏合編的《國史經籍志補》所載，共有七種：

《大易易簡說》三卷

《周易孔義》一卷

《就正錄》二卷

《高子遺書》十二卷

以上四種見於《明史·藝文志》

《二程節錄》四卷文集鈔一卷附錄一卷

《春秋孔義》十二卷

以上二種見於《清朝續文獻通考·經籍考》

《朱子節要》十四卷

以上一種見於《國史經籍志補》

此七種著作，現在都留存於世。茲依經史子集之序，簡介於後：

1《大易易簡說》

景逸博通六經，而尤精於《易》。此書分條詮釋《周易》的義理，每條不過幾句話，大旨在於以心說易。謂：「天地之八者（案：即指八卦之卦象卦德）未嘗不備於我；我之八者未嘗不充塞於天地。」又謂：「易果何物也？曰：吾之心也。」這是說，整個宇宙，就是一個生生之易。此生生之德，皆圓滿地內具於吾之心，所以吾之心即是一個小宇宙。明吾之心，即足以明宇宙。亦即足以明易。由於「其知易知，其能簡能，易簡而天下之理得矣」。所以景逸就給此書取名爲《大易易簡說》。

2《周易孔義》

此書是景逸在天啓三年六十二歲乞差回鄉時，在歸途中寫的。前此在東林與錢啓新講《易經》，就想把講義寫定成書，結果沒有如願，直到晚年才勒成定本。

所謂孔義，就是孔子之義。六經都經孔子手訂，所以以孔子之義爲最接近六經的本義。以《易經》來說，讀《易》最大的目的，在於「見易」，孔子於易體會最深，能得孔子之義，也就足以「見易」了。一般人都認爲六經之中，《周易》最爲難讀。景逸意見剛好相反，他說：「六經惟《易》易讀」。因爲「惟《易》注自夫子」，只要讀《易經》之注，即易傳（十翼），就可以得孔子之義，也就是足以「見易」。不像其他諸經，注文出於後人之手；注文之意，不一定經文之意。讀通了注文，不一定就是通了經文；因此景逸特別重視易傳。此書主要即在發揮易傳之義。發揮易傳之義，即發揮孔子之義了。

以今日眼光來看，易傳實非孔子所作；易傳所言，也不一定是《易》之本義。但我們還是可以肯定，易傳是孔門義理；其義與《易》之本義，是相續而非相違的。所以景逸所說「《易》注自夫子」雖然不確；但他以易傳之義爲孔子之義，由孔子之義即足以「見易」，這一點還是不刊之定論。

3 《春秋孔義》

此書以左氏、公羊、穀梁、胡安國四家之傳爲主，斟酌於其間。無所考證，也無所穿鑿。大體上是以經解經。凡是「經無傳有」的，不敢相信；「傳無經有」的，不敢懷疑。所以叫做「孔義」表示說此是孔子之本義，而非諸儒之臆說。他這種說經態度，可說是很嚴謹了。

朱彝尊《經籍考》，於此書之外，又著錄有李攀龍《春秋孔義》十二卷，注云「未見」。此與景逸所著，書名、卷數都一樣，而且攀龍之名也相同。這應該不是巧合；而可能是弄錯了。因爲李攀龍就是所謂「後七子」的首領，以詩著名於世，而不以經術見長。他的墓誌銘，及《明史》本傳中也都沒說他有這部著作。想是各家書目，有或因攀龍之名相同，故而誤

「高」爲「李」的情形，朱彝尊未及考辨，才誤分爲二的。

4《二程節錄》

此書取二程語錄，擇其精粹，分成四類，依次爲辨性、論學、治事、釋經。每類各爲一卷。後面又載文集鈔及附錄各一卷。書前有康熙癸未陸楣序。

景逸在未成進士之前，即有志於程朱之學。做行人時，利用行人司衙門裏的藏書，遍讀了二程、朱子及薛敬軒的著作，遇有會心處，便隨手摘錄下來。此書和《朱子節要》就是這時作成功的。從這個地方，可以看出景逸一生學脈之所在。

5《朱子節要》

景逸爲學，最重朱子。嘗謂：「不有朱子，孔子之道不著也。」而朱子之學說除見於各種專著外，又散見於文集、語錄中；其分量之多，真是浩渺無涯。爲使後學省覽方便，景逸特別加以選錄，仿照《近思錄》的體例，分爲十四類，每類各爲一卷。名爲《朱子節要》。也是在做行人之官時作成的。

6《就正錄》

此書內容包括今傳《高子遺書》中第一卷「語」、第二卷「劄記」的一部分，第三卷「經說辨贊」、第四卷「講義」及第七卷「奏疏」的一部分。在天啓三年，景逸六十二歲時，即已刻板流行。

7《高子遺書》

此書爲景逸卒後，門人陳幾亭（龍正）彙編遺作而成。共分爲十二類，每類各爲一卷。第一卷爲語，第二卷爲劄記；第三卷爲經解、說、辨、贊；第四卷爲講義；第五卷爲會語；第六卷爲詩；第七卷爲疏、揭、問；第八卷爲書；第九卷爲序；第十卷爲碑、傳、記、譜、訓；第十一卷爲誌、表、狀、祭文；第十二卷爲題跋雜書。書後附錄誌狀年譜一卷。

其中第一卷至第五卷，以及第八、第九卷，大都側重在義理的闡發。切近篤實，深湛周密。要了解景逸的思想，這幾卷是最重要的資料。

景逸不以詩文著名於世；但景逸之詩，沖淡清逸，真骨凌霜，出入於陶淵明與邵康節（雍）之間。文章則明捷遒健，高風跨俗。兩者均無明末纖弱詭譎的氣息。

此書初刻於明思宗崇禎五年（一六三二年），由景逸的門人錢士升主其事。現在流傳的

《高子遺書》，就是錢士升的刻本。

以上七種遺著，又有人把它彙爲一編，叫做《高子全書》。有乾隆七年（一七四二年）華希閔刊本。全書所收子目與卷數，與前述各書略有不同，茲列其子目如下：

《周易孔義》三卷

《春秋孔義》十二卷

《四書講義》一卷

《東林書院會語》一卷

《程子節錄》四卷文集鈔一卷

《朱子節要》十四卷

《就正錄》一卷

《高子文集》六卷詩集八卷

共計四十七卷。其中《四書講義》、《東林書院會語》、與文集、詩集，原是《高子遺書》的一部分。在這裏則打散與其他專著並列。

五、影響

景逸對後世的影響，可分兩方面來說。一是政治上的；一是學術上的。

1 對政治上之影響

政治方面，在景逸當世，就已發生了重大的影響。此影響並不直接表現在制度的變革上；而主要表現在忠義精神的感召上。

景逸講學，意在天下國家。爲政治樹理想，爲人生立典型；實在是人心嚮慕之所在。所以起初雖止於書院講學，而最後則形成士流清議，以爲天下名教正義之長城。使得朝野上下的正人君子，都站在同一條陣線上，忠義相許，齊爲國家而犧牲奮鬥；這是何等的風力啊！

以明神宗之荒怠昏庸，國脈民命早就該斷送在內憂（土匪造反）、外患（滿人寇邊）的交相逼迫之下；要不然，也早該斷送在外戚與宦官的手裏。幸而賴有東林諸君子，發揮讀書人的良知，同心同德，戮力以赴，才不至於瓦解土崩，動搖國本。這是景逸及涇陽諸君子講學立教的最大影響；也是景逸諸君子足以仰不愧、俯不怍之所在。可惜，繼神宗而先後登基的光宗與熹宗，其昏昧不靈，不讓乃父乃祖。聽任魏忠賢胡作非爲，將東林諸君子一網打盡。東林一盡，明朝的氣數也就跟著盡了。讀史至此，寧不爲之廢書長嘆！

2 對學術上之影響

景逸對學術方面的影響，主要表現在學風的轉變上。

(一)

南宋以至明末，朱陸兩派的思想，平分了中國，一直詬爭不已。到了景逸當時，整個思想界都成了陸王的天下；而朱學只存在於朝廷的科舉上。景逸目睹王學的流弊，乃提倡朱學來加以匡救。自此朱學才逐漸恢復他應有的地位。但景逸爲學，主張會通眾流，不喜自立門戶。乃從朱陸詬爭的漩渦中跳出來，轉而考察學術本身的流變與異同。此在當時，是學風的一大轉變。

稍後，劉蕺山（宗周）講學於山陰，獨標「慎獨」爲宗旨。論其大體，也是想兼採朱王，折中至當。此精神與景逸是一貫的。清初學者如陸桴亭（世儀）雖偏於朱學，孫夏峯（奇逢）雖偏於王學；但都主張斟酌調停，集長去短。陸桴亭之言云：

> 世有大儒，絕不別立宗旨。譬之國手，無科不精，無方不備，無藥不用。豈有執一海

上方而沾沾語人曰：「舍此更無科無方無藥也。」近之談宗旨者，皆海上方也。

孫夏峯之言云：

門宗分裂，使人知反而求諸事務之際；晦翁之功也。然晦翁設而天下之實病不可不洩。詞章繁興，使人知反而求諸心性之中；陽明之功也。然陽明設而天下之虛病不可不補。（《夏峯語錄》）

又云：

諸儒學問，皆有深造自得之處。故其生平各能了當一件大事。雖其間異同紛紜，辯論未已；我輩只宜平心探討，各取其長，不必代他人爭是非求勝負也。（同上）

他們這幾段話，跟景逸判別諸儒脈絡的意見，大意是相同的，其受景逸影響，至為顯然。

㈡

又景逸論學，著重工夫，力主實踐。所以特別留心世務。他曾說：

學問通不得百姓日用，不是學問。（《遺書》卷五〈會語〉）

又說：

知學者甚難；知正學者更難；知學而能通達世務，不至以學害世者尤難。（《遺書》卷八上〈答馮少墟書〉）

明末大儒顧亭林（炎武）鑑於王學末流之空疏，主張通經致用，留心世務；一部《日知錄》，就是通經致用，留心世務的具體表現。這種精神，與景逸完全符合。且亭林所標「經學即理」與「行己有恥」二語，跟景逸所謂「寧守先儒之說，拘拘爲尋行數墨；而不敢談玄說妙。寧稟前哲之矩，硜硜爲鄉黨自好；而不敢談圓說通」諸語極相類似。可知亭林的學風受景逸的影響也很大。

㈢

亭林而外，受景逸影響的，還有黃梨洲（宗羲）。梨洲之父黃尊素，一向與景逸風節相許。後來即因隸籍「東林黨」而死於獄中。景逸於梨洲，實屬父執，所以梨洲受景逸的影響也特別大。

一則景逸抨擊王學，集中在「無善無惡」一語。而「無善無惡」之說，其最大的弊端在於欠缺「工夫」。因此由無善無惡之辨，又引出本體與工夫之辨，而所重則在工夫上。景逸說：

不識本體，皆差工夫也；不做工夫，皆假本體也。（《遺書》卷八下〈答薛用章書〉）

又說：

不患本體不明，只患工夫不密。（《遺書》卷八上〈復錢漸菴書〉）

梨洲也極重工夫，他說：「心無本體；工夫所至，即是本體。」此與景逸的意見是可以相通的。

再則景逸一向推重朱子；朱子在理學家中，最重史學。景逸又教人要通達世務；通達世務，即須嫺熟於史。他在史學上雖無著作；但其爲學精神與從政表現，所在都顯示他對史學有深造，對讀史表重視。他教人多讀書，就是教人要多窮經，多讀史。這一點，不僅景逸爲然；其他東林諸君子，也都有一致的看法。梨洲之父被逮時，即曾告誡梨洲說：「學者不可不通知史事」。所以順此爲學精神，繼續前進，必定要開出史學來。實際上，景逸之跳出立門戶、爭傳統的漩渦，而著重於考察學術本身的流變與異同，即已開啓了研究學術史的新途徑。梨洲的《明儒學案》，可說就是在這一新途徑的啓導下，所創作出來的學術史名著。所以，梨洲之學雖宗陽明，卻轉而特重史學；嘗說：

學者必先窮經；然拘執經術，不適於用。欲免迂儒，必兼讀史。

如此說來，梨洲之巍然成一大史學家，開出有名的浙東史學，實是導源於景逸諸君子了。

三則梨洲爲學，有最重要的兩句話，說：「讀書不多，無以證斯理之變化。多而不求之於心，則爲俗學。」此話實本之景逸。景逸有三段話，與此極其類似。其一云：

經年之別，而無疑義相參，坐讀書不多，悠閒過日之故也。心即理；理即心。理散見於六經。聞見狹而心亦狹；非細事也。（《遺書》卷八上〈與吳子往書〉）

此所謂「無疑義相參，坐讀書不多」，與「聞見狹而心亦狹」，都是梨洲所謂「讀書不多，無以證斯理之變化」的意思。

其二云：

夫學，欲其得之心而已。無所得諸心，則物也者，物也。有所得諸其心，則物也者，知也。物自為物，故物不關於性；物融為知，則性不累於物。（《遺書》卷九〈塾訓韻律序〉）

此所謂「無所得諸心，則物也者，物也」，即梨洲所謂「多而不求之於心，則爲俗學」的意思（「物自爲物，不關於性」，即是誇多鬥靡，爲聞見之知；是謂俗學）。

其三云：

六經皆聖人傳心。明經乃所以明心；明心乃所以明經。明經不明心者，俗儒也；明心不明經者，異端也。（《遺書》卷一〈語〉）

此所謂「明心不明經者，異端也」，即梨洲所謂「讀書不多，無以證斯理之變化」的意思。所謂「明經不明心者，俗儒也」，即梨洲所謂「多而不求之於心，則爲俗學」的意思。

其實，說來說去，梨洲那兩句話，就是景逸所主張的「格物」、「反身」的說法。景逸認爲：惟格物，始可以明心；不格物而言明心，則只是虛見，流入異端。但，格物之所以能明心，則靠反身，格物而不能反身，則只是誇多鬥靡，淪爲俗學。拿前面三段話與梨洲所說，兩相對照，便知梨洲的爲學精神，其受景逸的影響是如何的深刻了。

(四)

又景逸爲學，主張「修身爲本」。欲以廣泛之知識，造成完美之人格。其關鍵則在明是非；他曾說：「綱紀世界，只是是非兩字。」（《遺書》卷一〈語〉）明是非的精神發揮到極致，便是氣節。所以景逸又極重氣節，認爲學問即所以厚植氣節；他說：

> 氣節而不學問者有之；未有學問而不氣節者。若學問不氣節，這一種人，為世教之害不淺。（《遺書》卷五〈會語〉）

景逸之從容就義，正是他崇高氣節的表現。

後來，當明室覆亡之際，豪傑志士紛紛起來，不計個人名利，不顧身家性命；爲救亡圖存而前仆後繼。如史閣部（可法）、黃陶菴（淳耀）、張蒼水（煌言）、瞿起田（式耜）等，其壯烈之精神，直與景逸後先媲美。至明亡之後，諸遺民都隱居山野、不肯出仕。如孫夏峯之貞固；黃梨洲之剛偉；顧亭林之耿介；李二曲（顒）之堅卓；王船山（夫之）之刻苦；朱舜水（之瑜）之峻潔；都真鋼百鍊，凜若冰雪。這也都是景逸砥礪氣節的影響。

(五)

綜上所述，則明末清初的學者，無論是在思想本質上、爲學精神上、氣節表現上，都或多或少地受到景逸講學的影響。所以，即使說明末清初的學風完全出於景逸諸君子，也不爲過。

參考書目

《高子遺書》明陳龍正編，崇禎五年錢士升刻本。
《明儒學案》明黃宗羲著，世界書局排印本。
《高忠憲公年譜》明華允誠著，錫山先哲叢刊本。
《明史・高攀龍傳》清張廷玉著，藝文印書館影印清乾隆武英殿刊本。
《東林列傳》清陳鼎著，商務印書館影印《四庫全書珍本》。
《東林黨籍考》民國李棪著，世界書局排印本。
《東林書院志》清高廷珍著，廣文書局影印雍正十一年刊本。

劉宗周

古清美 著

目次

劉宗周

一、劉蕺山的生平事蹟

劉宗周，字起東，號「念臺」（爲紀念他未出生就不幸辭世的父親劉秦臺）；是浙江省山陰縣（今紹興）水澄里人。他出生於明神宗萬曆六年（西元一五七八年），於清順治二年（一六四五年，即明思宗崇禎亡國的次年）絕食殉國。年六十八。他的學生和後人都尊稱他爲「山陰先生」，或「蕺山先生」（他曾在家鄉的蕺山附近講學）；稱他的學問爲「蕺山之學」。在本文裏，我們也沿用「蕺山」這個稱號。

蕺山的父親劉坡是一位聰慧有德的青年，蕺山的外公章南洲因而將愛女許配給他。不料蕺山在母胎中尚未落地，父親便病逝了。母親章氏萬分悲痛，因劉家一貧如洗，蕺山從滿月後就抱回外公家撫養；後來章氏也回到了娘家生活。蕺山十歲開始就跟著外公讀書，在母親嚴厲的督促和繼承父業的期許下，勤奮向學。南洲被聘到百里外的壽昌學校授課，章氏便命他隻身前去讀書，蕺山從十二歲的幼齡開始，儘管體弱有病，還是奉母命幾度長途來往繼續學業。章氏性格嚴肅堅毅，在坎坷的命運下，鮮有歡笑，對這個一出生就沒了父親的獨子，沒有寵溺，只有向學和成德的鞭策。把蕺山教養成人，是她唯一的職志。蕺山十九歲成婚，夫妻相敬相愛；他白天讀書，晚上與妻共操家事，妻子洗衣，他擡水；妻子倒便器，他持光照明；二人燒火炊食，侍奉母親。二十歲通過鄉試，二十四歲進京赴會試，得到中試之喜訊的次日，就接到母親在家病死的訊息。蕺山哭號哀慟，悲痛欲絕；憾恨他至親至愛的母親，全心全力教養他而受盡艱辛苦楚，但是卻差一天來不及知道他順利中舉、完成父志，也來不及看他有更大的成就。

蕺山守喪三年，生活嚴苦，孝思不息，使人感動。有人介紹他去見當時學行卓越的名儒許孚遠（敬菴），蕺山前去請他爲母親作傳，並拜他爲師。許孚遠以聖賢之學勉勵蕺山，告訴他修身謹嚴、成就德業才是真正的孝道。蕺山受許孚遠的身教和啓發很大，也影響了他日後學問的方向。二十七歲，他開始步上仕途，到朝中衙門「行人司」擔任一個小官，也開始切實接觸國家治亂興衰的種種問題。不料次年，蕺山的祖父和對他兼有栽培和養育之恩的外公先後逝世，他請假侍病和守喪，過於勞苦和哀傷，以致臥病在床，幾近三年之久。在養病的期間，他靜心修養，漸漸體悟到，心念澄靜比起藥物，對病體更爲有效。

當時，在萬曆朝廷中，發生了幾件爭議性很大的事，大臣對朝政有許多不同的見解和主張，以致議論紛起，然直言者往往遭受當權派排擠而免職。這些人也是當時有名的學者，於是以顧憲成、高攀龍爲首，回到江蘇無錫家鄉，重建舊有的「東林書院」講學，主張道德之學更須以切實的躬行實踐爲根本；講求心性義理之學，應嚴格辨別人心的公私邪正、事情的是非義利，更應該關懷天下國家的大事。所以東林書院的講學內容，就由儒學義理的詮釋關聯到朝中人事的是非，因而引起更多的議論。因爲東林書院的人多是正人君子，他們的聲望和學問都爲時人所景仰，因而也附帶引來很多贊成或附會的人，朝中許多政治立場不同的人便指他們爲「東林黨」。其他人也紛紛就不同的政治利益結成各自的黨派。當時蕺山並不想去參加任何黨派，但他最要好、最能切磋道德和學問的友人劉永澄，是東林書院那些學者的同志和好友，和顧、高常常彼此策勵、論學。蕺山仰慕高攀龍端嚴正直的人品，和精密入微、勵行實踐的學問，曾寫信向他請教心性之學的幾個重要問題，得到極大的助益和啓發，因而也和他結成共勉道義的生死之交。

萬曆四十年，蕺山三十五歲，回京復職。四十一、二年，朝中黨論激烈，蕺山上書言事，不但沒有產生效果，反而被人詆毀；他決定請假回家鄉，閉門專心讀書。儒家的心性之學本來就是精深微密，不但要在具體行事、日常生活上切實實踐，也須在靜中省察體證；這種須深思靜慮才能有真正的解悟的學問，蕺山沉潛其中，精進不懈。他時時不忘藉師友的啓發和切磋、生活經驗的磨練、深刻的反省以及靜坐工夫的精微人密，向聖學的殿堂層層深入。鄉里遠近的青年學子慕名而來，拜他爲師，請他教導。他就在蕺山附近、他自己家背後的解吟軒開始教學。他教導弟子首重德行的實踐，並且對來學者有一些行儀上的規範。其次講授儒家典籍，旁及於史學、文學等書。休閒時則與弟子登山、唱詩、飲酒、論古今人物。而他第一部著作《論語學案》也在他四十歲這年完成。

明熹宗天啓皇帝即位，蕺山四十四歲，那些被當作「東林黨」的君子又重獲任用，蕺山也被推薦入朝。熹宗專寵宦官魏忠賢，蕺山不顧後果，首先糾劾，直言警告，指出這是禍端，使他險遭重罰。在這同時，滿清大兵已經開始向南攻打，步步進逼。蕺山及朝中君子俱憂心不已，對國事諸多建言，但往往不被採納。鄒元標、高攀龍在京師建「首善書院」講學，策勵人心，關心天下事；而蕺山與他們朝夕往返，互相切磋。魏黨勢力愈大，朝中無恥官僚趨炎附勢者不少，正直的朝臣痛加指責，「首善」君子也被看作是「東林」的分枝。那批「奄黨」便以「東林黨」爲名，蓄勢撲滅反對者。於是展開了一幕幕殘酷慘烈的政治迫害。

天啓四年，楊漣、左光斗被免職，蕺山雖屢升新職，但不願留任朝廷而歸。次年三月，奄黨大興寃獄，逮捕不畏惡勢力、而且最爲小人痛恨的楊漣、左光斗、袁化中、魏大中等六位大臣，獄中嚴刑拷打至死。這些人都是蕺山所敬服的直臣，其中魏大中既是高攀龍的弟子，也是蕺山的道義之交。蕺山得訊，真是悲痛莫名；作了一篇〈弔六君子賦〉，浩然慨歎六君子忠直被誣的寃屈、正道義理被摧毀的慘痛，抒寫他的憤慨和悲傷。高攀龍反而冷靜的勸他，在這種惡劣的情勢下，不要因心情太過痛憤而取禍，道義之徒雖不可以有一毫怕死之心，但也不能有一毫求死之心。蕺山如受棒喝，從痛苦的心情走出來，從此更加磨練自己人格節操的嚴毅峻潔，和凝靜內斂的心性工夫。

天啓六年，魏忠賢再度誣害朝中有聲望的反對者，拆毀東林、首善書院，並準備逮捕高攀龍、黃尊素等六位君子，險些把蕺山網羅其中；京中騎兵來到江蘇，高攀龍不願使朝廷蒙受辱蔑君子、濫殺大臣之惡名，便投水自盡。騎兵再南下浙江，民情洶洶，莫不痛恨奄黨無法無天、迫害忠良，打死騎兵一人。蕺山爲好友黃尊素送行，傷痛涕泣而別。因一時誤傳將逮捕蕺山，蕺山雖強自鎮靜，但感覺到心中不免有一絲恐懼心動。對於要求自己作到心體徹底靜定光明、純然天理的蕺山而言，知道尚有進一步更精深的工夫需要去做。於是蕺山更專注、更嚴格的從事讀書、涵養、靜坐、省察工夫，他並將這所有的學問工夫融會貫通，在這一年提出了他「慎獨」的學問宗旨，並且在那一段時間，準備著手編撰《皇明道統錄》一書。

崇禎皇帝即位之時，蕺山五十一歲，魏忠賢被殺，朝中重新起用奄黨所逐大臣。陞蕺山爲順天府尹（即北京市長）。蕺山在這個官職上，認真辦了很多有益人民的事，如打擊特權、懲處地方不法惡徒；在崇禎二年時清兵入塞，流民南逃，秩序大亂，物價飛漲，北京震動，蕺山更發揮了他行政的才能，撫輯流民，設賑災處；並組織人民保衛家園，維持治安，以安定軍心。接著清兵進攻京城，崇禎本想棄城逃走，蕺山一面力勸，一面率城中官兵誓守城池；同時又安撫士卒，穩住人心，後來幸得清兵退去，才算渡過險關。當時外有滿清、內有流寇，國難日亟，蕺山常常上疏建言。但崇禎性格多疑善忌，對於直言不曲的蕺山，終不愛重。受重用者，仍是一批虛詐順承上意之臣。蕺山便於崇禎三年辭官回家。北京百姓，稱他爲「劉順天」，涕泣不捨，對他政績的肯定超過了朝廷。朋友屬下看到他簡單樸素的行李，深深感歎他的清廉操守。

蕺山回家後，在崇禎四年與同鄉學者陶奭齡（當時已逝的陽明學者陶望齡之弟）共同講學，命名爲「證人講會」，宗旨大意就是要學者體證「人」之所以爲人的本體和意義。蕺山並製作了「社約」，規範講學活動的時間、規矩、形式等事宜，將講學視作一探討、傳播聖賢之學和啓發學者性靈的有意義活動，每月按時鄭重舉行。後來陶氏講學宗旨偏重證悟本體，認爲證知本體就是工夫，蕺山則力主工夫愈精密，本體才能更昭明。兩家宗旨不同，弟子常陷入辯論不休的局面。後來陶門弟子另舉講會，蕺山也另尋地點繼續講學。在這幾年之間，蕺山不但啓發、造就了許多弟子，也留下了許多講錄和作品，如《聖學宗要》、《孔孟合璧》、《聖學喫緊三關》、《五子連珠》。他有一部重要的著作，也是他生前唯一刊行的《人譜》，敘述學者具體切實的心性修養工夫，就是在這段時間完成的。因爲當時陽明學流行，而陽明晚年爲啓發學生從「致良知」入手，比較強調說明「良知」本體的光明靈覺，部分弟子宣揚王學時，便著重於心體的證悟。悟重於修，知重於行，便產生了議論虛玄、行爲放蕩的弊病。蕺山一生最重實踐工夫，從他受學許孚遠開始，便有這樣的認知。加上他後來的種種生活、處事的實際經驗，他更確信：聖賢之學不能用空談、不能用頓悟，必定要老老實實一步一步下工夫學過來、做過來。

崇禎八年，朝廷再次徵召，蕺山因病請辭，但不被允許。到了北京，在皇帝召對和上疏的言辭中，依然不改執著耿直的作風，批評朝政。崇禎和宦官都很憤怒。次年，蕺山辭官，不僅立即照准，且在回程路上，更下令將他革職爲民。蕺山在仕途上的波折，不但不影響他進學求道的心，也一樣不影響他對國民生計的關心。在崇禎七年，紹興大水成災，蕺山與當地慈善之家共同集募捐助，並辦理各項賑災措施。十年，鄉里鄰近的嵊縣發生旱災，人民多死亡流離，災情悽慘。蕺山與弟子設法勸募，並設粥廠賑災，前後兩次的賑災工作，存活了無數生命。在崇禎年間的其他幾次災荒，他也無不謀於地方官員，出力襄助。

崇禎九年，蕺山下野後，正是他講學和著作成果最豐碩的期間。此時他的學問成熟，修養工夫也日趨精粹；他提出了「誠意」的宗旨，對《大學》「誠意」和「意」的詮釋雖不同於前人，但卻是他針對當時學術弊病和由學術普及於社會人心的虛浮風氣，融合了兩宋理學和陽明學，成爲他的一家之説，作爲救正時弊的學術主張。十一年編《陽明傳信錄》，表達他對良知學的詮釋及修正的意見。陶奭齡門下議論益加附會禪學，蕺山弟子黃宗羲等與之激烈辯論並決裂，蕺山雖加以制止，但是講會還是因爲宗旨不同而分裂了。其後，蕺山作《禮經考次》、《經籍考》、《古小學集記》。

崇禎十四年，蕺山第三度被崇禎皇帝召回朝廷，他再三請辭，都不獲允許。次年七月，遲遲到了北京，在途中，又從吏部左侍郎升爲都察院左都御史，這是監察百官的職務。蕺山既上任，對恃勢而驕的權貴毫不留情，善惡大小事一律公平無私的秉公處理，立制度、嚴風紀。蕺山以爲崇禎既認真用他，便以上勸皇帝、下肅朝廷綱紀爲己任。閏十一月，因用人的原則問題，與崇禎再三辯論。崇禎説，用人首重才能，後看操守；蕺山卻認爲用人須先看操守，後看才能，並引喻詳述，企圖説服崇禎。然而崇禎好惡一憑於私，又褊狹剛愎，對於當時言官姜埰、熊開元二臣的直諫，十分憤怒，毫不肯原諒，並嚴加重處。朝臣知道，都不敢説話；蕺山就同時在朝上向皇帝百般開解，並以自身保證，執意申救。崇禎大怒，再度把他革職。十二月初，蕺山回鄉，公卿都坐著華麗的馬車塞滿路旁來爲他送行，蕺山自己呢，騎著一匹驢，拿著一根枴杖走了。

回家後，依然是著書和講學。在此之前，他著有《答董標心意十問》、《原旨》、《治念說》，都是代表他學問特色的作品。六十六歲，著有《人極圖說》、《易衍》、《讀易圖說》、《古文易鈔》、《大學誠意章句》、《良知說》、《證學雜解》、《存疑雜著》。

次年，即崇禎十七年，三月，流寇李自成攻破京師，崇禎上吊自殺。這驚天動地的消息傳到江南，蕺山痛哭不已；而後計畫起義兵。找浙江巡撫、知府，他們都不肯。蕺山與弟子正在籌畫，南明福王自立於南京，並詔請蕺山出來共舉大業，他以為復興有望，便往南京出發。一路上疏獻策，不久他發現福王身邊是一批以奸人馬士英為首，準備謀求富貴、並公報私仇（馬士英是奄黨餘孽）的人。他上疏請福王除去這些人，然而福王正是這些人擁立的，怎麼可能呢？蕺山只有黯然離去。轉回家鄉，他整理了一部《中興金鑑錄》，考訂《大學參疑》，改訂《人譜》。不久，果然福王兵潰，清兵橫行江浙，太后所命的潞王左右全是想投降的人。次年六月，杭州亦失守，蕺山眼見明朝淪亡，鄉里陷落，萬無復興之望，於是決意殉國。親人弟子苦勸，不改其志，於是絕食兩旬，勺水不進前後十三天，從容死去。時年六十八。

二、蕺山學說的思想淵源

蕺山生於明末，在思想上，他繼承的是一個龐大的理學思想系統。所謂理學，或稱「道學」，是從北宋中期以來，儒者反省唐末五代政治混亂、人心浮靡；而佛教流行於中國、儒學不振，因而重新深思儒家心性義理之精義，逐漸發展出來的學問。經過北宋周敦頤、張載、程顥、程頤這四位重要大家的陸續的闡發，和南宋朱熹、陸九淵的相互辯論、精益求精，遂使理學不但成爲學術思想之主流，也得到了朝廷的重視。元朝以後，理學更成爲全國科舉考試的主要材料，是任何一位讀書人都要研讀的學問。到了明代中葉，理學家不斷探討實踐工夫，又有王守仁（陽明）提出「致良知」和「心即理」，主張從心性體證到知行合一，徹底實踐這種道德的學問。然而王學流行之後，因爲歸源於「心」的體悟，和簡易直捷的教法，學者一旦走偏，便生出了虛玄和放肆的弊病。蕺山便是處在這樣一個時代背景裏。

蕺山雖然處在王學盛行的思潮裏，也對「良知」學有所了解，但他的學問路徑並不完全循守陽明學「致良知」的宗旨。他在理學思想上的啓蒙老師許孚遠，就是著重宋儒「存天理、去人欲」的存養工夫。蕺山更仔細研讀兩宋理學的內容，他曾編寫《五子連珠》一卷，將周敦頤、張載、程顥、程頤、朱熹五人學說中重要篇章加以摘錄，並在引文下寫出他細心體會所獲的心得。他又有《聖學宗要》一卷，再度引錄前五人的重要篇章，再加上王陽明的良知學說；對於陽明所闡揚的良知之說，蕺山雖不無疑問，也於文中一一提出，但基本上還是肯定「致良知」的宗旨能夠貫串了前面幾位理學家的思想精華。以下，我們將各別敘述蕺山如何資取這幾位重要理學家的思想，作爲他學說的淵源。

1 周濂溪的誠體思想

周敦頤（一〇一七—一〇七三年），字茂叔，湖南道縣人；後代學者稱他爲「濂溪先生」。他的著作雖然很少（有關理學的只有《太極圖說》一篇和《易通》），然而其中的思想，給了後來的學者豐富的啓發和很大的發展空間，可說是理學的開山祖師。

濂溪的《太極圖說》是將道家修鍊養生的「無極圖」倒過來，解釋成宇宙演化的程序。內容是說，天地的根本是太極，太極生出陰陽兩儀，再生出金、木、水、火、土五行，最後生成男女和萬物。有了人類和萬物，也就有了善惡之事。這樣，把天道和人事在自然化生的過程中結合起來，而特別指出「聖人定之以仁義中正而主靜，立人極」，就是將這一切歸結於「中正仁義」的「人極」。「人極」就是「人道的準則」。可見濂溪雖然運用了道家的一幅圖，但是他用儒家仁義道德的精神來建立天人合一的學說，將人短暫的生命投入永遠運行不息的天地，以儒家道德精神昇華於無窮、生生不息的宇宙生命，以回應佛家提出的生死問題，也開創出新儒家更壯闊、莊嚴的生命境界。

濂溪在「主靜」的主張裏，進一步的指出，仁義中正的實踐，是要以無私欲、靜定的內在修爲（「無欲故靜」）作爲根本的。這個觀念，更給了蕺山修養論的最高原則。

這一點，可由蕺山特別提倡的「慎獨」宗旨看出。他說：濂溪的《太極圖說》實本於《中庸》，至於「主靜立極」一語，尤其把「慎獨」兩字的精神全部表現出來了① 。可見蕺山的「慎獨」得於濂溪《太極圖說》一篇的啓發。

濂溪的《易通》（又稱《通書》），則又進一步融合了先秦《中庸》和《易傳》的思想，將聖人如何體證並貫徹天道與人道合一的綱領講出來。濂溪在第一章中說：誠，是聖人之本。原始的、偉大的乾道，是萬物創生本源的創造力，也就是「誠」的根源。乾道變動化生萬物，各成其性命，這時「誠」得到成立，也就是純粹至善的本體和力量。所以《易傳》中說：一陰一陽的變化就是道，繼之不息的是「善」的力量，萬物生成後就有了「性」。元、亨，是「誠」的力量的通透運行；利、貞是「誠」的力量的反覆不息。偉大的天地運行的易道，就是一切萬物性命的源頭啊！（「乾」是《易經》的第一卦，乾卦卦辭中說：「乾，元亨利貞。」）

濂溪以《易傳》乾坤天地之流行化育萬物的思想，來解釋《中庸》天道與人道合一的「誠」，作爲聖人之本，更是形塑了蕺山思想的基本架構。雖然他也取用了「氣」的思想、「敬」的工夫和心、性之辨，但他都用來放進這個基本架構裏。蕺山思想的宗旨「慎獨」和「誠意」，都扣緊這天人合德的「誠」而發，而對「誠」的實踐，捨「主靜」的工夫別無他途。這都是淵源於濂溪思想而來的。蕺山於濂溪「誠」的思想，有極深切的體會，因而也有極精到的發揮。他曾說：濂溪真是後世儒者的鼻祖，《通書》一篇將《中庸》的道理又翻新譜，發揮得勺水不漏。講聖人分內事，句句講的是天道，卻句句是指聖人之事②。蕺山自己闡明「誠」是這樣的：

天命之性不可得而見，只能就喜怒哀樂、一氣流行、天道的貫通反覆、鬼神之奧妙變化來講。而人心之德，也就是天命之性，雖不可見、不可聞之處，卻也是明白顯現的。所以君子修德要戒慎恐懼，來承當這個道德天命。這所有的工夫，就是一個「誠」，也就是合天人之道③。

濂溪除了提出「誠」作爲聖賢之學的思想綱領，同時運用了《易經》裏「幾」這個觀念。《易經》中曾說：君子見「幾」須立即有所行動，不須等到明天。又說：「知幾」是極其神妙的。濂溪引用了這一個觀念，在《通書》中說道：寂然不動，是「誠」的本體；一旦有所感便靈通變化的，是「神」妙的作用；動而未形，若有若無之間便是「幾」之隱微；聖人就是能夠把握誠、神、幾三者的奧妙並把它發揮出來。蕺山又取用了濂溪這種說法，作進一步的說明。他說：「幾」正是在善與不善將形而未形的有無之間，念慮一開始動，可能會有稍微的過或不及的偏差，如果這時不察覺，任它再繼續發展下去，就會流於惡了。君子知幾，是說能夠觀照洞見，在這微妙的感應上操控得力，就是極深微的修養工夫④。所以蕺山專講工夫的《人譜》一書中，就提出除了閒居無事即須謹嚴地體證「獨體」（凜閒居以體獨），一旦動念，接著的工夫就是「知幾」（卜動念以知幾）。這便是蕺山淵源於濂溪之學而形成的工夫論。

所以整體說來，就蕺山的學術思想裏，對他影響最大的就是濂溪。他不但透過濂溪的學說去了解儒家的重要經典——《中庸》和《易傳》；而且他甚至透過濂溪去了解其他的理學概念。譬如他認爲張橫渠《西銘》那種天人合德、民胞物與的思想，是得到濂溪的精神傳統；他認爲，程明道的《定性書》中「動亦定、靜亦定」的思想是得於濂溪「主靜立極」之說、明道所言的「天理」就是濂溪《太極圖說》「無極而太極」思想⑤；對於程頤、朱熹思想的詮釋也是如此。所以我們可以說，蕺山所得於濂溪的，不只是一字、一句，而是他整個的學問的基本精神，和「天人合一」的「誠」的思想體系。

2 張橫渠的氣論與立命之學

張載（一〇二〇—一〇七七年），字子厚，生於中國北方的陝西郿縣橫渠鎮。後人尊稱他爲「橫渠先生」，稱他的學問爲「關學」。「關學」具有明顯的剛毅厚重、勇於實踐的北方特質。他曾說過這四句極有名的話：「爲天地立心，爲生民立命，爲往聖繼絕學，爲萬世開太平」。他的實踐工夫更要求自己做到：「言有教、動有法、息有養、瞬有存、晝有爲、宵有得」；也就是說，凡是發言議論，都可以作爲教化；一舉一動，都有法則不亂來；在一呼吸、一眨眼之間都不忘存養的工夫；在白天，必有所作爲不浪費時間，在夜晚，讀書或思考必有所心得。

橫渠在理學上最大的貢獻是提出「氣」的理論。他在晚年的著作《正蒙》中說：氣，充滿於廣大的虛空之中，升降飛揚，從未止息；是萬物的虛實動靜的根本。在天地間陰陽各種對立變化之始，浮在上的是輕清光明的質素，沉在下的是濁重陰暗的素質；它們相遇相感、或聚或散，就造成了風雨、霜雪，或山川萬物的不同形態和現象，也生出人物之種種差別，氣就是這樣循環不已，構成了天地。橫渠更說明：人，一旦有形，即有了由不同質的「氣」所造成「氣質之性」；如果善於反省，便會知道，人在根本上是禀著天命所賦的義理之性，他稱作「天地之性」。人要明白「人」是生在永恒不息的天地宇宙之間的一個人。所以，人出於氣質之性而各別具有的或強或弱、或緩或急、或敏或愚的性格、資質、情感、欲求，我們不當看作是本性而必求滿足。所以橫渠主張用「天地之性」的反求認知來「變化氣質」，通過對人生價值的肯定和自覺來切實實踐。大凡學者，更應當深自明瞭：面對生死，並不須求生前死後的知識和解脫，人對天地之性的體證、對天道與人道合一的實踐，就是以人類看似短暫渺小的生命，對天道存在的意義和價值作了極偉大的弘揚。這便是爲天地立了「心」。所以，人活著的時候，是參與同宇宙大流的循環變化；死亡，則是依舊回歸這個生生不息的大天地之中，是寧靜、圓滿的完成了人的生命；又有何畏懼、有何終結可言呢？

蕺山之學中，有極多對「氣」的闡發，不可說不是來自橫渠學說的啓發。雖然蕺山主張「氣質之性」和「天地之性」不可以分開爲二，「理」不是獨立在「氣質」之外的。但是他的意思是與橫渠相同的——就是要在「氣質之性」當中體會、實踐天理。蕺山非常推崇橫渠的《西銘》之作，不但是將濂溪天人合一的思想，從本體說到工夫，極爲實在；也是孔門「求仁之學」（實踐「仁」的學問）。「仁」就是與天地萬物同體的博大胸懷，橫渠精切地指出由小我個體的反求和實踐，來與天地大體的推移變化相通相成；也就是在個人道德修爲上的「存養」和「省察」來推己及人，以至民胞物與，這是善於秉承天地之心的仁愛，而終於達到生死兩無所憾的境界，是真正的「立命之學」。

蕺山對橫渠的稱道，正是他自己的心得和收穫，他不但在橫渠嚴格的自我省察和策勵中，看到了聖賢之學無止息、不懈怠的實踐精神，也以他自己無止息、不懈怠、臨死不逃不愧不懼的態度，真正完成了他的「立命之學」。

3 程明道的「識仁」說與「定性」工夫

程顥（一〇三二—一〇八五年），字伯淳，河南洛陽人。他是理學家裏最親切平易，又是天資最高的一人。他的著作並不多，但是他能把儒家學問作切實體認、發揮，並表現在日常生活、待人接物的風範中，使人不期然地深受感動；從學問到人格，完全打成一片，讓人真心景仰，也讓人相信，理學是不落空、不高談、真實的生命之學。後人尊稱他爲「明道先生」。

明道提出了「天理」、「識仁」和「天人無二」、「內外兩忘」這幾個理學中的基本觀念，爲後來學者所接受，並繼續發揚、闡釋下去。首先是「天理」這個觀念。他認爲「天理」是天地間永恒不變、自然而且必然的道理。歷史上雖有治有亂、有明主有昏君，但是，這天理只是被隱藏或者被顯揚，而不是有存亡或加減的差別。從個人看，人或賢或愚、或貧賤或富貴，天理在他身上一樣是具足不缺的；而且人一旦反身而求，就清楚明白地可以體會到這個本來具足的道理，並自自然然地把它實行出來。天道和人道、人心和天理本來就是分不開的，人的心就是自然要表現天理的呀！

明道更指出，「天理」自然表現在人心的，就是「仁」。明道更用一個親切的譬喻說明：中醫把手足麻痺叫「不仁」，正可見「仁」就是周身血氣暢通、感應靈敏；擴而大之，人沒有個人利害的計較和私欲偏見阻礙，便可以流露這個寬弘公正、敏感不麻木的仁心，渾然與人類和萬物互相感通。這才是人的一種健康的、正常的狀態。這就是「仁」。任何人求學問，都要先明白「仁」的道理（識仁）。明白以後，只要「以誠敬存之」，也就是對這個天人合一的道理，時時保有一份清明的、謹慎的覺察，人的偏見、私欲就不容易遮蔽我們的心靈了。

蕺山稱道明道「以誠敬存之」一語，使得「識仁」並不是高遠難及的境界。「誠」和「敬」都是可以著手用工夫的中道，也是蕺山論工夫重要的項目。

明道更在《定性書》一篇裏說：人的心，要像普照萬物的天地一樣無私，而人的情，要順著萬物自然的道理而無有偏私的好惡；我們不必厭惡外在的人事攪擾了我們內在的心，只須有廓然大公、潔淨無私的態度，物來順應，便可達到內外兩忘、澄然無事的境界。蕺山對於明道《定性書》不但是衷心稱歎，而且句句分析、詳加玩味；指出這確是「定性」的極微妙的下手方法。他說：「主靜」之學，就是性學；「主靜」之說，本是千古以來的秘密寶藏，明道如此闡發出來，真是照亮千古長夜的光明。

蕺山對明道之學，表面看起來，並沒有像承傳濂溪之學那樣明顯，可是，濂溪所揭出的幾個重要觀念，本身並沒有詳細清楚的詮解，經過後來幾位理學家的陸續闡發，義理大綱和內涵才愈明確。蕺山就是這樣透過明道《定性書》所講的心性工夫，去了解濂溪的「主靜」；同時也順著明道提出的「渾然與萬物同體」的「仁」，和「以誠敬存之」的工夫，以及「天人本無二」的親切闡發，才更深切體認濂溪「誠者，聖人之本」之說，進而建立他自己貫通天道與人道、心宗與性宗、本體與工夫並融賅備的學問。

4 程伊川與朱子的「主敬」說

程頤（一〇三三—一一〇七年），字正叔，是明道的弟弟。與明道同時講理學，教弟子。學者尊稱他爲「伊川先生」。他的學說與明道有相同處，亦有相異處。同處是兩人都講明「天理」，不同處是在用工夫的方法。明道比較注重由察識人心本來大公無私、與萬事萬物渾然同體的心境，來化除人的偏私，作爲修養的工夫。伊川則比較重視人心常常容易犯的毛病，從這裏去謹慎提防，小心持守。所以他特別提出「主敬」的工夫和種種持守方法，用來代替可能會流於佛家虛空的「靜」。他把在心上持「敬」的工夫和在事上持「敬」的方法都仔細而具體的講出來，使學者有所持循。伊川更說過「涵養須用敬，進學則在致知」，作爲學者爲學和修養齊頭並進的兩端工夫，爲朱子和後代學者所服膺。蕺山也認爲伊川之學得到濂溪的義理精神，雖然規模與明道有別，但其見地更爲穩實，所講的話都是親身經歷過來的。

朱熹（一一三〇——一二〇〇年），字元晦，原籍安徽婺源，南宋大理學家。他的學問遍及經學、史學、文學各個領域，而綜歸於他的理學思想之中。因爲他的學問精博詳備，對當時和後代都有相當大的影響，後人都尊稱他爲「朱子」。從時代上看，朱子已經到了南宋，理學已經漸漸發展起來，朱子作了「集大成」的工作；也就是把前面理學家的著作加以詳細的整理、研究、解釋、發揮，再加以融合，希望造成一個完備的體系。若從學脈上來看，朱子的老師是李侗（延年），李侗師事羅從彥（豫章），羅從彥則是二程大弟子楊時（龜山）的弟子。這一脈學問的相傳被後世稱作「道南學脈」。

朱子的學說精詳，將理學中每一個觀念都作了詳細的闡發，加上他自己的體驗，所以後代幾乎任何一個研究理學的人都必須使用到他的說法。所以蕺山自然也從朱子學之中得到了許多更精確的觀念，如「心」與「性」之辨，和以大自然的春夏秋冬配仁義禮智四德，這些理學思想的細密發揮，都幫助蕺山進一步去建立他自己的思想體系。蕺山也這樣讚美朱子：論學術，晦翁卓然地建立了天下之規矩。又說：朱子學切近精實，又能夠開展充拓，循序漸進，正是孔子所指出的「下學而上達」的方法。

蕺山對程朱學的承繼，最主要的就是對「敬」的重視和「主敬」的工夫。他曾說：敬之一字，是千古聖賢相傳的心法，也就是「慎獨」的精義⑥。蕺山所著《聖學喫緊三關》，提出聖學修養工夫特別要注重的三個關鍵處，其中一個就是「敬肆關」，並列出許多程朱所講的「敬」的工夫。他也認爲學者入門工夫沒有比「敬」更重要的了，「敬」的工夫無內外、無大小，從一個念頭、一件事情，到修身、齊家和治國平天下的種種事業，都是要本著這個「戒愼恐懼」的態度做到底。但是，蕺山也不贊成將「主敬」講成許多外在的、煩瑣的工夫細節。在蕺山的思想裏，「敬」是和「誠」相通的，「主敬」、或「持敬」、或「居敬」，都是以「存誠」爲前提；如明道所說「以誠敬存之」，或孟子的「反身而誠」，也就是以時時刻刻戒愼持敬的態度，去體認和實踐天道與人道一體的「誠」。

平心而論，蕺山之學屬於心學，與伊川、朱子學的形態不同，所以他得自二人的影響並不大過濂溪、明道和王陽明；他接受「主敬」爲最重要的入手修養工夫，並且融化在他自己的思想系統中。在蕺山的「愼獨」之學中，「敬」是基本精神和首要工夫，程朱學確實給了蕺山學不可或缺的養分。

5 王陽明的「致良知」宗旨

王守仁（一四七二—一五二八年），字伯安，浙江餘姚人。經歷明憲宗、孝宗、武宗、世宗。他一向喜歡兵法，也喜歡辭章之學，又深入過佛教、道教。但他自幼即志在做第一等事，決意爲聖賢；青年時用心致力於朱子學，曾把朱子學「格物」用在格竹子上，結果不得其門而入。後來貶謫到貴州龍場，在險惡的環境中悟出他的心學。於是講「心即理」、「知行合一」，教導弟子。他又曾經爲朝廷息滅邊境盜寇之患、平定寧王宸濠的造反，立下極大功勳。五十歲，開始提「致良知」學說，逝世時五十七歲。學者尊稱他爲「陽明先生」，稱他的學問爲「王學」。

陽明認爲朱子之學倡導「即物窮理」（在事事物物上窮究它們的道理），使得學者把自己的「心」和事物的「理」內外分爲二邊，在讀書窮理時，不能和內心打成一片，變成了支離破碎的知識，或是求取名利的工具。而所作所爲雖看來中規中矩，但都流於表面工夫，沒有認得「心」中本來具足的道德良知。陽明堅定地主張：一切的理在心中具足不缺，不必拿外在的事理來作準則，也並不是在事物上窮究才能得到「理」。他引用孟子「凡人不多加考慮就能知的，就是良知」來闡發這個道理。所以，不論是什麼人，都同樣具有「良知」；換句話說，「良知」在任何人身上都可以流露出來，所以，「致良知」就是要認清楚，心中的「良知」就是「天理」的顯現處，「天理」不是在外面的事物上找來的；學者只要排除各種私欲障礙，把自心的良知擴充出來，發之於日常生活和行爲上，才是真正的道德實踐。他的學說簡易、直捷、活潑，所以信從的人非常多；死後弟子在全國各處建立書院祭祀他，同時宣揚他的良知學說；因而使得明朝中葉以後，王學盛大流行，但也因而流弊叢生。

蕺山對於陽明學，開始是懷疑，中間是相信，後來到晚年又提出許多良知說的缺點，極力辯駁糾正。

蕺山最初向信從朱學的許孚遠問學而入門，所以對當時流行的陽明學並無好感，並曾批評王學學者爲「講致知而不知真正的格物工夫」、離開事物只求自心、不立文字、以虛空來解釋性命之學，不免接近佛家。一直到蕺山五十歲，細讀陽明的文集，慢慢體會到陽明學的精義，所以當他編《聖學宗要》時，把陽明學列爲理學傳承中的一個重要地位。他指出陽明許多學說及修養工夫，是與濂溪提出的「主靜立極」、明道講的「定性」工夫、伊川主張的「主敬」精神、朱子講的「涵養」之學是相通而不悖的。更有甚者，蕺山認爲陽明一句「致良知」就把這些宋儒所講的精華一齊貫穿，確是簡易直捷。

這裏我們可以發覺，蕺山還是透過宋儒之學來接近、來了解良知學。但是生在明末的蕺山，不可能對陽明學思考和立論的方式完全排斥不理；也不能對當時王學所產生的流弊無所反應。我們更可以說，當他去探討陽明學所以生弊的緣由，而思索建構他自己的學說時，他具有宋儒之學深厚根柢，但他取法於陽明建立「致良知」思想的模式，而著意避開心學最可能產生流弊之處。蕺山在六十一歲時，曾編撰了一本《陽明傳信錄》，他摘取陽明全集中許多陽明對「良知」或「致良知」的解釋，而特別點出「良知」除了是一份靈明不昧的覺知，更重要的，良知的本體就是「天理」、「天道」、「天命之性」，才使得良知心的顯現，自能知是知非，去惡向善。因爲蕺山覺察到陽明的良知學之所以會產生流弊，就是因爲學者只重視「良知」的靈覺作用，因而任憑自心所發，忽略了良知之體——「天理」及其嚴肅客觀、作爲人道根本規範這一方面的意義，忽略學者還須不斷用體認、涵養、省察、克治工夫，才能使良知愈光明、愈擴充，所發確當而恒向於圓滿至善之境；不致把偏私的感情當作良知，變成無忌憚的小人。

蕺山在讀陽明書時，感受到陽明建立良知理論，是從「天理」的本體和「靈覺」的作用，而且正是要這兩者合而爲一，來避開朱學所說的「性即理」懸空，而事物之「理」又和「心」分開，產生支離或者向外追逐的弊病。陽明曾這樣分析：

「知」是「天理」顯現它靈明的地方；從「知」能夠主宰人的言行舉動這個功能（用）來說，「良知」就是「心」（心知、心智），從它的稟賦來源處（體）來看，「良知」就是「性」[7]。

這種「心」和「性」、「體」和「用」合一的思考方式，給了蕺山很大的啓發；因而他也使用相同方式來建立他的「慎獨」之說。他說過，「天道」需要「人道」才能去發揮完成，「性」需要「心」去體認[8]。因爲天道和天命之性是超越的、不可見聞的，而「人」和「心」是能活動、有作用的，所以是我們可以把握、可以修養、可以努力的地方。然後蕺山把「性」和「心」、「天」和「人」之間用「慎獨」連接起來。他把「慎獨」的「獨」作爲本體，稱作「獨體」，他說：「上天所託命於人身上的，就是在心中的獨體」[9]；又說：「獨，就是天命之性所藏精處」[10]；我們去「慎」（戒慎謹敬地去體認）這個「獨體」，就和陽明所說去「致」這個「良知」是相似的。蕺山所說的這個「獨體」，他又稱「獨知」，也曾說：陽明先生所說「良知只是獨知時」與《中庸》「慎獨」先後一致；「慎獨」一著即「致良知」[11]。可見蕺山「慎獨」思想和「致良知」學說中間密不可分的關係。

蕺山雖然晚年對良知學有很多的批評，但多半是針對陽明的「四句教」——「無善無惡心之體，有善有惡意之動，知善知惡是良知，爲善去惡是格物」而發[12]；尤其是因爲用「無善無惡」描述心體和心的作用，使王學愈加偏向虛玄肆蕩之風。王學是蕺山學的時代背景，王學的得失利弊都與蕺山學息息相關，我們可以說，王學對蕺山學的形成，無疑是扮演著極爲重要的角色。

① 見《劉子全書》卷八〈中庸首章說〉頁四七九。

② 見《劉子全書》卷十二〈學言下〉頁七三八。

③ 見《劉子全書》卷十二〈學言下〉頁七二六。

④ 見《劉子全書》卷十二〈學言下〉頁七四二。

⑤ 分別見《劉子全書》卷三〈五子連珠〉頁二七七、二八六，卷五〈聖學宗要〉頁三七八。

⑥ 見《劉子全書》卷四〈聖學喫緊三關〉頁三三五。

⑦ 見《傳習錄》卷上頁九〇。

⑧ 見《劉子全書》卷二〈易衍〉頁二一七。

⑨ 見《劉子全書》卷二十一〈宋儒五子合刻序〉頁一五五六。

⑩ 見《劉子全書》卷五〈聖學宗要〉頁四一一。

⑪ 見《劉子全書》卷十九〈書．答履思〉頁一三二五，及卷十三〈證人會約〉頁七七三。

⑫ 蕺山對「無善無惡」最重要的評論可見《劉子全書》卷八頁五〇六的〈良知說〉，以及卷十二〈學言下〉頁六九九、七〇三、七〇九等處。

三、蕺山的思想內容

蕺山一生的思想學說非常豐富，一方面是因爲他畢生研究、浸潤在這門學問之中；他不但研讀，從而深入體會，並且身體力行。另一方面是由於他繼承、融合了從北宋以來五百多年的龐大的理學傳統，其中多少問題被闡發、解釋、辯論、體證、實踐，而有了許多具體成果，也有許多流弊。這種種問題，蕺山幾乎無一不去重新思考、釐定，幾乎涉及理學中每一個討論過的問題，因而形成了一個龐大的思想系統。我們在此不擬一一敘述他思想中的每個部分和細節，而是概括舉出他的幾個思想綱要，並在其中層層深入，加以論述。首先，我們從蕺山對「人」的定位──「證人」──開始，其次談到天地萬物如何構成的主張──「氣化論」；有了這些思想前題，再進入蕺山學問的最重要宗旨──「慎獨」和「誠意」的內涵。

1 證人說──「人」的意義是什麼

什麼叫做「證人」呢?就是證明一個「人」之所以爲「人」，也就是「人」必須具備什麼基本條件，才能被稱作「人」呢？這個問題，也等於是問每一個人，「人」的意義究竟是什麼？

蕺山之學在一開始，就提出這個看起來不必問的問題，有著很深的含義。人活著，或者庸庸碌碌，或者輕鬆愉快，或者憂愁煩惱，總是隨俗浮沉，常常不願去深思這個問題。人，這個有四肢五官、又有思想有感情的生物，度過這或長或短的一生，有什麼意義？他該怎麼了解自己的生命？他該怎麼度過他的生命，才不辜負這個人生、才叫做一個真正的「人」呢？

蕺山講學之始，就把他所主持的這個講性命之學的聚會命名作「證人講會」，他講修養工夫，見於〈證人要旨〉（在他的重要著作《人譜》裏面）。他說：有人問我，人，就是人，何必要「證」呢？我說：是的，人就是人，具有五官、百骸；然而耳之所以能聽，眼之所以能看，手足之所以能持握、行走，這其中的道理，人並不真正明白。耳能聽得明白，是「聰」；眼能看得清楚，是「明」；手足能持握行走得穩當，都是人自然而然就會的。人的視聽持行是形體，而聰明穩當是「性」，而「性」之所以能夠如此，是來自「天」的賦予。所以學者要了解「人」之所以爲人，必得了解「天」——天命、天性怎樣賦予人生命，而賦予生命之同時，又給了人什麼？領會了這個，人才懂得應該怎麼做個「人」。進一步說，我們如果在「人」之所以爲人的道理裏去證明、去完成我們生命的任務，也就是盡了天道、天性。

蕺山更在〈證人會約〉裏闡明這個道理，他說：

學者來這裏學習，最首要的是得先有一個基本理念：你要當下看待自己是個堂堂正正的「人」，不是禽獸。人，是萬物中最靈明尊貴的，天把我們生作「人」，我們就要好好做個「人」。所謂聖人，不過是把「人」的地位做得正確，把「人」的價值盡得完全，沒有虧欠。舜是什麼人？我是什麼人？我只要好好做到，就跟他一樣。

蕺山又說：

孔子教我們明白「仁」。仁，就是人，也就是天地之心。人，得到了天地的「心」作爲我們的「心」，我們的生命生生不息、心性聰明靈知，可知我們人的生命，與天地萬物生生不息的大流，是同體不可分的呀①！

學，是學做人；做人，就是證明你確確實實是個「人」（有「人」的價值的人）；證明你之所以爲「人」，就是證明你有一顆人之所以爲人的「心」而已。人的心中，有一個天命之性賦給你、顯現在你身上的地方（就是「獨體」），你要在閒居無事之時，在內心深處去體證它。在你心中，任何念頭都還沒生起時，在那個乾乾淨淨、真真實實的地方，去「證」它，這就是「證人」的最精要之處②。

這就是蕺山學問的起點。他要讀書人清清楚楚地去認知，作爲一個「人」的意義和價值。因爲，如果你對自己存在作個「人」沒有這份覺知和期許，你不會真正明白研究這種學問有什麼用？好，如果你認爲他這個問題問得對，他就可以進一步告訴你，人的存在的意義，要從天地之間去認取。人在廣闊無盡的天地間生出，自與天地同一脈動；人秉承著天命之性，這天命之性使我們做了有靈知善性的「人」，我們就得好好做這樣一個「人」。而做這樣一個人，不是向外去獲得什麼才足以證明人的價值，而是從最內在的心性出發，一動一息、一行一事，都去誠於這個天道、實踐這個天命，你便不辜負自己作爲一個具有「人」的價值的人。

然後，進一步我們要問：這個「天道」或「天命」是什麼呢？於是，蕺山用「氣」來解釋這個問題。

2 道德中心的氣化論——天地萬物是如何構成的

蕺山常說：充滿天地之間的，都是「氣」；天地之間，只是一氣流行。當然，從這個說法的表面來看，並不是蕺山原創。在前一章談到蕺山學說淵源於張橫渠時提到過。「理氣論」幾乎是每一個理學家都必須處理的問題，從周濂溪著《太極圖說》，已經關涉到陰陽交感、天地萬物化生的問題；張橫渠又對「氣」發揮很多，用來詮釋天地萬物、人的性命和修養工夫。到了朱子，想要用「理、氣是不能相離但也不能相雜的二物」的說法，把「理」、「氣」的界分和定義全盤釐清，卻留下理氣二分的問題。蕺山談「氣」的理論，運用並且結合了許多理學觀念，特別是顯現著儒家「天命」觀念中強烈的道德意義，並且用來解釋心、性以及修養工夫，成爲他學說的特色。

首先，他的「氣化」的思想還是以「天命流行」爲基本理念。他說：天命流行，使萬物有它真實的存在意義，就是說這個流行不已的天命，是真實存在、真實運作，萬物都得到它的賦予；所以萬物存在的根本源頭和道理，就在這流行之中，並不是在流行之外另有個道理③。蕺山常常提到：維天之命，於穆不已（這兩句原是《詩經》裏歌頌周文王的道德如同天命一般無私偉大；《中庸》又引用來說明天道），這兩句話，就充分地說明了「天命」這個理則就是「氣」所由來的根本④。既是天命流行就表現在有理則、有意義的一氣流行中以化生萬物，因此，「理」就在「氣」中。蕺山所說的「氣」有著明確的道德意義，並不是大自然中事事物物的消長變化而已。必先了解這一點，我們再繼續展開蕺山氣化論的探討。

《中庸》第一章在「天命之謂性」和「慎獨」下面接著說：

喜怒哀樂之未發，叫作「中」，發而皆合乎應有的節度，叫作「和」。「中」是天下之大本，「和」是天下古今共有的通達之道。把這個道理推行出去，天地萬物都各得其本位，生長發育（致中和，天地位焉，萬物育焉）。

蕺山認爲《中庸》從喜怒哀樂之「未發」與「已發」來解釋「天命之性」，又說：循此天命之性，「道」就在其中，這分明是描述出一氣流行的狀態。我們觀察春夏秋冬的循環變化，可以知道上天的一元生意周流無間；而觀察喜怒哀樂，也同樣可以知道「人」如同「天」一樣，也是一元生意周流而不息。「天命之性」我們不能實際見到，但可以就人的喜怒哀樂一氣流行之間，「誠」的通行反覆、貫徹實踐，而產生的神妙作用來了解⑤。蕺山進一步指出：《中庸》所講的喜怒哀樂，不是七情，而是具有四德的涵義。如「喜」是「仁」的一種表現；「怒」，是「義」的一種表現，……都是在同一心中，隨著氣機流行盎然而起的。譬如說「喜」，在性體中是「仁」，從心來說是惻隱之心，從天道來說是善之源頭的

「元」，於時節來說是「春」，是生生之機油然暢發。「樂」，在性體是「禮」，在心是辭讓之心，從天道來說是會通萬物的「亨」，從時節來說是「夏」……。這樣講來，喜怒哀樂的存於中或發於外，都是一股氣機流行；一動一靜、一語一默無不如此。在寂然不動之中，喜怒哀樂四氣相爲循環；感而遂通之時，四氣又流出於天地之間，是爲天命。這也是「獨體」的奇妙作用，極爲隱微、同時也是極爲明顯，而「慎獨」之學，就是這樣的從隱到顯、從一心到化育萬物，是古來聖賢所傳下來的學脈⑥。

簡單的說，蕺山認爲天地造化流行不息的宇宙活動，這個根源和樞紐就是「天樞」，也就是「獨體」⑦。

由此，我們可以明白，蕺山用「氣」的思想來加強他對「性體」、「心體」、「慎獨」的說明；不但將「氣」賦予道德意義，連喜怒哀樂都不只是情緒變化而已，在他的《中庸》思想的籠罩下，這四情如同春夏秋冬，都是天命流行的表徵。

由於「心」在人身上是靈明能動的主宰，蕺山更喜歡由「氣」來說「心」：

人心，就是「氣」⑧。

心體不動的時候，流行的氣機無一時間斷，就和天命運行一樣⑨。

氣，就是虛，不是虛能生氣。正是由於虛空，才可以行氣，才可以有神妙的作用；人心不就是這樣嗎？心之虛之靈，如同渾然之天體，使萬物靈活而有秩序地自然運行⑩。

人之心，看來只有幾寸大，其實中空四達，如同太虛。由於虛所以能靈；能靈，所以有覺的作用，覺中有主宰就是「意」；這就是天命之體，是性、是道、是教所從出的根源⑪。

心有虛靈，所以能感應。在父子相待之時，就感應出「仁」；在君臣相待時，就感應成「義」……，「天理」不就是這些嗎⑫？

既然「心」是虛明靈動的「氣」，正是可以作修養工夫之處。而修養工夫，就落在「氣」上。蕺山講的「養氣」就是從這裏看。他說：

心，是炯然常覺的，只因被氣所役使，就做不得主了。氣，是一種浮游之氣，它很容易一碰到外境就被牽引去了。我們的念頭、行動常常遊蕩不息、跑來跑去，都是氣帶動的，並不是心的本體是這樣。所以學者一定要先「養氣」⑬。他又說：

孟子說「養浩然之氣」；這浩然之氣就是天地之間的生生不息的氣，每個人都得到而成爲我們的元氣，這氣可以收攝在我們的心上，清明虛靈，動靜來往順當適時。時而發乎道義之大用時，就充塞天地、與天地同流。只因爲我們的心念稍有邪曲不誠，理不直，氣也弱了，與正當的元氣不能相通透，又不知反省，善加存養，日久便志氣消靡、生機枯萎了⑭。

蕺山從「氣」和「養氣」的理論出發，認爲學者如果明白「性」和「氣」的關係，修養工夫可以很自然地做到。他說：

陽明曾說，言語正講到痛快時，便要能截然忍默下來；意氣正到飛揚時，便要能收斂得住；憤怒嗜欲正到沸騰時，要能適當地消化掉，但這不是具有大勇大智的人是做不到的。在我看來，言語正到痛快時，以氣的循環而言，正是會繼之以忍默；意氣飛揚時，下一步也正會繼之以收斂……這就是一氣流行、貫通反覆，喜怒哀樂自然循環的作用。學者只須明明白白體證到性體，不使妄想、妄動干擾天命的自然運行，時時保住這氣中的主宰就行了⑮。

蕺山這樣地由「氣」來生動地詮釋「性」、「心」和修養工夫，他認爲這樣比用一高高在上、懸空的、權威性的「理」來教人親切些，所以他一再強調「性」與「氣」不二、「義理之性」與「氣質之性」爲一的主張。他說：

有形態可以認識（形而下）的，我們把它叫作「氣」，沒有形態、聲音可以識知（形而上）的，叫作「性」；然而「性」與「氣」是一體的，人性上不能分作二物。學者要懂得在形下的「氣」找到主宰去下工夫，形上的「理」就在其中了。孟子講「養氣」，還有「以志帥氣」，都要我們能找到心的主宰。沒有主宰，像馬沒有絡頭，你怎麼能責怪馬亂跑呢？我們走路不小心摔一跤，氣一震，心都會隨之一動；在妄念滋生時、在胡思亂想時、在縱任感情和欲望時，「氣」呈現種種暴亂之氣，都是由於沒有主宰。天道，就是充滿氣的，如果沒有一個自然的規則作主，豈不是一團遊蕩之氣亂七八糟、運行無常？學者常苦於心念難以規範，於是把心、氣都加以仇視，歸於空無；不知道暴亂之氣原也是從浩然之氣來的呀！差別只在主宰的有無。如果在這裏能提起主宰，讓氣的運行有條理、順順當當、無過與不及，萬理歸根，這氣就清明潔淨、無滯無雜，於是生氣滿腔流露，不也就是浩然之氣嗎[16]？

蕺山更明白主張，不應該把「義理之性」和「氣質之性」分開來說，因爲這樣的二分法，容易引導學者偏向任何一邊。他說：性，只是氣質之性，義理是氣質之中本來就具有的（義理者，氣質之本然），就是「性」。心，只是人心，「道」就在人心裏，人心裏有「道」，才叫做人心。所以「人心」、「道心」只是一個心，氣質、義理只是一個性，認識了這個道理，不必說又要主敬、又要窮理，又要靜中存養、又要動時省察，這麼多繁雜的工夫；其實，靜中存養就涵括了動時省察，主敬就涵括了窮理，德性本體和修養工夫是無法分開的，這個意思早就涵括在濂溪的「主靜立極」之中，也就是《中庸》所說的「慎獨」啊⑰！

蕺山雖然用「氣」來解釋一切天地萬有的現象，並以此連接「心」與「性」，「天」與「人」，同時主張「性只是氣質之性」，「盈天地皆氣」的說法，容易被看作「氣一元論」或「唯氣論」；但我們如果進一步了解，他把「氣」賦予清楚而絕對的道德意義，並擴充此義到道德修養工夫的說明；他要使學者了解「氣」的根源（天命之性）和特質（無所不在）之後，更不容不作修養心性的工夫。這正是蕺山「氣論」的基本精神和獨特之處。

3 慎獨——體認天命之性

從上面兩節，我們已經初步了解了「獨體」和「慎獨」在蕺山學說中的特殊意義。簡單地說，就是蕺山強調人之所以爲「人」，就是在我們的生活中、在所作所爲中，體證人身上那個「天命之性」，而「天命之性」落在人身上最隱秘深微的地方，就是心中的「獨體」，要證明「人」不辜負他存在的價值，就是去謹慎地、真誠地體證它。——這就是蕺山一生學問最重要的宗旨。

蕺山在四十八歲提出「慎獨」的宗旨，距離他開始研究理學（師事許孚遠）已經二十二年了；也就是說，儒家的經典及理學家的重要著作，他幾乎已經都讀遍了。在這段時間裏，他更與性命之交劉永澄、高攀龍有過深刻的切磋，「慎獨」這個宗旨是他凝聚長久而深刻的思考而提出來的。

《中庸》第一章：「天命之謂性，率性之謂道，修道之謂教。道也者，不可須臾離也。可離非道也。是故君子戒慎乎其所不睹，恐懼乎其所不聞。莫見乎隱，莫顯乎微，故君子慎其獨也。」就是說，上天賦予人的是「性」，循著這本然的「性」而行便是道，聖人順著道而因應不同的人物情況，便設立了教化。道，是不可以一刻離開的。所以君子在別人看不見、聽不到、自己獨處的地方，依然要戒慎恐懼，深自警惕，不可以違犯上天所賦予人的性、道。人的私心、隱微處，對天而言，一樣是明白顯現、不可躲藏的。所以君子要謹慎於獨處啊！

這便是《中庸》一書裏所講的「慎獨」。但是蕺山所講「慎獨」就不只是「謹慎於獨處」這樣單純的一項工夫。首先，他認爲「慎獨」工夫必須追根究柢——「爲什麼要慎獨」，以及「如何能真正地慎獨」。所以他把《中庸》首章的意旨首尾詳加玩味，認爲「慎獨」必須和「天命之性」融貫起來：人人本具的天命之性善，是我們本心中無形地驅策我們、指點我們去「慎獨」的根本動力。而在「慎獨」時如何用反省、察識、涵養的工夫，就必須借用宋儒所說的種種方法了。就這樣蕺山把「慎獨」的內容充實起來，把宋儒講天道、講心性的精義都融貫其中，所以蕺山的「慎獨」宗旨就涵括了天命的性體、主靜的工夫，統攝在嚴格的德性的自覺和反省之中。

首先，蕺山將濂溪的「主靜立極」和「太極」拿來講「慎獨」。他說：「獨」便是「太極」，人在「獨」時的喜怒哀樂，就像太極的陰陽變化一樣，天地間的元氣流行、萬物化生、各成其性，有未發之中的大本樞紐其間，這個天樞，就是太極，也就是「獨體」[18]。《易傳》裏說的「君子仰觀於天而了解先天之易」，這「先天之易」也就是《中庸》所引《詩經》裏說的「維天之命，於穆不已」（上天之命是深遠無窮、運行不息的），這個「天命」不是指形象的天，而是向我們昭示了「天」之命和「人」之命同樣宏大深遠的意義，也就是「天」之所以爲天啊！所以君子必須在不可見、不可聞當中，細心嚴肅地去體會，戒愼恐懼地反省和涵養自己，這就是「愼獨」的學說。用「獨」、用「隱」、「微」、「於穆不已」，都是描述「心」之所以爲心。因此，「心」與「天」不就是同體的嗎？君子一定要「愼獨」啊[19]！蕺山又說：「獨體」正如同天命的運行不息，「獨」是靜時的神妙作用，是動的先機。學者循理而行、不任意妄動就是「靜」，也就是「愼」的極致。這就是「主靜立極」[20]。

這是將《中庸》、《易傳》和濂溪思想結合起來詮釋「愼獨」。而身處陽明學之潮流中，蕺山深刻觀察了陽明用「天理」之本體和「明覺」的作用（也就是「性體」和「心體」）二端表述「良知」的方式，他又這樣闡釋「愼獨」：

「獨」是虛位，從「性體」看來，是非常精微、難以見聞，是思慮未起，連鬼神都尚未察知之時。從「心體」看來，則是像十雙手、十雙眼那樣清楚明見，是思慮已經產生，我心獨知之時了。然而隱微難見的「性體」就在可以察見的「心體」上看出來[21]。

人的心有「獨體」，就是天命之性[22]。

聖學是以「心」爲本的，而我們的「心」受於天命而有，天命命定給人的，就是我們心中那個「獨知」。說「獨知」，特別是指人在安靜獨處，還沒有接觸見聞及人事紛紜的時候，自己的一念所生，別人或許不知道，自己卻是明明白白的，無法欺騙自己的，所以叫做「獨知」㉓。而且自己的所思所慮、所作所爲，是不是誠、是不是善，都是從這裏出來；所以才說「戒慎恐懼」。在這裏，絕不可以以爲別人不知道就亂動念頭、或把自己的私欲摻進去，使得後面的思慮、行動都有不善的因素。這個「獨知」時刻的純然清明狀態，是稟自天命之性，而「獨知」一動，就涵括了天下所有的人事，也就是我們的「心」。所以在「獨」上，我們怎能不戒慎恐懼呢！

從這些話，我們可以看出來，蕺山處處指出，「獨」是連接性體和心體的。性體就是天道；天道的意義，是宋儒所闡揚的天地之間公正宏大、永恒不變的基本原則，又稱天理。這「天道」或「天理」在《中庸》裏也同時用「誠」來說明。因而，《中庸》裏多處闡明「誠」的話，是蕺山「慎獨」之說更明確的根源和豐富的理論內涵。《中庸》說：

誠，就是天之道；去真實地實踐「誠」，是人之道。

至誠，是沒有止息的（不論天道的循環運行或是人道的德行踐履，都是沒有止息的）。

唯天下至誠，是能夠盡其性，然後能夠盡人之性、盡物之性，然後可以共同參贊天地之造化生長、與天地的力量合一。

所以，作爲天道或天理的內涵的「誠」，既是指萬物生生不息的生機和創造力，同樣也是人之所以爲人的根本道理——「仁」。這個根本之理落實下來，在國家，爲禮樂秩序、爲萬民安和，大同世界的實現；在個人，是自強不息的實踐德行，而後推己及人，直到民胞物與，也就是《中庸》所說的盡己之性、盡人之性、盡物之性，而後與天地之化育力量渾合、與天地之道爲一。然而這樣的境界是最高的理想之境，朝這方面所作的努力就是「學問」。所謂的「天道」、「天理」、「天命之性」是抽象的、形而上的，是說我們本來就有這樣的本性、這樣的能力和覺知。但是我們之所以能真實地覺知「天命之性」、「天道」、「天理」，是靠我們的「心」。我們的心，雖然時常會隨境而有偏私、好惡或不正的種種念頭，但「心體」本來是光明潔淨而且能有所覺知的；因此，要讓我們的心時時不忘去體會那宏大無私、生生不息的天道，和天道在人所應有的道德理則，這便是「愼獨」。所以蕺山又說：

誠者，天之道，「獨」之體也。能夠去「誠」這個天道，是人應該做的（誠之者，人之道），就是「愼獨」的工夫。

聖人千言萬語說本體、說工夫，總不離「愼獨」二字。「獨」就是天命之性所藏的精華之處；「愼獨」就是盡性之學㉔。

蕺山看到「良知」宗旨的提出，是鑑於朱學過分重視「性體」、「天理」，並使之成爲人間的權威主宰，減弱了人對道德的自主性；所以陽明的「良知」之說就用力在強調「心」的靈知能力和人的自主性，可是，又相對地放輕了「性體」的重視，把「性體」當是自然存在、不必努力體證的本體。蕺山深知人的弱點是容易放失、陷溺，沒有一個強有力的道德提昇、驅策的力量和目標是不行的，所以他撰《陽明傳信錄》，把陽明所講的「良知」扣住在「天理」這個不可輕忽的道德本體上，他自己講「愼獨」之學時，也緊扣著「獨體」來發揮。他曾說：陽明學所以產生流弊，正因爲學者離開了「獨體」來講良知。所以蕺山著意從

「性體」和「心體」兩面去提倡「慎獨」。「獨」既是「天命之性」的道德本體，又是在心上能覺知之處；它是介於「性」與「心」兩者之間的「虛位」，又是兼具二者精華而爲實踐德性最重要的一環。這就是蕺山繼承《中庸》和濂溪的思想，並融合宋儒種種精微工夫，也爲王學補偏救弊而創出的「慎獨」之學。

4 誠意——尋求內心的主宰

蕺山學說的基本宗旨，無疑是「慎獨」，他完整的思想架構是以《中庸》的「誠」爲主，再融合宋儒對「誠」及相關思想的詮釋而成。但是蕺山到了五十九歲時，又提出「誠意」之說，並且用了很多時間專心闡明《大學》中八條目（格物、致知、誠意、正心、修身、齊家、治國、平天下）相關的問題，最後把《大學》全書的宗旨，歸結於「誠意」上。

蕺山爲何要提出另一個和「慎獨」內涵相同的宗旨呢？簡單的說，他要爲《大學》找到一套更好的解釋，同時也針對當時王學講「心」卻不在工夫上用力，因而產生的流弊尋找解藥。

《大學》一書本是《禮記》中的一章，傳說是曾子所傳，宋儒開始重視它，把它獨立出來，加以闡揚。尤其是朱子，他認爲八目的順序就是整個儒學的基本架構，講的就是學習的一個個步驟，對學者成學是極其重要的。所以，他不但把《大學》的章句重新編排，有經有傳，他認爲有些句子是本义，有些句子是本文的解釋，把它們整整齊齊排列出來。其中只有「格物、致知」這二條在全書中找不到相關的解釋，所以朱子就用伊川對「格物、致知」的解釋補進去，也就是把「格物致知」解釋成「即物而窮其理」（就一事一物窮究它的道理），認爲學者開始求學，一定要經由「格物窮理」的工夫，才能夠誠意、正心，更進而修齊治平。朱子的學說就是以「格物」思想爲重點和特色。後來朱子之學定於一尊，更成爲科舉考試的標準，而「格物」思想也就成爲歷代讀書人所奉持不疑的原則。直到陽明提出「致良知」，「良知」二字雖然是出自孟子，但「致知」卻是《大學》中所揭示，陽明正是有意和當時的朱學相別，用「良知」學說來倡明他的心學思想。

朱子重視「格物」，後來學者卻偏向讀書窮理，向外求知，以致雖博學而支離，忽略了反求自己的真心；陽明針對此弊，從心上講「致知」（致良知），但不久流弊又生，以良知爲現成、以心爲無善無惡，而致空談虛玄、行爲放蕩。朱、王都借用《大學》立論，因此蕺山認爲也有必要重新詮釋《大學》。他以「誠」的基本思想，加上「慎獨」和「誠意」在《大學》裏相通的義理，於是把「誠意」提作《大學》的根本宗旨；希望把當時方向偏差，而且嚴重氾濫的學術弊病救正過來。

《大學》裏講「誠意」的部分是這樣說的：

誠其意，就是不自欺；如人厭惡可怕的臭味，愛好美麗的形貌，都是自自然然，不能僞裝的。所以君子一定要謹慎於自己獨處之時。如一般小人，平日閒時無所忌憚地亂來，見到正人君子就趕快掩藏他的惡行，故意表現出善的樣子。人家看到你，不會只看到表面的，掩藏有什麼用呢？所以說，內在的誠實，是將形之於外的，所以君子一定要謹慎於他自己獨處之時啊！曾子曾說：人家看到你，就像十雙手所指、十雙眼所見那麼清楚，這是非常可畏的。所以君子一定要誠其意呀！

可見「誠意」和「慎獨」意思是同樣的。蕺山又加強說明：

《大學》之道，就是「誠意」；「誠意」的工夫，就是「慎獨」。㉕

《大學》一書，從「心」上講，不從「性」上講；但講「心」實際上就包含了「性」。《中庸》多講「性」，不從「心」上去講。而「性」就是「心」的根本呀！所以說：善不就是「性」嗎？「天」不就是我們人的「心」嗎？因此，統統都歸宗到「慎獨」上就是了㉖。

就蕺山的意思，我們可以這樣了解：「性」和「心」都是大範疇，若要更親切地指出心性之學的要義，可以從「慎獨」的「獨」去了解「性體」這個天地自然之中，無形而至高至善、生生不息的道德之源，從「誠意」的「意」去把握我們「心體」之中的真實主宰。「意」既是在我們的心上，因此動靜舉止、隨時隨處都可以察覺此一必然向善的主宰。

從以上的說法，我們可以了解蕺山是把「誠意」和「慎獨」的義理等同的。但是這裏有個問題：「慎獨」的「獨」體蕺山解作是天命之性，是性體；但是「誠其意」的「意」卻是一向學者都解作「心之所發」，朱子、陽明都一樣；怎樣才會使它有至善的「本體」和「主宰」的涵義呢？蕺山如何解決這個問題呢？他說：

「意」是我們的心恒在的主宰（意爲心之所存）。《大學》既以「誠意」、「正心」、「修身」、「齊家」……爲由內到外的順序，若以「齊家」之本在「修身」，「修身」之本在「正心」，以此類推，「心」是「身」之本，那麼「意」就應該是「心」之本了㉗。這樣，「心」之本的「意」的意義便指向了性體。

蕺山再三指出：意，是至善歸宿之地；它像「獨」一樣，是一切念慮、行爲的根本，所以「格物」要窮究的就是這個「意」，「致知」要知道的也是這個「意」，明白了這個「意」，便是「知本」，也就是「知止」。所以《大學》裏面講的道理，都不外乎「誠意」這個宗旨。因此，除了「意」和「獨」之外，無法找到善的根源；這便是《大學》的究竟義理㉘。

其次，《大學》裏解「誠意」，指出人們喜歡善、厭惡惡，就如同喜歡美好的事物、厭惡臭味一樣，這就是「誠意」。如果以有所喜好、有所厭惡來講，「意」不就是「心之所發」了嗎？蕺山認爲，人的好惡固然可以說是「發」，但是從能夠決定喜好或厭惡的根本來看，也可以是「恒存的主宰」（存主）。蕺山詳細解釋他的這個看法：

《大學》說「止於至善」，「知止」就是知道向善；人自然地愛好「善」如好好色，自然地討厭「惡」如惡惡臭，何以見得人會這樣呢？就正是因爲「心」的主宰是至善，而且恒常地指向於「善」。所以看起來有好、惡兩種作用，其實裏頭正是一個「先幾」；這個「幾」，就是動作之前的細微徵兆（這就是繼承濂溪所說「動而未形有無之間」，極其深微神妙的「幾」）；雖能好能惡，但因爲「意」是個恒向於善之主宰；心體就是這一個。一，就是「誠」，由於「誠」，才有這個純粹至善且永遠向善的主宰（「意」）在心中㉙。

一般人對「意」的看法總是難以離開「心之所發」，屬於「意念」這樣的觀念，蕺山努力闡發「意爲心之存主」的看法，除了借用「誠」的思想、「獨」的詮釋，他更將「意」與

「念」作一番比較，以澄清「意」的意涵。他說：

念，是「今心」二字合成的，指的是當前一個心念。念，是心的餘氣；餘氣，就是心沒有依循著理而動了氣。所以念起念滅、變化流轉不停，就成了心的毛病。念頭上產生出偏私的善和惡，看事物就跟著有了偏私的善和惡；念頭有時昏昧有時清明，「知」就受影響跟著有昏有明；念頭有真有妄，使得「意」看起來也有真有妄；念頭有起有滅，而「心」也跟著顯得有起有滅。但這是由「念」所帶動的。「念」隨處流散、隨處攀緣，沒有主宰，也沒有固定的方向，但它會帶動心、意、知、物的活動變化；因爲它是不一定循理、往往會溢出於軌道之外的「餘氣」，所以說它常會遠離天道的正常運行。學者如果以爲「意」就是「念」，工夫就會錯用在追逐生滅，不能有向上提昇、收攝主宰的力量㉚。

所以，不但「念」和「意」要辨別清楚，還要有「化念歸心」的工夫，也就是把「念」攝歸於心的主宰——「意根」或天命於人的「獨體」上。在這裏所說的「化念歸心」和「意、念之別」，就和蕺山「養氣」的主張銜接上了。天地萬物和人的念頭都是「氣」所構成，「氣」的活動只要有主宰，便可引導亂動的「氣」爲清氣、爲浩然之氣、爲生生不息之氣，回復成一個有秩序、有意義的宇宙人生。

蕺山又時時把「誠意」和「慎獨」融合而說：

「意根」是最精深微密的，而「誠體」是本於天的。本於天就是至善。把至善的體推源到最根本、最精深之處，這便是《大學》裏講的「知止」；「知止」而後有定、定而後能靜、而後有安、有慮、有得，才是真正的圓滿。這最初最根本處不能有所虧欠，所以君子在細微處戒愼，以圓滿完成天心。這個最根源的「意」不可有夾雜些微的私念，然後在性體光明呈露處，「意」就會好善惡惡，在正當自然的表現中呈現至善的性體，這時渾然是天命之性的流露，不必任何人爲勉強。在這時的工夫，只有一個「愼」，用「愼」還它本然的「獨」體，也正是「誠意」的「誠」㉛。

蕺山把「意」作了與前人不同的解釋，使得「誠意」也有了更深的涵義。一方面可以把《大學》的意旨從朱子和陽明後學可能產生偏差的方向加以轉移，使成德必經的心性工夫更深密謹嚴，一方面將《中庸》裏頭的「愼獨」和「誠」的精義，帶到《大學》裏去，使儒家經典中的義理結合起來，也使「心體」和「性體」的義涵兼容並包，把宋明理學帶到從未有過的圓滿融會的高峯。

① 見《劉子全書》卷六〈證學雜解〉頁四一五。
② 見《劉子全書》卷一〈人譜〉頁一六四。
③ 見《劉子全書》卷十一〈學言中〉頁六四四。
④ 見《劉子全書》卷十一〈學言中〉頁六七七。
⑤ 見《劉子全書》卷十二〈學言下〉頁七二六。
⑥ 見《劉子全書》卷十一〈學言中〉頁六五一。
⑦ 見《劉子全書》卷十九〈書・示金鮑二生〉頁一三五四。
⑧ 見《劉子全書》卷十二〈學言下〉頁六八四。
⑨ 見《劉子全書》卷十三〈會錄〉頁八〇五。
⑩ 見《劉子全書》卷十一〈學言中〉頁六三九、六四三。

⑪見《劉子全書》卷十一〈學言中〉頁六四一。
⑫見《劉子全書》卷十三〈會錄〉頁七九八。
⑬見《劉子全書》卷十三〈會錄〉頁八二二。
⑭見《劉子全書》卷八〈養氣說〉頁五〇一。
⑮見《劉子全書》卷十一〈學言中〉頁六六五〇。
⑯見《劉子全書》卷六〈證學雜解〉頁四二六。
⑰見《劉子全書》卷八〈中庸首章說〉頁四七九。
⑱見《劉子全書》卷十一〈學言中〉頁六五四，蕺山此一說法的闡述不少，學者可參見〈學言〉其他部分。
⑲見《劉子全書》卷二〈易衍〉頁一二六。
⑳見《劉子全書》卷十〈學言上〉頁五六四。
㉑見《劉子全書》卷十〈學言上〉頁五九八。
㉒見《劉子全書》卷一〈證人要旨〉頁一六四。
㉓見《劉子全書》卷二十三〈獨箴〉頁一九一三。
㉔見《劉子全書》卷五〈聖學宗要〉頁四一一。
㉕見《劉子全書》卷二十五〈雜著．讀大學〉頁二〇五五。
㉖見《劉子全書》卷十二〈學言下〉頁七二二。
㉗見《劉子全書》卷十九〈答葉潤書四〉頁一四〇二。
㉘見《劉子全書》卷十二〈學言下〉頁六九八、六九九。
㉙見《劉子全書》卷十一〈學言中〉頁六四六、卷十二〈學言下〉頁六九六。
㉚見《劉子全書》卷十一〈學言中〉頁六五五、卷八〈治念說〉頁五〇五。
㉛見《劉子全書》卷十二〈學言下〉頁七一五。

四、蕺山的修養工夫

蕺山一生最重視修養工夫，這是無庸置疑的。我們知道，一個人可以藉由讀書，把過去的學問讀誦累積，成爲一套系統；但是個人心性上的修養工夫或是體證境界，卻是沒有辦法靠繼承得來，完全要實實在在、一點一滴在自己身上不斷的努力體驗、涵養，慢慢得來。蕺山早年的生活經驗，在家族的期許、嚴格的母教中，全然沉浸在絕對而嚴苦的道德氣氛和要求之中。他的生活和學問，渾然是一個道德的天空。他理學的啓蒙之師許孚遠，教給他的也是「存天理、去人欲」的訓誨和實踐的勉勵。他隨著歲月與環境的流變，一步一步忠實地去踐履所學的時候，他把高高在上的天命之性的意義，和微小的個人內心的弱點都看得很清楚，否則他無法去真正地實踐這種生命的學問。終生真誠的道德之路豈是容易走的？

蕺山所講的修養工夫，可以從兩個方向來了解：一是從最純淨無染、呈露「天命之性」的心體開始，從細到大、從內到外逐層展開的工夫。二是從人在現實之中難以逃開的種種缺點，省察並加以對治，從下學漸漸上達，然後和第一項工夫相融會，成爲一套完整的工夫系統。蕺山一生最重要的講道德工夫的著作，就是《人譜》。這部著作，在他在世時已經刊行，但是他一直到晚年都還在改訂，可見他對這部作品的重視。《人譜》裏面的〈證人要旨〉就是講第一項工夫；〈紀過格〉就是講第二項工夫。以下，我們開始就這兩項工夫作詳細的說明。

1 從內到外的實踐方法——證人

〈證人要旨〉揭示學者修養工夫須經的六個階段：

一是凜閒居以體獨；

二是卜動念以知幾；

三是謹威儀以定命；

四是敦大倫以凝道；

五是備百行以考旋；

六是遷善改過以作聖。

以下依次說明。前面我們已經提過，蕺山認爲，走入聖賢之學首先要有的認識，就是「證人」；他在第一步「凜閒居以體獨」裏，不僅再度重申此義；而且更進一步說：證「人」所以爲「人」，只是證「心」之所以爲「心」。那麼，「心」是什麼呢？儒家傳下來的心法，就是「愼獨」。爲什麼說是「愼獨」呢？就因爲「天命之性」正落在人的「心」上，那一點我們特別把它指認出來，把它叫做「獨體」。「獨體」非常精微，不去體認就不知道。怎麼體認？就只有在每個人閒居獨處的時候，什麼念頭都還沒生起來的時候，來和它相認、相證。所以古人說，閒居之時，小人常是以爲沒人看見，所以什麼事都敢作，而深明道理的君子，愈是獨處無人時，正是完全面對自我的時候，反而愈加敬慎體察。這個當兒，心境無私無雜，一念不著，也就是這個一真無妄、清明乾淨的境界，在其中連個善的念頭都還沒生起，它是一個渾然完整、純然至善的根源。在這裏，人認出它來、也證實了它的真實存在，在這裏，你不要不相信，也不要隨便瞞過去，更不要亂動念頭。這就是「敬愼獨居以證知獨體」。

這就是蕺山指點學者用切實可行的工夫，用人的「心」去和「天命之性」相會，而「天」與「人」、「心」與「性」的合一無二，就在閒居體獨，人人可做的工夫裏。把對「天命之性」的理念，變成事實，變成修養工夫。這是「證性」之路，也是蕺山講「證人」的第一要義。

其次是「卜動念以知幾」。一念不生的境界常常不能持久，因爲人總要面對生活中各種人事。如果依著這個光明的心地去應事，則全然是天性作用，無有不善，處處回歸這個性體之善。但是人常常會有不知何處冒出亂七八糟的念頭，蕺山把它叫作「妄」，就擾亂了原有純然無私無雜的心境。究竟「妄」是什麼呢？因爲它太細微了，蕺山也無法解釋得很具體，他說：「妄」字很難解，還沒有到明顯毛病的程度，只是如人元氣偶然虛了，也就是像一點浮氣飄過來；然有了浮氣，就有浮質、然後有浮性、然後有浮想，這樣合成了「妄根」①。「妄」形成以後，原來和天命相通的、清明無雜的心地就不能維持，也不能貫通了，種種的惡念，都從這裏生出來。

既然這一動念蘊含著這些危機，所以特別要注意。這裏的工夫就在「知幾」。如何「知幾」?在上章「誠意」的部分講過，就是念頭將動未動的那一刹那，如果心上一直清清楚楚、清明純淨，將動念時，自會察知「幾」的動向，自然所發的會是順著天道、順著事理的念頭來待人接物。如果轉出或執著了一個不當的念頭在心上，如瞋恨或私欲，你的心也不會不察覺它；一旦察覺這個念頭的歪曲或偏邪，自是無法讓它繼續存在，也就止住了這個念頭的衍生和運作。

蕺山思想中，那樣著重講「心之存主」的意，和「天命之性」在心上的「獨體」，正是建立起修養工夫的理論根據。有了至善恒存的「獨體」和「意根」，心只要維持清明，人無疑是可以自動地「知幾」的。這一知，人的惡念、邪念、私念將無地自容。這是蕺山用人本然天性的至善，來化除可能產生的惡的方法，而不是用勉強壓制、用念頭來對治念頭那樣困難的方法。唯其覺察得深細而通透，化除的工夫才能迅速乾淨、不留痕跡。

所以「知幾」和「意」（心的主宰）的肯定，和「獨體」的證知，在蕺山思想中原是不可分離的，但在說明用工夫的步驟時，則有兩階段的分別。

第三步開始，就是比較具體，也比較容易明白了。三是「謹威儀以定命」。蕺山仍是從「天命之性」上說，「天命之性」看不見，看得見的是一個人的言行舉止，有一定的規矩法度。譬如行動要莊重恭敬，不可浮躁輕佻；眼光要端正，不可偏邪；聲音要沉靜、氣質要嚴肅，不可浮蕩等等，都要在謹敬天命的心中，表現應有的禮儀，以變化氣質，貞定生命。

四是「敦大倫以凝道」。蕺山認爲，人但凡有生命，父子、兄弟、君臣、夫婦、朋友這五種基本的人際關係，是人之所以爲人必然具備的，這不是因緣偶然相聚而成，所以這是人絕不能逃避的；這也是儒家和佛家最大的不同。人從內心的天命之性實踐出來時，這五倫就是最重要的節目。但是一般人在倫理生活中常常難以完全盡分，所以學者應常懷著自己是否仍不夠盡分的省察，努力去做。

五是「備百行以考旋」。蕺山認爲孟子所說「萬物皆備於我，反身而誠，樂莫大焉」，不是空講的。因爲由自身五倫推出去，天地間可以說沒有不在這五倫的範圍內。有一處不圓滿，就像人的身體傷殘了一肢一節，而肢節受傷也如同腹心之痛。五倫所要盡的是仁（父子關係）、義（君臣關係）、別（夫婦關係）、序（長幼關係）、信（朋友關係）。擴而大之，「仁」就是對人皆有愛心，「義」就是行事無不合宜，「別」就是凡事辨別輕重、各有定位，「序」就是凡事謙讓，「信」就是於人無不真誠信實，這就是「盡性之學」。學者動不動就說「萬物皆備」，只是如鏡中花一般虛幻，必須一項一項踐履過，才是真正見到這個道理。

六是「遷善改過以作聖」。自古以來沒有現成的聖人，即使如堯舜也是謹慎實踐不敢間斷。學者作修養和實踐工夫，就是專心遷善改過。以上所說的五項，如果沒有切實經歷檢討，過錯真是數不清；經歷過上面五項，更是讓你看清自己無數的過錯。凡是行一善，就要由此擴充更多、更大的善；如果檢討出過錯，因這個過去不自覺的過錯所牽連的種種過錯更不知有多少有待改進。學者就要在這樣無窮無盡的向善改過的歷程中，漸趨於聖人之境。然而什麼是善、什麼是不善，怎麼知道、怎麼決定呢？蕺山以爲只要回歸於本心，本心之中原來是歷歷分明。本心靈明處一決定，立即付諸行動，善就做、惡就改，隨時都有工夫可以做。做時更要明察道理、仔細檢討，一方面使本心更加明白，一方面隨時提醒自己，不要以爲做到眼前境界就已足夠、可以停止；無窮的道德修養工夫，是沒有止境的。也只有在這樣無窮的修德工夫中，自覺的、艱苦的、不息的開展了、擴充了人之所以爲人的那顆靈明的心，「證」明了「人」的終極意義和價值。

2 從實行到證悟的踐履過程——改過

蕺山講道德修養，極重視「改過」這個工夫。「改過」看來是極平常、人人都了解的一句話，就是指人有了過錯把它改過來。蕺山對於修養工夫有極深刻細微的探究，他認爲「改過」這個行動，非要追到人的意識最底層——人何以會犯過——來徹底清除不可。要改，也要追尋出非改不可的動機和力量，而不是泛泛講過，或改了又犯的浮面行爲。蕺山在〈證人要旨〉後面緊跟著有〈紀過格〉，把人會犯的過錯從細到粗一一加以分析，並同時把過錯發生的地方指明出來：「微過」，是發生在「獨知」被「妄」所侵犯時；其次是「隱過」，是七情動而不恰當產生的；其次是「顯過」，是明顯地在行動舉止上不檢點所發生的；其次是「大過」，是發生在五倫關係沒有循理實踐；其次是「叢過」，是在百行上違犯禮法所致；其次是「成過」，是眾惡已極爲顯著，須徹底痛改。

蕺山的學說，並不是只是憑空說個「天命之性」，他的實踐也不只是只能從最細微、最精深處的「獨體」、「獨知」來覺察和實踐；一般人要靜定到「一念不生」去體認心體，是談何容易的事！蕺山畢竟是切實經驗過修養之路，深明修道是何等艱苦；所以從另一個方向來說，最切實的路，是要從現實中已經「滿身是過」的狀況開始。如果說從「天命之性」的「慎獨」開始是「從上而下」的方式，那麼知過、改過的方法就是「從下而上」的方式，到了最後，「改過」和「證人」的實踐和體證是合而爲一的。

與蕺山同時，有一位居士袁了凡，撰寫了一本《了凡四訓》的書，提出善行有善報的說法和自身經驗的證明，主張憑著人所作的大量善行，可以改變命運，達到人的心願。袁氏並有「功過格」，認爲所作善惡都可以清楚的一件一件來計算，當時很多人都接受這種說法，也用這種說法來勸人行善。蕺山以爲這樣是用功利之心來行善、用懼禍之心來改過，並不是聖賢之真意。所以他在《人譜》中有〈紀過格〉、〈改過說〉、〈訟過法〉，來說明儒家聖賢「遷善改過」的真意。

蕺山「改過」工夫的關鍵，指向人心中的一份「知」。他在〈改過說〉中說明這種「知」的兩種作用；他說，知有「真知」和「嘗知」。「真知」是一份強烈的、徹底的明察明照，一旦照過便纖塵不留，這是所謂「有過未嘗不知，知之未嘗復行」，這種知雖然人人都可有，但只有非常睿智清明的人才能顯現出來。另一種是平常人的「嘗知」，就是「習心之知」，也就是由於聽從平日父母師長教誨，或讀了書接受書中的道理，拿來檢討自己，因而對自己所行不合義理處，會有如石火電光般的覺知，但是常常十分短暫微弱，事過境遷又容易疏忽忘失。這時，一定要把握住這一份覺知，付諸實現，實實改一分過，便實實見一分善，此時雖然心地尚未完全清明純淨，還夾雜些許昏亂不清楚的念頭和習氣，但是總是向上提昇了一層。善心稍有增益、逐漸擴充，然後覺知也跟著往上層層提昇，進而也就能夠覺知、照見更細微的過失。過失層層被覺察、去除，心體便分分呈顯。這樣「嘗知」便會漸進於「真知」；也就是說，心地會由於歷經這種過程，愈來愈加明瑩，覺察也愈加細密清晰，少有妄念可以留染。這的確是真實做工夫的方法次第，甚至比從「天命之性」下貫的方法更實際。

雖然，蕺山做工夫的方法很實際，但是，無可避免的問題是在：既是只由「習心之知」的「嘗知」起手，現實中尚未完全明瑩潔淨的心地，有時會使「改過」的工夫過程出現危機。也就是：即使犯過而「知過」，但人常會「文過」，就是爲自己的過失找藉口，把它合理化，或是遮掩，以拒絕「改過」。人心念的微妙變化，及天人交戰都發生在這裏。蕺山也注意到，並做了極爲精微的觀察和分析。他說：

人心常從「真」轉到「妄」，其實「妄」並不是實有的；只是人心從「明」到「暗」的變化而已。暗處就提供了「妄」滋長的地方。雖說人有過皆能自知，這份本體原有的光明是從不止息的；但人心的暗處多的時候，便有了過失。有過又進而文過，真是暗中加暗、妄中加妄。學者做工夫務要去除蔽障，是去除黑暗的好辦法。人的心體本來是光明的，但不免受暗；明是心，明中之暗是過失，但是「暗」也還是在心體之「明」當中呀！只要一逆轉方向就可以，就是用個「提醒法」，光明一閃，立即不放過把它擴充出去。這就是孔子說的「內自訟」。這時心中可能善惡交纏，此起彼落；這就像法庭上訴訟，打官司的兩造抵死爭辯，勢不兩立，你必得在其中反覆推求，尋個水落石出、明明白白。所以學者要經歷這種善惡是非的思考和判斷，一定要細心、要虛心，不可主觀、不可偏執，要小心觀察自己的言行和動機，自己不知道的、沒覺察到的，絕不可姑息放縱呀②！

當我們讀蕺山的思想理論，看他這麼確定地告訴學者：「獨體」和「意根」是我們尋求至善、實踐道德的主宰和指引，但是這兩者並不是現現成成地放在那兒等你用的，它們是要你在修德的工夫歷程進步到相當高的層次時才能朗現；在一般人學而未至時，那種善惡交纏、天人搏鬥的驚險，「內自訟」的工夫那裏是省得了半絲力氣的！

既然「知過」和「改過」需要這樣層層去除、艱辛而精細的工夫，蕺山跟著提出「訟過法」作爲學者實行的一個參考③：

點一炷香，放一杯水在乾淨的茶几上，下面準備一個可以坐下的蒲團。在天亮時，好好坐下，齊手盤腿，正容屏息。在恭敬靜謹之間，好像有一個威嚴的神在眼前，我坦白呈上我的過錯，似乎聽見一個訓誡的聲音對我說：「你是個堂堂的人，一旦犯了這些過失，就像禽獸，那像個人！」我答：「是！」又好像看到十雙手、十對眼睛，一齊對我指責。我答：「是！」此時內心沉重，深感慚愧，面紅發汗，好像被嚴格處罰一般，痛切地說：「真是我的罪過！」又聽到嚴厲的聲音說：「不可以暫時供認敷衍！」我答：「不會！」然後，經過一會兒，感覺一股清明之氣，徐徐吹來，在太虛之中，此心便與太虛一般廣大空靈。才知道以前所犯之過都是妄緣牽扯，妄不是真，真心自在。湛明靈澈，念頭思想或來或去，它都是寂然不動，這才是本來面目。這時便好好保住它，如有一雜念生起，就輕輕吹走；再繼續保持，如果又有雜念生起，再把它輕輕吹走。這樣經過幾次，不要忘失，也不要勉強，不要馬上求效果。作過這工夫，便整衣而起，一天閉關不出門。

蕺山這種方法，非常特殊。先是一個我，同時扮演受審者與法官的對話：一方痛切認罪，一方嚴厲無赦地進逼；讓犯過的心無所逃遁、無所掩藏；一問一答之中，善惡角色對立分明。等過失心逐之淨盡之後，二者消失不見，回歸一個太虛同體的心，而剛才進逼撲滅的，不過是妄而不真的念頭。蕺山將「心」這樣兩極化——將犯過的心具體化，嚴厲拷問，絕不寬貸，也絕不輕視過失之心的真實性。追到底後，又指犯過心其實只是不真實的妄緣，讓心回到廣大無形、湛然空寂的太虛，也就是化除這犯過之心的真實性。由前者，「知過」、「改過」的工夫才能切實不苟地做；由後者，不讓犯過的心成爲真實的執著和障礙，而心的本體，本來是至誠不息、靈明廣大的。繼而保住這乾淨的心體，一絲微小的雜念落下都可以立即察見，可以立即驅除。一次又一次如此，心地更加清澄，長時間保住這種狀況，自能念念清明。這樣做下來，連「微過」都不易起，也才是徹底的改過。這種從過失的去除，到體會真實清淨、廣大光明的心體，實已涵蓋一切工夫。

這種工夫論，不但深切徹底，而且我們可以看出它的特色：看似由下（改過）而上（回歸太虛般的心體），其實是將知過的心與清明寂然的心打成一片，使二者合而爲一；作爲一個既實具「天命之性」、又必會犯過的「人」的本質和「心」的各種層面，蕺山實有比常人深刻太多的體會。

3 提起主宰、變化氣質——「覺」與「學」的合一

無論是由「天命之性」以「慎獨」，或是由「訟過」、「改過」以回歸心體，在工夫實踐之際、在實踐的主人——「我」的身上，都需要一個恒向於善的主宰，來把這個信念化成行動。是「獨體」也好、是「意根」也好，它們「應該」是我們行爲的至善主宰。但實際上，我們怎樣讓它們在我們身上發揮力量，並不是高深的理論就能辦到。在道德意識的培養以至於有所體認，進而到真誠地去實踐，在在都需要學習——也就是依著先知先覺的聖賢所留下來的教典和方法去學習。

這樣的學問也可以從兩個方向去展開，它們都是在日常的生活行止，及心念的來往生滅中；一是時時提起「主宰」，使天理、正氣自然流行；一是針對自己不同的氣質習染，對症下藥。

先說第一種，提起主宰，要把人的生命放在氣化流行裏來看。蕺山一向主張「氣」就是「性」，「性」就是「氣」，二者不可分開。性，指天命之性；氣，指人所稟受於天地之氣、並與它不可分離的形氣。故蕺山再三說明，所謂的天道，只不過是一氣佈滿，以「北辰」（北極星）作天地的樞紐，便循序運行，不致遊氣亂竄。人也是一樣，凡有暴起暴落之氣難以控制，便巴不得打死這個心。其實氣只是氣，只要提起主宰，一一順其條理，該做的就去做、不過度勉強、也不疏忽懈怠，一收一放，妥妥當當，萬理歸根，滿腔生氣流露，便

是浩然廣大的正氣，也是湛然虛明的清氣，還是一樣是「氣」。這便是盡性工夫④。

在這種「一氣流行」的思想所化成的實踐工夫，蕺山說得很多；他又說：氣，不能偏一邊：如果只有陰或只有陽，都無法正常運作。譬如財色心，如果硬性止截，將會格格不入；即使硬止住了，便流入了一種乖戾心，也是傷害。真要拔去病根，只須提起主宰，讓此心有主，一氣的周流循環，自然漸漸還原秩序，便可使生意活潑不息，自然消除了那偏邪之氣；因爲人心本來也是氣，人心所生出的，都在天理流行之中⑤。所以「氣」既然有自然循環、周而復始的妙用，在人心時而會不自覺而產生流盪往來、妄動不定的「客氣」或「餘氣」，造成了種種妄念，只要懂得「提起主宰」，化念歸心、化暴氣或餘氣爲正常運行的氣，就沒事了；也就達到了修養的目的。

第二種方法是「變化氣質」；蕺山說：人生而有氣質之病（因爲人出生分到的「氣」，都有個個的差別，如或是男或是女、或是偏柔或是偏剛等等）；「氣」容易失之於浮，氣一浮，便表現爲輕爲薄；「質」容易失之於粗，氣一粗，就表現爲重爲濁，在人身上就有了種種毛病。怎麼對治呢？浮，就用沉著穩重來對治，粗，就用細心謹愼來對治；而且還要在一件一件事上來治⑥。至於對治之方，蕺山曾經對他的兒子詳細的說過。他說，譬如氣質爲「庸」的，必定是比較愚笨，就要增長智慧；「庸」又往往比較懦弱，就要磨練堅強；「庸」又容易隨俗流盪，必須改成貞固；「庸」又容易狹隘，要用寬大來改；「庸」容易淺薄，要用穩重來改，如此一樣一樣觀察自己，針對著毛病去改。如果不知道改的效果，可以驗證：試之以是非判斷，可以看出愚笨或智慧；試之以利害得失，可以看出懦弱或堅強；試之以欲望的誘引，可以看出流盪或堅貞；試之以忿恨之事，可以看出狹隘或寬大；試之以言語，可以看出淺薄或穩重。所以窮究道理，可以啓發覺知；判斷義理是非，可以培養勇氣；控制欲望，可以堅固操守；平息忿恨，可以擴大度量；小心言語，可以謹愼先機。這些德行的培養，不必遠求，在起居日常、待人處事上在在可以修養。這些就是學問。這樣的修養工夫，如果只是努力矯正，則只是庸人的本事；如果能藉用這樣的修養工夫，不斷地去體會，終於明白「氣質」與「天命之性」一體的道理，便是成德之道⑦。

蕺山認爲「學」雖然是遵行孔孟、五經、程朱等先賢所揭示的道理，其實正是回歸我們自己的心。就好像一個人生下來不認識自己的父母，一旦有人告訴我們，這是你的父母，我們認出我們的父母，自然會悲喜交集，相見恨晚。我們有「心」，卻不很明白自己的「心」，這些聖賢典籍告訴我們，使我們恍然大悟。我們看來似乎對的，如果有人明白指出對的道理，我們會更勇於實踐；我們認爲好像不對的，如有人爲我們指出何以不對，我們將會更果決的去除它。種種是非判斷，我們習以爲是，覺得似乎應當如此，等到被指點出其中的道理，我們心中就豁然無疑。所以，聖賢的書册、前言、往行都是最明白、最重要的指點⑧。聖賢的心，就是我們的心，懂得讀書的人，就是在書中尋求到我們自己的「心」的眞義，同時也就懂得怎樣做「人」的道理。心和理，都不是很容易明白的，所以必須借助於博學、審問、愼思、明辨，並且行之不已。有人說：不反求自己的心，去尋求所謂聖學的道理，不像是沿門持缽去討飯嗎？蕺山認爲：沿門持缽而眞有收穫，我寧可做這個討飯的人⑨。

所以我們可以看出來，蕺山絕沒有像當時有些王學學者，空疏不學、喜歡高談本體，並認爲反求自心就足夠了。他講「提起主宰」，需要對「天命之性」的真諦，認真研求講明，有所覺悟，來作主宰；講「變化氣質」，更要有前言往行、聖賢經典，化作種種明白可以遵行的原則、對症的良藥。學者在修德過程的覺知，雖說是來自本具的「天命之性」，但要凡夫初學認出「天命之性」，不靠學問如何可能？

蕺山指出學問的最終目標，他說：我們求學爲的是什麼？上天生人，使先知覺後知，先覺覺後覺。那些先覺者，任重道遠，負荷著沉重的使命。我們生在這個時代，作爲一個人，就應當求之於先知先覺所遺留下來的學問，成爲一個後覺者，去覺先覺所覺悟的一切道理。而蕺山就是這樣把「天性」和「氣質」融合一體，並在修養工夫上，用「學」與「覺」去實踐這個理論。

有人認爲蕺山的修養工夫太嚴厲、太緊張，如果我們真正了解蕺山之學的精神和重要內涵，便會明白：這種「緊張」，並不是來自恐懼、惶惑、疑慮或深重的罪惡感，也不是不能信賴內心具有自訟自省、真知明覺的力量。所謂的道德緊張和迫切感，正是因爲親切體認到天命之誠的生生不息；見得愈真切，愈不容自己姑息、懈怠。覺照愈明，過惡似乎愈顯，但是實踐者並不會迷惑或沮喪；因爲，數過益密，正是證明你是在一種寧靜明白的心地上，如同照射灰塵的朗朗陽光；因爲，實踐者看見了自己的努力和進步。蕺山所說「通身皆是罪過」，就如同孔子曾說的：「若稱讚我是『聖』或『仁』，則我豈敢？我只是在爲學與教人的道途上，不厭不倦地去做而已呀！」——那種篤定地走在大道之途上、真實地看見了道途的長遠，而感到的心安和謙抑。踐履愈勤，真知愈明；真知愈明，自信愈篤；知過愈密，而改過愈力。這種無怨無尤、不愧不悔、沒身不已的無限歷程中的境界，就是「孔顏樂處」⑩啊！

① 此處乃參考《劉子全書》卷十二〈學言下〉頁六八四，及卷一〈紀過格〉頁一七二、卷六〈證學雜解〉頁四一六，以詳細說明〈證人要旨〉頁一六五的「卜動念以知幾」。

② 見《劉子全書》卷一〈改過說二〉頁一八五。

③ 見《劉子全書》卷一頁一八一。

④ 見《劉子全書》卷六〈證學雜解〉頁四二六。

⑤ 見《劉子全書》卷六〈證學雜解〉頁四二七。

⑥ 見《劉子全書》卷六〈證學雜解〉頁四三〇。

⑦ 見《劉子全書》卷八〈做人說二〉頁四六四。

⑧ 見《劉子全書》卷八〈讀書說示兒〉頁四七〇。

⑨ 見《劉子全書》卷八〈讀書說〉頁四八八。

⑩ 孔顏樂處，即指在《論語》裏孔子自云：「飯疏食飲水，曲肱而枕之，樂亦在其中矣。」又說弟子顏回：「一簞食，一瓢飲，在陋巷，人不堪其憂，回也不改其樂。賢哉回也！」到宋明的理學家開始去探究孔子、顏回在貧困的生活中所樂何事？進而去闡明這種在修德爲學、立己立人的生命歷程中所感受到德性精神的充沛和生生不已，與天地一體的喜悅，就是「孔顏樂處」。

五、蕺山之學的意義及影響

蕺山生於明末，不但在學術方面融會了兩宋理學及明代各家，尤其是王陽明學之精華，爲中國文化史上的心性義理之學作了一個完整的總結；更難能可貴的是，他不但成就學術的貢獻，更能夠把這種學問作一番徹底的實踐和見證，讓這種學問，不只是書册紙面上教條式的文字理論，也不是不關痛癢、高不可攀的玄想空論，而是切切實實可以實行、應該實行的生命原則。他的一生，充滿學問的探求，也全是實踐此學的足跡。我們要敘述蕺山之學的影響，必先探求其學的意義，再看他的志節踐履和學術思想這兩方面帶給後學的啓發。

1 蕺山的志節和踐履的意義及影響

從本文第一部分所述的蕺山生平，我們看到了他的身世、母教、周遭環境和他自身的性情，使他走上進德修學、刻苦自勵的生命之途。蕺山蘊藏於內心的嚴格而真誠的道德意識，自然地發於行爲之中。他事奉母親——世界上對他恩情最深、期許最深的人，是無言地至孝。當他長大成人、考上進士，終能以「立身揚名」的第一步重要成就來安慰母心時，母親剛巧病逝。他便要以終身嚴毅精苦、不容放逸絲毫半刻的成學成德的踐行，來回報母恩，來盡無窮的孝思。直至他絕食殉國之刻，才說：我終身不談到雙親，只因悲痛太過，不忍出口啊。又說：胸中所蓄萬斗之淚，一半爲君主、一半爲雙親而流！

蕺山居家，慈愛宗族鄉人，濟貧救難，固不待言；對待妻子，有敬有愛、相助相成；教養兒女，有言教有身教；對待道義相切磋的朋友，盡情盡義。如結交一年便逝世的劉永澄，蕺山對他有無限的懷念哀思，哀痛失去了可以切磋互勉的道友，更爲友人道業未完而痛惋。對亦師亦友、勸他不要與惡勢力對抗以招禍、而自己爲保全節操而死的高攀龍，蕺山將他的死亡詮釋爲儒家最高道義理想的完成，免除後人評他近於佛家。對於東林好友黃尊素將赴奄黨之死獄，蕺山爲之餞別，並接受了好友的付託，照顧其家、教育其子。後來弘揚蕺山學最力、爲清初三大儒之一的黃宗羲，就是黃尊素的兒子。

因爲蕺山的學問道德深爲時人推崇，頗負清望，所以受詔出仕、升職的次數不少（天啓元年、四年、崇禎元年、九年、十四年、十七年），但每次的仕宦生涯並不長；在政局中不斷膨脹的惡勢力，對於他這種絕不妥協求進、絕不阿諛取容的性格，是無法接納的。他敢講別人不敢講、當權者最忌諱的話——如彈劾魏忠賢，因此不是遭革職就是自己斷然求去，絕不戀棧。明代最後一個皇帝——崇禎，性格剛愎褊狹而又多疑，雖然由於蕺山的才能和聲望，幾次提拔他，蕺山也盡心努力職守，但崇禎終不能忍受蕺山的耿直和別人的挑撥，最後還是把他革了職。蕺山何嘗不願做事，又何嘗不能做事，他也明白崇禎看重他的心意，但不能容忍他的原則和見解。明朝亡國，崇禎自盡，蕺山的痛心疾首是難以言喻的。

人世的種種，在蕺山看來，無不是天道的表現，在人間就是倫理的規範，親子、君臣、朋友……之間應該盡的，他沒有省一點兒力氣地去盡到底。然而生死存亡、無常流變又是多麼的虛幻，深造於心性之學的他，怎麼會不明白！佛家的生滅隨緣，他又怎麼會不懂！然而蕺山不肯定「求解脫」的路，天地的流轉、萬物的枯榮，不能解釋作一個虛幻不實、隨起隨滅的娑婆世界；中國的先聖先賢，教我們建立人的意義和價值，天地的流轉、萬物的榮枯，是個有著剛健自強、至誠不息的創造力根源和理則，天之大德就是「生生」，就是至高的善。我們必須肯定這一個豐富飽滿、生生不息的宇宙的存在和運行，必有其自身的道德意義；這樣，在流變的世界中，人的短暫的生存，才有價值；義理的堅持，也才有意義。蕺山以爲，佛教教人以「了生死」爲前提，似乎把人看小了。人若把「身」只看作一個形軀的身，自然會貪生、會怕死；人原是天地之間的人，「身」要放在天地之間來看，然後盡倫盡分，無所貪求和畏懼。蕺山的心，是大心；所以，蕺山的「孝」，是大孝，是一份可以擴充到人格和學問中去盡性立命的「孝」；蕺山的「義」，是大義，必得要擴充到朋友之愛、國人之愛、夫妻之愛、道義之愛裏面去的；而他的「忠」，不是一個臣僕忠於故主而已，而是一個士人對天下國家不可卸、不可逃的倫則，國家已亡，全無可挽，他盡其道而生，此刻，唯有盡其道而死。在這裏，我們看到蕺山之學的最終歸趨，是徹徹底底的儒家。所以他修正與他同樣立志聖學、也同樣爲盡道義而死的高攀龍臨終語「心如太虛，本無生死」，爲「盡其道而死」①。

蕺山死得堅定而艱辛，他先是絕食，然後絕水，勺水不入十三日才氣絕。他這樣忍人之所不能忍，長時間和自己求生本能掙扎，從容而緩慢地結束這個軀體生命。要有多麼堅強的意志，多麼勇敢無悔的堅持，去完成他一生所真誠追求、所信奉實踐的學問。他，爲儒家的聖賢之學的理想作了見證。

蕺山講學的時間很長，故弟子很多；可考者約有一百三十餘人，不包括再傳及私淑弟子。蕺山不但在平日講學中，再三強調道德實踐的精神；而他自身行踐的嚴毅精粹，誠於中，形於外，故聽聞其學者，又看見他的風範和儀則，都會深有感發。京師淪陷後，弟子王毓蓍等已先殉國。許多蕺山弟子在他身邊，共同策畫復明。直至知大事不可爲，蕺山決定自盡，絕食絕水而卒，許多弟子目睹這一切過程，消息傳開，引起的激盪更是不小。他們許多人領受了他這份以生死表彰學問、實踐道德理想的精神。故明亡，殉國的士人中，多有蕺山弟子。還有許多弟子繼續舉兵抗清，有的誓不事清。

據學者統計，蕺山可考的弟子中，在北京失守即殉國的有：吳麟徵、金鉉、劉理順等六人；次年南京失守後殉國的有：王毓蓍、祁彪佳、祝淵、潘集、周卜年、何弘仁、傅日炯、華夏、王家勤、張應煜、彭期生、徐復儀等十二人。舉兵抗清的弟子有孫嘉績、熊汝霖、黃宗羲、黃宗炎、黃宗會、祁鴻孫、章正宸、葉廷秀、陳子龍、吳鍾巒等十人。不仕清廷的弟子有董瑒、惲日初、陳確、張應鰲、張履祥、吳蕃昌、劉應期、張岐然、萬泰等三十餘人。難怪有浙江紹興的學者指出，明代以降，當地人心風俗並不好，讀書人多愛慕虛榮浮華，平日挾妓冶遊、飲酒品花、賭博玩樂等等，談到國家安危或義利邪正之辨，都毫無興趣。自從蕺山長期在家鄉講學，以他的人品操守及學問聲望，不但鄉人知所敬仰，士人也結伴來學、深受啓發而互相策勵，長久薰陶，潛移默化。直至明亡，江南淪陷，在浙東一帶起事抗清衛鄉的義勇子弟兵極多，而不屈清兵、殉國死難者之悲壯慘烈亦使全國震驚；其緣由雖不止一端，但蕺山人格和學問的影響實發揮著不可忽視的力量。

2 學術思想的影響和流傳

蕺山之死，正當國破家亡、天崩地解的歷史劫運之時，雖然其後弟子星散，但蕺山人格的堅貞弘毅及學術的深廣精微，在諸多門弟子心中產生了一股凝聚力。而且蕺山之子劉汋（伯繩），亦頗能承續父學，蕺山著作賴以保存。其後弟子不忍師學失傳，紛紛輯錄蕺山遺著，如惲日初編《劉子節要》、陳確編《山陰先生語錄》、黃宗羲編《蕺山學案》，並撰《子劉子行狀》；但他們各以其所把握的蕺山之學的精髓及重點，作為編纂的原則；可見弟子對蕺山學有不同的體會和繼承。今傳最爲完善者爲弟子董瑒所編《劉子全書》，及清初沈復粲所編《劉子全書續編》。待政局稍定，弟子張奠夫（應鰲）和黃宗羲（梨洲）幾位弟子，於康熙六年，在蕺山家鄉紹興，重開「證人講會」，聚集學人，準備把蕺山之學承續並發展下去。次年，梨洲因其弟子之請，在甬上（今寧波）講學，也將他的講會命名爲「證人講會」，並有「證人書院」。諸弟子中，因梨洲（一六一〇——一六九五年）學問最爲淵博，聲名最高，學術著作極多，故對蕺山之學弘揚之功最大。另有一支是在餘姚的沈國模，本是當初與蕺山同主「證人會」的陶奭齡的弟子，一向尊重蕺山，聞蕺山殉節而慟哭，此後開始在他自創的

「姚江書院」講蕺山之學，他的弟子史孝咸、史孝復繼之。後來姚江書院毀而復建，到清康熙四十年，邵廷采（念魯，一六三八—一七一一年）主持講席時，仍講蕺山之學。

蕺山之學對後來學術思想的影響，可從下面兩個方向來說：

•心性之學

蕺山之學自是以道德實踐爲基本精神，以心性體證爲重要內涵，所以他的「愼獨」與「誠意」之説，當然地成爲清初「證人書院」的首要宗旨。紹興的「證人書院」，嚴謹地遵守著蕺山舊説來講習，研求體認蕺山的心性之學。寧波的「證人書院」因當地學術風氣本來就盛，聚集許多好學之士，所以辦得有聲有色，但講學的重點卻相當大部分偏重於研究五經的內容，不同於心性之學的體證，故又名「講經會」。主講的黃梨洲要求學生一定要研求體認「愼獨」宗旨，將道德體驗作爲一切學問的根本。講「愼獨」和「誠意」必得把握蕺山精密入微之闡説，尤其是蕺山對「意」有異於先儒的詮釋，最見出與前人不同的學術特色。梨洲就曾對來學而質疑於蕺山講「意」的董允瑫，作書詳細爲之闡明，使之折服，允瑫以後自稱爲「蕺山學者」。表示對蕺山學的服膺。學者凡有對蕺山學各方面的不解或疑問，梨洲都一一努力爲之疏解或甚至與之激辯。蕺山的心性之學，就這樣地在清初學術界維持著穩固的地位和相當的影響力。

黃梨洲著力於學術史，撰有《明儒學案》六十二卷之巨著，爲整個明代心性之學的內容、流派、傳承、特質作一完整而切要的傳述。整部書中的觀點、見解和評論，可説是本於蕺山思想而成；而全書之首有「師說」，忠實地列出蕺山曾撰著的《皇明道統錄》（今失傳）中的重要評論；全書以「蕺山學案」為殿後，也就是以蕺山總承整個明代輝煌、蓬勃而精義入神的心性之學。

黃梨洲自己的心性學說，也是一本蕺山，忠實地闡述「慎獨」、「誠意」，而特別標出「盈天地皆心」、「盈天地皆氣」，尤其對蕺山的氣化流行的宇宙觀，有別開生面的闡發，透過梨洲，蕺山之學對清代學術產生相當的影響。

此外，在蕺山晚年曾短期受學的張履祥（楊園），在清初德高望重，他的學問方向卻是偏重程朱學，不滿王學空疏狂蕩之風因而大加批評，與宗仰王學的黃梨洲、陳確等立場迥異。

蕺山另一位當時並不受人重視的弟子陳確（乾初，一六〇四——一六七七年），當初是受友人祝淵（開美，蕺山門下傑出弟子）的影響，雖素不喜理學，來學於蕺山之後，深為蕺山人格行為所折服，從此窮研義理並躬行實踐。但乾初仍不喜用形上和超越的理論講道德，尤其不滿程朱之學，以為是「知而不行」的近禪之學。他力主返回樸實的踐履；並用這種觀點來講《孟子》，也特別用這種重視實踐的精神來講蕺山之學。乾初部分地承襲了蕺山「一氣流行」的學說，堅信「氣質之性」與「天命之性」不可二分，進而推衍到天理、人欲不應對立的論點，他在當時不獲同門的了解，可是身後卻相當程度的影響了同門的黃梨洲，以及清初以至中葉著名的學者戴震（東原，一七二四——一七七七年）的人性論。

・清初浙東之學

明朝末年不但遭逢政治上的鉅變，在學術潮流方面，也正面臨著轉型的時機。理學、心學精采盡出，儒學領域中，屬於心性之學可供論述闡發的種種題材，幾乎已經開發殆盡；更重要的是，當時王學把大多數的學者帶到一種脫離知識、質疑權威、訴諸一心的方向，使傳統儒者不禁爲儒學的發展感到憂心。而明亡的慘酷現實，更讓學術界看到了只停留在心性之學不能開拓爲事功的褊狹和限制，而產生了「經世致用」的呼聲。

對清代學術有開拓啓發之功的黃梨洲，便深深感受到了這一點。他終身服膺蕺山的人格和學問，卻不認爲儒學應該往心性之學單向走下去。他常常指出當時學者，只讀宋明儒者的語錄，或者講講字義、作作文章，對於儒學中豐富實用的學問略而不讀，對國計民生、經濟實務沒有關懷、沒有見解，也沒有處理的本事。梨洲處在一個民族、國家命脈衰亡、整個時代基礎動搖之際，他秉承師學，卻也認真思考這種學問要用什麼型態發展下去。他把蕺山那種堅持義理、注重道德實踐的精神，貫注到他的學問裏面。梨洲主張擴大儒學範圍，包括文學、史學、經學、事功等項，讓儒學具有博大豐富的內容和活潑的生命力。他講經，注重講明義理，而不只停留於訓詁字義，他講歷史，更要在歷代興衰存亡的變化之中，鑑古知今。這樣，有義理作原則和基礎，才能開創出真正的經世致用之學。於是，梨洲帶領學生讀經、讀史；他自己對天文、曆算、地理、象數、音律、質測各方面的知識，都深有興趣和研究，也傳授弟子這些實學；同時對各朝各代的制度沿革、得失興亡和其所以然之故，都要窮究明白，但這種種學問，都要融會於一心之中。他曾說：讀書不多，無法深明事理之變化，多而不返歸一心，也是沒有用處、沒有意義的。梨洲開創的這種學風，便是清初的「浙東之學」。

在清初的浙東一帶，由梨洲「證人書院」轉成的講經會中，最傑出的弟子有下面幾位：寧波萬氏兄弟——萬斯選（公擇）專精理學。萬斯大（充宗）研究經學，卓有成就。萬斯同（季野，一六三八——一七〇二年）治史，曾赴明史館助修《明史》，並在京師講經史之學。更有餘姚邵廷采問學於梨洲，亦勤治當代之史，且講學於姚江書院，重拾陽明、蕺山心性學之遺緒，以教鄉邦子弟。其後有私淑全祖望（謝山，一七〇五——一七五五年）表彰先賢遺獻，搜求、整理南明史料，爲文獻學大家。這些學者，在他們的學術工作和學術主張之中，皆有一種關懷當代之史，重視義理是非的精神貫注其中。後人稱爲「浙東之學」。直至乾隆時代的章學誠（實齋，一七三八——一八〇一年）亦是浙東學風之流衍，是清代的重要史學大家，不但創「六經皆史」之說，對浙東學術精神有所承受，亦有所領會。他曾說：浙東學術的精神，雖源流相同而隨環境時代之異，所以表現各有不同。陽明把他的學問表現在事功上；蕺山把他的學問表現爲臨難殉國的節義；梨洲得到這種精神而表現爲不仕異姓，隱居治學；萬氏兄弟得到這種精神表現爲經學、史學的研究；雖然面目不同，卻都是同具不空言德性，有所作爲的特色。天人性命之學，原來就不是可以用空言講的。浙東之學，言性命必定在實事及歷史中去窮究，這就是浙東之學最卓越之處啊！

這段話就說明了蕺山之學雖然在進入清朝之後，似乎漸漸式微，然而一種真正有生命、有精神的學問，在歷史的流變中，並不是用一種一成不變的方式傳下去的；它的生命精神會隨著不同的時空環境展現不同的面貌，才見出它內蘊的豐富無窮。蕺山的學問精神，並不隨著明代之滅亡和他的一死而消逝，反而隨著弟子衷心的服膺感發，一脈相承，潛入清代的學術中，涓涓長流，大放異彩！

① 見《劉子全書》卷二十一〈書高景逸先生帖後〉頁一六七二。

六、結論——蕺山之學的評價

從中國思想史來說，儒家思想起於春秋戰國，從孔、孟到荀子，以及《中庸》、《大學》思想的出現，已是一層轉折；到了兩漢，因應時代政局的變化，摻雜了陰陽家及五行讖緯的學說，成了另一種面貌。發展到極致，破迷妄、崇自然之風捲起，加上此時印度佛學東來中國，魏晉玄學發展道家思想，儒學沉寂了下來。至南北朝佛教思想逐漸完整成熟，隋、唐的思想界，竟而進入中國大乘佛學的天下。一直要等到宋代開國，學者苦心思考儒家的歷史命運，矢志復興儒家明體達用之學，同時又須回應佛家生命哲學之挑戰；因而掇拾先秦儒學之遺緒，在儒家心性義理之堂奧中，建立起一套屬於中國人的安身立命之學。兩宋之後，這種天人性命之學的理論系統大體已臻完備，我們稱作「理學」或「道學」。迨至於明，儒者進而能在身心性情之親切體認中，一步步致力於踐履力行的內聖工夫，真正融入於個人心靈之深處，並體現於現實生命之當下。這其中尤以王陽明所開展的「心學」最為活潑、直捷。宋明這兩代的心性義理學，我們合稱「宋明理學」。

在劉蕺山的時代，正是心學大盛而流弊滋生之際；許多學者偏於講求內心證悟工夫之超玄、境界之空靈，終成虛玄空疏而行為流於肆蕩。蕺山從事心性之學，一生卻最重實踐，他負起了救正學弊、繼述聖學的使命。他從宋儒的「主敬涵養」入手，用心思考「人」是什麼？宇宙是什麼？人和世界存在究竟的意義是什麼？他消化宋儒的學問和智慧，在天人一體的探究和體認中，把握「誠」的思想，推出「慎獨」這個體和用、理論和實踐合一的宗旨，又從「慎獨」引出「誠意」；可以說整個蕺山思想，本體和工夫、現實和理想、道德和宇宙、個人和萬物，大小始終，就是這個「誠」的精神通透貫徹。以詮釋闡發儒家經典的貢獻來說，《論語》自是蕺山信念和踐行的根本，在理論上，他把宋儒「氣」的宇宙論融入《易傳》，將天地創生和變化的根源、力量渾化爲道德信念、道德理想和實踐，這樣吻合了《中庸》思想。繼而用這套思想去給當時「理學」和「心學」爭辯焦點所在的《大學》一個新解釋，把陽明學因對治朱子「格物」說流爲支離之弊，而開展的顯豁直捷的「致良知」說，轉入縝密嚴謹、深微至極的「誠意」（亦即「慎獨」）之旨（《大學》八條目的順序前三項正爲格物、致知、誠意）；從「格物」到「致知」，到「誠意」，蕺山在中國思想史的傳承中，將宋明理學全盤容受，並一以貫之。更重要的是，蕺山把宋明理學豐富的學說內容，完完全全地展現在他真實的生命裏；融入他「深根寧極」的心靈，和「光風霽月」的人格氣象中。蕺山從容殉國，把心性義理之學，表現爲壯烈的氣節。歷史政治上種種殘酷的悲劇，無法掩蓋一個精純無瑕的道德生命。而延續了六百年的宋明理學，也因而得到了這樣一個幾近完美的句點。

在今天看來，宋明理學的時代過去了，這門學問似乎也已經成了歷史的陳跡；這些人物或學問，不知在今日有何意義。在此書中，我們要明白的是：從文化史或思想史的角度來看，理學是當時儒學因應著時代潮流而開創的文化運動；在這個文化運動中，儒者思考人在天地之間的定位是什麼？人生的價值是什麼？怎麼實踐並完成它？於是，他們建立了這套道德性的天人性命之學。這種天人性命之學，在儒佛之辨的時代課題中，必須貫徹提撕著最深刻、也最嚴明的道德意識和道德堅持。從「人」的角度來看，他們向內挖掘到了人的心靈的最深處，將「人」的「明心見性」和「天」的「至誠不息」等同了。從這一點出發，向上通於宇宙和天道的高遠無盡，向下貫注到平常言行的當下一心。誠然，任何學問都有誠有僞，僞就是空談高論，不懂得自我反省，進而把這學問當教條來壓迫人，變成人人痛恨的「假道學」。這是理學最爲人所詬病之處。但我們不要忘了，「假道學」的現象，畢竟是由於對真道學的嚮慕景從而產生誤解、偏差、扭曲來的。它並不能掩蓋真道學的光輝。

蕺山從孔孟先賢，直至濂溪、明道、伊川、朱子、象山、陽明這一家一家的學問看下來，看到了人最深處的至誠之「心」，是歷史文化中蘊輝含光之「珠」、之「璧」，人類生命中無比珍貴、真實之靈質。於是他用自己的心性去印證，用他生命中每一事件去實驗；自覺慧命的開啓、琢磨，以至德性的成就，人生價值的貫徹完成，是他終極的關注，也是他一生的事業；他嚴肅而熱誠地完成了它。現實中一切的艱辛、黑暗，甚而悲慘之事，都是磨練之器，教你成德、成人，使你晶瑩發光。蕺山，盡了他畢生的努力，成就了儒聖的學問和實踐；環視先賢先覺，無有愧悔、無有遺憾，他也走入了他們的行列中。這樣一個生命，在歷史的星空上靜靜地綻放光芒，當我們仰視蒼穹，在那文化長河的星羣之中，它是值得我們佇足凝望的一點光明。

參考書目

《劉子全書》 明劉宗周，華文書局。
《劉子全書遺編》 明劉宗周，臺大文學院聯合圖書館藏清道光刊本。
《周子全書》 宋周敦頤，廣學社印書館。
《二程集》 宋程顥、程頤，漢京文化事業有限公司。
《張載集》 宋張載，漢京文化事業有限公司。
《晦庵集》 宋朱熹，《文淵閣四庫全書》一一四三至一一四六册。
《朱子語類》 宋朱熹，華世書局。
《明史》 清張廷玉等，藝文印書館。
《王陽明全集》 明王守仁，上海古籍出版社。
《黃宗羲全集》 明黃宗羲，浙江古籍出版社。
《中國學術思想史論叢》(七) 錢穆，東大圖書公司。
《朱子新學案》 錢穆，三民書局。
《心體與性體》 牟宗三，正中書局。

《從陸象山到劉蕺山》　牟宗三，學生書局。
《清初浙東學派論叢》　方祖猷，萬卷樓圖書公司。
《劉宗周年譜》　姚名達，商務印書館。
《明代理學論文集》　古清美，大安出版社。
詹海雲　《劉蕺山的生平及其學術思想》，一九七九年臺大中文研究所碩士論文。
杜保瑞　《劉蕺山的工夫理論與形上思想》，一九八九年臺大哲學研究所碩士論文。
李紀祥　〈清初浙東劉門的分化及劉學解釋權之爭〉，一九九二年第二居國際華學研究會議論文集。
詹海雲　〈劉宗周的實學〉，一九九六年中央研究院文哲所劉蕺山學術會議論文。
楊儒賓　〈死生與義理——劉宗周與高攀龍的抉擇〉，同上。
古清美　〈劉宗周實踐工夫探微〉，同上。

黃道周

黃春貴 著

目次

黃道周

一、傳略

1 熱愛讀書講學和寫作

黃道周，他的字叫幼平，另一字叫細遵，福建省漳浦縣銅山鎮人。銅山鎮在一座孤島上，其中有一間石室，名叫石齋，黃道周從小就居住在裏面，所以他的學生又叫他石齋先生。他生在明神宗萬曆十三年（西元一五八五年）二月九日，死在明末唐王隆武二年（一六四六年）三月五日，這時已是清世祖順治皇帝即位的第三年，享年六十二歲。死後，唐王贈封爲文明伯，謚號忠烈。清乾隆皇帝又賜謚號忠端。

黃道周的曾祖父叫侃介，祖父叫肅毅，父親叫青原，母親陳氏。黃道周的天分很高，記憶力特別強，讀書過目不忘，而且很用功，所涉獵的書籍非常廣泛，因而奠定了他在學術上的良好基礎，與劉宗周同爲明末思想史上的擎天巨柱。

明神宗萬曆十七年（一五八九年），黃道周五歲，在一所小學唸書。在學校裏，黃道周充分地表現出高超的智慧。有一次，老師在講授《論語》，他突然發問：「在頭一頁書中，孔子只教人讀書，有子爲何教人孝悌？孔子只教人老實，曾子爲何教人反省？」這個問題當場把老師難住了，聽到的人無不驚訝萬分。十歲時，父親指定他唸朱熹所寫的《通鑑綱目》，他早晚研讀，便懂得忠奸邪正的分辨，以及王道政治的偉大。八歲時，他已會寫駢體文，對於經傳子籍，無不精通。十歲能寫古文詞，所以一般人都把他當做神童看待。

漸漸地，黃道周長大了，見識也增廣了，在家鄉已無法滿足他的求知慾望。有一天，他聽說廣東有一座羅浮山，地靈人傑，住著許多隱士，相傳東晉葛洪就是在此修道成仙，所以內心非常嚮往，但一直苦無機會前去。十四歲時，剛好有一位親戚要到廣東博羅縣當官，而羅浮山就在博羅縣的西北方，所以黃道周抓住這個機會跟著同行。在博羅縣，聽說有一位大夫韓日纘很喜歡讀書人，家裏藏有許多珍貴的書籍，黃道周就親自去拜訪，因而看到了許多前所未見的經書註解。有一天，他到羅浮山，回來後，毫不思考的寫成了一篇〈羅浮山賦〉，韓大夫非常讚賞，便邀他和自己的兒子同住，黃道周從此就搬到韓家，專心研讀經書。他在博羅縣住了三年，文名很盛，當地許多達官顯要都爭相請韓大夫作媒，要把女兒嫁給他，可是他都以家貧的理由推辭了，然後回到家鄉研究律呂。實際上黃道周只是一心一意想要唸書，所以不打算那麼早結婚。

萬曆三十五年（一六〇七年）四月，黃道周二十三歲，父親不幸去世，這時他窮困潦倒，連喪葬費都籌不出來，還好遠方的幾位朋友共同出錢，才草草把他父親埋葬。這件事發生以後，使他感到非常憂愁悲憤，因而續《離騷》賦，寫了《離疚經》，以發洩胸中的哀傷。

萬曆三十七年（一六〇九年），黃道周二十五歲，這一年守父喪完畢，他帶著母親搬到福建浦城縣中居住，不久娶林氏爲妻，又搬到浦城縣的東城住，總計黃道周前後搬了三次家，到此才算安定下來。後來他的學生在此建了一座明誠堂以爲紀念，因爲黃道周的思想很受《中庸》所談「明誠」二字的影響。隆武二年（一六四六年），黃道周死後，唐王特地賜表明誠堂爲文明書院，以後就變成了黃子祠，專供人瞻仰膜拜。

萬曆三十九年（一六一一年），黃道周二十七歲，參加邑試、郡試，都得到第一名，所以第二年就充任博士弟子，到了秋天，去參加省試，結果落榜，於是回家講學。最先拜黃道周爲師的有二人，一是銅山鎮的陳士奇，同門稱做西陳，一是銅山鎮的陳瓚，同門稱做南陳。西南二陳由於家貧好學，又是黃道周的同鄉，所以黃道周非常喜歡他們，在家與他們共同用硯，出外與他們共同穿衣，晚上睡覺共同蓋一條棉被，白天一起去砍柴挑水，親密的程度可想而知，而在學生中，西南二陳跟隨黃道周的時間也最長久。

黃道周二十九歲時，開始閉門在家專心寫作，著《太咸經》，大都與揚雄所寫《太玄經》相似，可惜這本書已經散失。三十二歲時，寫成了《春秋揆》。三十五歲又著手寫《三易洞璣》。當他閉門寫作之初，在房間牆壁上挖了一個小洞，只准學生進入請教，外人一概不得通行。他告誡學生要遠離趨炎附勢的小人，他以爲古人讀書必入深山，必進密林，閉門不出還只是小意思呢！由此可知他讀書寫作是多麼的勤苦。

明熹宗天啓元年（一六二一年），黃道周三十七歲，這一年秋天他到了京師北平，第二年參加會試，而成進士，不久被選爲庶吉士，當翰林院編修，修國史實錄。此時宦官魏忠賢在朝廷總攬國家大權，專橫跋扈，胡作非爲，於是黃道周和同科進士文湛持（諱名震孟）、鄭峚陽（諱名鄤）約好一起彈劾魏忠賢。果然文、鄭二人一再上奏疏給熹宗，以揭發魏忠賢的陰謀，後來二人都被罷官回鄉。而黃道周卻由於要迎接母親來京師，所以雖然曾經寫好了三次奏疏的稿子，但都在不得已的情況下，把它燒毀。因此文、鄭二人對他產生了誤會，認爲他膽子小，說話不算數。

天啓三年（一六二三年），黃道周三十九歲，他的妻子林氏爲了護送他的母親陳氏到北平和黃道周團聚，不幸在浙江省嘉興縣竟病死了，還好這時候有一個同鄉名叫周起元的，正在江蘇省姑蘇縣當巡撫，就近趕去替他辦理妻子的喪事，並且派人護送陳氏到北平，母子二人才能團聚。

天啓五年（一六二五年），黃道周四十一歲，按照以往慣例，當經筵展書官，手捧經書必須膝步前進，以示恭敬，可是黃道周認爲講論經書是一件非常崇高的工作，不應該膝行，於是平步前行，魏忠賢看了後，非常生氣，可是黃道周仍然我行我素，毫不理會，因此得罪了魏忠賢。黃道周在京師既不如意，便以侍養母親的理由告假返鄉。第二年春天，他再娶蔡氏爲妻，蔡氏溫馴賢慧，操持家務，受苦受難，全無怨言。兩個月以後，黃道周的母親又不幸去世了。黃道周悲痛得不得了，一連五天，都沒有飲食。從此，他便守在母親的墓園，沒有外出，只偶而在墓旁向學生講授經書。

明思宗崇禎二年（一六二九年），黃道周四十五歲，經過了無數的困難，終於寫成《三易洞璣》。到了冬天，辭別母親的墓園出山。第二年四月到達京師，恢復官職。不久，和熊德陽同時出任浙江鄉試的主考官，他秉持公正嚴明的原則，摒除了一切人事請託，所以在放榜以後，得罪了不少當地的權貴人家。事後，他回到京師，剛好《神宗實錄》編成，於是升官爲右春坊右中允。這時候，由於督師袁崇煥誘殺奸臣毛文龍而被抵罪處死，連帶禮部尚書錢龍錫也遭牽累，滿朝文武無人敢上奏爲他呼寃，只有黃道周一連上奏三次爲他求情。崇禎四年（一六三一年），錢龍錫終於無罪釋放，而黃道周卻因此被降職三級任用。第二年春天，黃道周要離別京師時，又上一次奏疏，其中引用到《易經》「大君有命，開國承家，小人勿用」一段話，主要是在諷刺當時首相溫體仁，溫體仁大怒，於是被革職而當平民。當黃道周在返鄉途中經過浙江時，當地學者聞聲而至，高興萬分，並爲他在餘杭縣西邊的大滌山上建一座書院，這裏原本是宋朝人建來奉祀李綱、朱熹的洞霄宮，黃道周在此講學數月後才離去。

崇禎六年（一六三三年），黃道周四十九歲，回到家鄉守墓。第二年，曹惟才敦請他出來講學，以發揚古代聖人的學說，於是他便以漳浦縣的紫陽學堂當講舍，一面講授經書，一面勸人讀史。他在講課時，旁徵博引，先經後傳，先籍後史，只要是相關的問題，他都能夠彼此用來印證，聽講的學生總共有一千人之多。時間久了以後，黃道周便將師生之間的一問一答，按照順序，逐條編排，而成《榕壇問業》一書行世，這一本書可以說是黃道周學術思想的精華所在。

崇禎九年（一六三六年），黃道周五十二歲，皇帝下令要他恢復原來官職右春坊右中允，他在九月底從家鄉出發，十二月始抵達京師。第二年正月初一正式上朝，二月，當會試分校，四月二十八日，上疏請退休，未准，五月，升官諭德，掌管司經局，六月十三日，又上疏辭職，說自己有三罪四恥七不如，七不如中談到「文章意氣，臣不如錢謙益、鄭鄤。」。這時由於鄭鄤鞭打母親，遭受各界嚴厲指責，而黃道周爲人剛正不阿，引起許多朝廷官吏的不滿，就引用「臣不如鄭鄤」這句話毀謗黃道周，崇禎皇帝因此加以責問，但由於黃道周恢復官職不久，才未加深究。十二月，升官少詹事，兼翰林院侍讀學士。

崇禎十一年（一六三八年），黃道周五十四歲，由於楊嗣昌「奪情」（古時官吏遭逢父母的喪事，禮應解職守制三年，三年未到就出來作官叫奪情，又叫奪禮），當兵部尚書而入閣，陳新甲也「奪情」當宣大總督，這些人都是昏庸無能、禍國害民之輩，黃道周便三度上奏，極力彈劾，因此觸怒了皇帝，八月，降官江西布政司都事。隔年，由江西還鄉守墓，謝絕會客。崇禎十三年（一六四〇年）四月，江西巡撫解學龍上疏推薦地方人才，說黃道周很有才幹，可以擔任輔導工作，皇帝大怒，認爲他們是同黨作惡，各罰廷杖八十下，然後關進刑部監獄。戶部主事葉廷秀、太學生涂仲吉等人上疏救黃道周，也都遭受廷杖鞭打，前後受到牽連的將近二十人。後來黃道周被打的地方發炎，幾乎昏死過去，便請來醫生將腐爛的皮肉挖掉。他在監獄中曾經寫信給張紹科（號煙叔）說：「古人於仁義爛時，自裏血肉。僕於血肉爛時，自裹仁義。」（見《黃漳浦集．獄中與張烟叔書》）正義之士的高風亮節，由此可見一斑。黃道周被關在監獄二年，獄吏每天都拿紙來向他求字，於是黃道周爲他手書《孝經》共一百二十本，可惜都散失了。黃道周在監獄中還曾經寫了一本書，名叫《易象正》。

崇禎十四年（一六四一年），黃道周五十七歲，刑部論罪確定，要他充軍到辰州（湖南省舊府名，舊治在今沅陵縣）。第二年二月，他離開京師前往辰州，六月，走到江西省九江縣，住在西林寺養病，順便改定以前所寫的《易象正》。十一月，皇帝下令赦罪還職，黃道周乘機會上疏請求辭職，以便回鄉養病。崇禎十六年（一六四三年）八月，黃道周寫成《孝經集傳》，用以傳授學生。

崇禎十七年（一六四四年），黃道周六十歲，由於生活窮苦潦倒，他便在這一年正月上疏皇帝，請求能再出來作官，不幸的是，三月十九日崇禎皇帝已在北平煤山自縊死亡，根本就沒有看到黃道周這一篇奏疏。三月，黃道周的學生替他在浦城縣東城舊居建築一座講舍，名叫明誠堂，在落成典禮中，黃道周對於《中庸》所談「明誠」二字的解釋非常詳細。五月，在聽到三月十九日崇禎皇帝為國殉難的事件以後，黃道周悲痛到了極點，立刻率領所有學生設神位祭拜，散髮號哭，一連三天都不停止。從此，他發誓以所有晚年報效國家，一直到唐王隆武二年（一六四六年）逝世為止，雖然只有短短的二年，但他確實做了一番轟轟烈烈的事業，有許多使人可歌可泣的地方。

2　倡導義師反抗清兵

明朝末年，政治制度敗壞不堪，到了思宗崇禎皇帝（一六二八——一六四四年）嗣位後，雖然很想有一番大作爲，無奈朝綱早壞，黨爭不停，他又多疑善忌，闇於知人，再加上天災流行，饑饉連年，內亂外患，一再發生，終至不可收拾的地步。

這時流寇李自成、張獻忠的兵勢非常浩大，到處屠殺掠奪，難民爭道。崇禎下令天下，戮力勤王，可是武官卻畏於作戰，雖有文臣奮臂疾呼，然而無補於事。難怪崇禎在殉國之前，憂惶終日，感慨不已的說：「朕非亡國之君，諸臣盡亡國之臣。」崇禎十七年（一六四四年）三月十九日，李自成的軍隊長驅直入，攻陷京師北平。這時天色尚早，崇禎決心殉國，他披散著頭髮，身穿藍衣，光著左腳，右腳穿朱鞋，上煤山（萬壽山）自縊而死。死時在他衣前發現寫著：「朕自登極十七年，逆賊直逼京師，雖朕薄德匪躬，上干天咎，然皆諸臣之誤朕也。朕死無面目見祖宗於地下，去朕冠冕，以髮覆面，任賊分裂朕屍，勿傷百姓一人。」這段話可說是字字血淚，哀痛到了極點。

鎮守山海關的明朝總兵吳三桂，原已投降李自成，後來由於愛妾陳圓圓爲自成部將所奪，轉向清人求助，遂不惜引清兵入關，攝政王多爾袞連夜率兵疾進，以吳三桂爲前鋒，大破自成，入據北京（一六四四年）。自成敗走後，清兵更乘機前進，長江以北，幾乎全爲清兵佔領，爲禍十多年的流寇，僅爲清人製造入主中國的大好機會而已。

北京失陷以後，明人擁立福王由崧在南京即皇帝位，年號弘光（一六四五年），朝政大權全由奸臣馬士英一人所把持，他的所作所爲，目的在設計如何腐蝕明室，以滿足個人的一切慾望，與宋朝秦檜毫無二致。所以當黃道周在弘光元年正月到達京都時，眼見當政諸臣都是賣國奸賊，措施荒謬，全無國家民族觀念，覺得與這些人無法共謀國家大事，便在二月二十二日上疏奏請祭祀大禹廟（在浙江省紹興縣東南會稽山），祭祀完畢後，黃道周又上疏求歸家園。

不久，清兵向南進軍，忠心耿耿，督師揚州的史可法，由於內受奸臣馬士英的牽制，外則悍將黃得功等掌握大軍，勢孤力單，無人援助，結果竟以身殉城。這一天是弘光元年四月二十五日。清兵入城後，十日之間，大肆屠殺揚州，接著渡過長江，五月十一日，攻陷南京，福王遂被清兵所俘。

福王被虜後，王之仁、張煌言等請魯王在浙江紹興監國。同一時間，黃道周、鄭芝龍等立唐王在福州即位，年號隆武。隆武元年（一六四五年），清兵進攻紹興，魯王逃離海上，後來到金門依靠鄭成功。

唐王是一位賢明的國君，他積極準備勵精圖治，恢復明朝。當時文臣以黃道周爲領袖，武將以鄭芝龍爲重心。黃道周的學問聲望，名滿天下，而鄭芝龍擁有幾十萬的精兵，如能盡忠報國，那麼晚明的局勢必可扭轉，大放光明。可恨的是鄭芝龍別有用心，其志並不在此。鄭芝龍在朝中強橫跋扈，公然侮辱大臣，甚至以開國元勳自居，將自己比做太祖功臣徐達，連唐王都不看在眼裏，黃道周逼不得已，與他力爭，於是文武不和，力量抵消，終於同歸於盡，而讓清人坐收漁翁之利。

鄭芝龍原來是東南沿海一帶的海盜首領，崇禎初年歸順明朝，他的爲人雖然頗富智謀，但是賊性難改。在唐王時，他一面身居朝廷要職，掌握大軍，一面卻心懷不軌，暗通敵人，最後終於變節投降滿清。但是他的兒子鄭成功卻是一位大義凜然、備受人人敬仰的民族英雄。鄭芝龍曾經幾次寫信要兒子一起投降，鄭成功很悲痛的說：「只聞父親教兒子以忠，不聞父親教兒子有二心。」父子二人，一奸一忠，一個遺臭萬年，一個流芳百世，令人有無限的感觸。

唐王在福州即位，朝政大權雖由黃道周主持，軍事行動卻完全由鄭芝龍控制，鄭芝龍早懷二心，處處爲難黃道周，使得清軍有充裕的時間，乘機坐大。黃道周眼見鄭芝龍的軍隊不足依恃，與其坐困愁城，不如親自出外募兵，在隆武元年（一六四五年）奏請唐王應允後，便率領學生蔡春溶、賴繼謹、陳駿音、趙士超、毛玉潔等人，由閩江北上，沿途招兵，農夫荷鋤相隨，遠近響應，號稱：「扁擔兵」，人數約一萬人。一路上，因爲缺乏糧食，黃道周上奏請求撥發，唐王命令鄭芝龍迅速輸送補給，鄭芝龍不但不答應，反而百端設計造謠陷害，幸而唐王聖明，對黃道周獎賞備至。

黃道周雖然缺乏糧食補給，可是他仍舊一本初衷，倡導仁義之師，浩蕩前進。十月一日，終於到達江西廣信（在上饒縣），而在七日前，安徽徽州（在歙縣）已被清兵所破，兩地相隔大約只有一百里。稍作停頓後，黃道周在十月九日調兵遣將，把軍隊分成三支前往對敵，一支前往江西撫州（在臨川縣），一支前往江西婺源縣，一支前往安徽休寧縣，其中以駐紮在婺源縣的兵力最強。

十一月，黃道周在廣信聽說駐紮婺源以及休寧的二支軍隊，相繼被清兵打敗，正準備重新招募軍隊，以圖東山再起，可是沒多久撫州的軍隊又被打敗，這時黃道周的軍隊只剩下一千二百人而已，一方面等不到救兵，一方面又沒有糧食補給，廣信實在岌岌可危。但是黃道周毫不畏縮，他在十二月六日親率所餘軍隊自廣信向婺源進攻，結果前後受敵，十二月二十五日，黃道周及學生全爲敵人所俘虜。黃道周被捕後，曾經絕食十四天，但不死，清人派漢奸洪承疇等以各種方法，威迫利誘，勸導他投降，而他始終堅守貞節，寧死也不向敵人屈服。隆武二年（一六四六年）三月五日，黃道周和賴繼謹、蔡春溶、趙士超、毛玉潔四位學生，同時在南京東華門從容就義，他們師生視死如歸的精神，實在令人敬佩不已。

二、學術思想

1 致知的本體

黃道周做學問的途徑，偏重於唯心論，由朱熹對外的格物窮理，變爲向內的格心求性，與王守仁的思想類似。王守仁因爲格物格不通，便轉而去追求存在於內心的天賦良知，以爲良知包蘊著宇宙萬物的原理，這和黃道周所定的路線是一致的。

黃道周以爲古代聖賢所做的學問，只在致知二字，知就是知止，要能止於至善。陸象山學派說止字，就是向空中去追尋宇宙的原理，黃道周認爲空中沒有一個止處；朱熹學派說止字，就是隨著萬物去窮究事物的原理，黃道周認爲萬物無法窮究，沒有止境；黃道周認爲只有止於至善，才是做學問的正途。至善並不是外在的物體，而是存在於我們身中，是秉承上天的賦予所生成的性，天地萬物都有這種性的存在，所以至善又是一種確實存在的東西。這種東西，非常精純，遍佈在我們全身，獨知獨覺時，便是我們的情感意志；當它在人羣中互相比對照應過後，產生共知共覺時，就是天下國家整體人類的共同意念。一般人對於這一點都不明白，將人身內外看成好幾種事物，若有若無，愈離愈遠。以聖人來看，世上只有一種至善的性，極明極親，毫無一絲障礙，這種性澈地光明，沒有邪惡的成分，如日月一般，所以《大學》說：「大學之道，在明明德，在親民，在止於至善。」道理就在此。宇宙萬物，不論有無形象，都可以靠著這一種性加以貫通，是上天所安排的，而不是人力所能造作的。瞭解這一點，那麼大而至於天下國家，小而至於家庭個人，就不再有所分別，宇宙萬物和我們人類也就可以合而爲一了。否則，一個人不管讀多少書，寫多少文章，在黃道周看來，都是浪費的。

從以上一段的說明，我們可以知道，黃道周是偏於向內的工夫，走入玄妙的境界，致知所要追求的本體，就是性。因此他解釋致知就是知止，知止就是至善，至善就是性，性就是致知的本體。當有人問他：孔門只是論仁，別無其他要義，那麼窮究事物的知識，是否就是仁呢？黃道周的答案是肯定的，他以爲一個人認識仁，那麼天地萬物的一切道理，便自然存在我們的性中，不用再去向外探究，因此，當一個人懂得了性，便可以治理全世界，而不感到有絲毫的困難。所以黃道周覺得明白性是最切要的，一個人能否遷善改過，都要看性的明暗盈虧而定，就像豎立一根竹竿，馬上可以見出影子來，因此，一個人先要認識性，才知道如何去做人。黃道周自稱讀書四十年，只曉得性這個本體，其他一概不知，可見他是多麼偏於向內的學問的極端了。

2 性與氣質的分辨

黃道周對於致知的本體——性，有非常精到的見解，他在和門人的問答中，不斷地反覆中論有關性的問題，目的就是要證明宋儒所言的氣質的性是不對的，在他看來，性歸性，氣質歸氣質，彼此不能混而爲一，不能不有所分辨。

什麼叫做性，黃道周認爲性含有動靜兩面，該走就走，該停就停，一動一靜，都能配合本分，恰到好處，這就是性，也就是《中庸》所說，性是中和的。宇宙萬物，不論是有無情感意識，有無氣息知覺，都是由於中和生聚而來，蕃變而去。當中和的性藏匿在內，這時是孤獨的，譬如萬物是在歸根蟄伏的時候，個個都有戒慎恐懼的意思，不敢蒙騙自己。當中和的性顯現在外，這時是有節制的，譬如萬物是在敷條生育的時候，個個都有適可而止的意思，不敢超越範圍。總之，中和絕對沒有過度與不及的毛病。一個人明白了這一層道理，那麼喜怒哀樂，自然都會適當合宜了。

可惜的是，一般人都不能明白性的本義，往往將性與氣質合爲一談，所以有所謂氣質的性的說法，有所謂性氣一元的說法，在這裏，黃道周提出了個人的意見，大反宋儒的窠臼。

黃道周說，古今聖賢，只有周公、孔子、子思、孟子認識性字，荀子、揚雄、周敦頤、程明道只認識質字，告子稱性無善惡，仍舊是把性錯看成質字。《易經》說：「繼之者善，成之者性。」萬物繼承天地原始的善而成性，所以善是萬物所得以生的，性是萬物所得以成的。講到猿靜、狙躁、貓義、鼠貪、豸直、羔馴、雁亭、雉介，這些都是質上的事，與性無關。至於入水入林能飛能躍的道理，才是性，這是天地預先爲萬物所作的安排，在後天上，萬物是無法改變的。

黃道周更進一步談到性與氣質的比較。譬如火向上燒是性，所以能發光是氣，火光有明有暗、有青有赤，是質；水向低流是性，所以能流動是氣，而水有輕有重，有甘有苦，是質。可見氣是萬物生成的原始力量，其中有陰陽五行的分辨，質是附著氣而來，有好壞敏頓的差異，而性則是萬物生成的至善法則，所有山川草木、飛潛動植，和我們人類都是一樣的。

有學生問黃道周，天有氣數，就像人有氣質，人性無所依附，只依附在氣質上，天命無可察覺，只能從氣數上察覺，所以講到氣質，心性便在其中，講到氣數，天命便在其中，實在不必強分天命與氣數，人性與氣質。對於這個問題，黃道周的答覆是，要將二者合在一起，並無不可，但是要從精微處加以探求，就不得不有所分辨。說氣數，福禍是不同的，說天命，則有正常法則，說氣質，智愚是互異的，說人性，則以至善爲主，氣數氣質隨時都可能有差異，天命人性卻是永遠固定不變的。要窮究天命人性，便不能沾染上絲毫的氣數氣質，對於事事物物，撞破玻璃，當空照過，就好像在萬里晴空，見不到些微的浮雲一般。

3 做學問的態度

身爲一位學者，最大的嗜好就是讀書，讀書，可以脫離周遭環境的羈絆，超越時間和空間，與中外古今的聖賢晤談，從此，學者的生活領域開闊了，知識範疇隨時隨地都在拓展，這種樂趣，凡是沒有讀書之癖的人是無法享受得到的。

黃道周是明朝末年的大學者，也是最懂得如何在讀書上下工夫的人。他認爲人類是經由上天精深微妙的安排而誕生的，並不是混沌無知的降臨到這個世界上，如果是混沌無知的，那麼人類只能是一團具有形體的血肉，那裏談得上聰明才智呢？既然人類的誕生是精深微妙的，在有生之年，就必須要窮理讀書，不能鬆懈懶惰。孔子曾經說明自己的爲人是「發憤忘食，樂以忘憂，不知老之將至」。這也可以說是他老人家做學問的三層境界。可見我們爲人便得盡人的本分，要盡人的本分便需讀書，窮究天地間的道理，不死不休。

孔子所告訴我們的，就是當我們在讀書的時候，必須摒除雜念，專心一志，全神貫注，走進一種沉思忘我的境界。朱子在〈童蒙須知〉一文中，也揭示我們讀書必須整頓几案，使得潔淨端正，將書籍整齊安放，坐直身體，面對書籍，詳細緩慢的看，小心分明的讀。需要讀得字字響亮，不可錯一字，不可少一字，不可多一字，不可倒一字，不可牽強暗記，如此多讀幾遍，自然就會朗朗上口，久遠不忘。古人說：「讀書千遍，其義自見。」道理就是在此。朱子更進一步提到讀書有三到，就是心到、眼到、口到，如果心不在焉，眼就不能將字看仔細，心眼既不專一，就只能在口上隨便誦讀，絕對記不住，即使勉強記住了，也必定記不牢。三到中，心到尤其是特別重要，心既然到了，眼口自然而然也會跟著到。

黃道周對於前人這種讀書的態度，體會很深，他引用孟子的話，認爲讀書和做事一樣，必須盡心，但要盡心並非易事，一般人做事只能盡到三分心，所以很難讀書窮理。孔子說：「知之者不如好之者，好之者不如樂之者。」這就是讀書人三種不同的態度，真正能夠全心全意陶醉在書本中的人，實在是少之又少。黃道周特別指明盡心的重要，他覺得一位真正的讀書人，要能全神貫注，眼光深入字裏行間，讀書才有用處，才能有大成就。

做學問固然要讀書，但是坐而言不如起而行，如果讀書窮理，光說不做，仍舊是死知識，必須要躬親實踐，身體力行才好。黃道周認爲聖賢所著經書，只是一種開道的指南，順著指南的方向去做才是最重要的，所以他曾經提到讀書窮理，所怕的就是不實用，不實用就是坐而言的學問，對國計民生是沒有益處的。其次，他又提到孔子對曾參談道，對子貢談學，學需領悟，要與聰穎的人參證，道需實踐，要與篤實的人推求，也就是說道是行，容易推求，學是知，很難領悟，黃道周這種知難行易的見解，便是他要鼓勵讀書人實踐力行的理由。

4　對於鬼神的解釋

一般人對於鬼神的看法，都以爲是在冥冥之中，專門製造災變，傷害人類的怪異東西，它有著通天徹地的能耐，來無影，去無蹤，到處興風作浪，將人世間攪得雞犬不寧，使得大家心生畏懼，而紛紛以祭祀的儀式，祈禱能免除它的禍害，甚至於希望得到它的庇護。事實上，這是一種愚蠢無知的迷信觀念在作祟。

黃道周拿誠一字來解釋鬼神，破除了世俗的迷信觀念，使人心安理得，不必庸人自擾，產生無謂的恐慌。這種思想，可以說是根據《大學》《中庸》的立論轉化而來。

《大學》談到誠，就是不欺騙自己的意思。譬如當一個人討厭不善的時候，要像討厭臭的氣味一樣，喜歡善的時候，要像喜歡美好的顏色一樣，如此做到真實無妄，一點沒有遮蔽掩飾，內心自然感到舒泰安適，便是誠的表現。所以身爲一位正人君子，在他獨處的時候，也要謹慎小心，不敢隨便胡來。但是邪惡小人平常專做壞事，惹是生非，見到君子便躲躲閃閃地掩蓋自己的缺點，多方設法表現自己的優點，可是在旁人看來，好像看見他的五臟六腑一般，這樣的遮蔽，又有什麼用呢？因爲內心真實的一切，像是一道影子，必然會表現在外無遺，可見誠的重要。

黃道周順著《大學》的這一種思想，以爲鬼神二字，並非什麼怪異的東西，只是在不見不聞中它能見能聞，也就是真實無妄，不欺騙自己的誠。小人一生由於作惡多端，遇見君子自然要躲躲藏藏，但不管他如何善加掩飾，在鬼神的面前，終究是要原形畢露，無所隱遁的。

《中庸》二十三章談到一個人內心能誠，就會表現在外，能表現在外，就會顯著明朗，能見能聞。二十四章又談到誠的作用，可以預先知道未來的事，當國家將要興盛的時候，一定有吉祥的預兆，當國家將要滅亡的時候，一定有妖怪會出現，所有一切的徵兆，都會顯示在蓍草龜甲的卦象上，表現在人體四肢的舉止威儀中，是福可以預先知道，是禍也可以預先知道，所以有誠心的人就像神明一樣，可以洞徹人世間的福禍。

黃道周順著《中庸》的這一種思想，更加直截了當的說，鬼神就是誠，它在不見不聞中，有共見共聞的奧妙，可是一般愚蠢無知的人，對它卻又有神秘不可測的感覺。其實是人同此心，心同此理。當一個人內心不誠，便會有許多邪魔陰惡的事，表現在他的一舉一動中，當一個人內心一誠，便會有許多神明聖賢的事，顯示在他的舉手投足間。瞭解的人知道這就是天命人性，而不瞭解的人便會以爲是怪異的東西了。

總而言之，黃道周認爲一般人將鬼神拿來做祭祀的對象，其實就是誠，是一種人心的寫照。人心像一把火，火有形，形有影，影隨著形，有時正有時倒，有時近有時遠，它可以造福人類，也可以爲害人類，而迷信無知的人竟然把它看成是怪異的東西，當然是要不得的。

5　重要作品的介紹

黃道周一生的歷程，可以說是非常坎坷，崎嶇不平，但是他熱愛讀書，開館講學，從不倦怠，尤其是閉門撰述，成就很高，現在謹將他的重要作品簡單介紹如下：

(一)《榕壇問業》十八卷：這一本書是黃道周在家鄉開館講學時，由學生編輯而成的語錄。明崇禎五年（一六三二年）春天，黃道周罷官還鄉守墓，並在福建省漳浦縣的北山講學。崇禎七年（一六三四年）夏天，改以家鄉的紫陽學堂爲講舍。第二年冬天，崇禎皇帝下令恢復他原來的官職右春坊右中允，要他立刻到京都，才停止講學。《榕壇問業》前十六卷就是這段期間講學的語錄。十七卷寫成於崇禎九年（一六三六年）春天，這時黃道周已停止講學，可是仍舊有人寫信向他求教，他對這些問題都一一的加以回答。十八卷和十七卷寫於同年，這一年有一位名叫蔣德璟的人，提出十八條問題，黃道周請他的學生代爲回答，中間也有一些是他自己的意見。

《榕壇問業》每卷都分別記載黃道周學生所編者的姓名。這本書以致知明善的思想爲主，內容非常廣泛，其中牽涉到天文地志經史百家的各種學說，黃道周都能隨問隨答，加以具體的發揮，而不作浮泛的空談。這是由於黃道周涉獵廣博，對各方面都有精深的研究，所以才能有問必答。雖然這本書有些詞意稍嫌深奧，但是思想內容並不難懂。以往有許多學者的語錄，經常都是一些陳腔濫調、迂腐不實的言論，所以被人瞧不起，可是《榕壇問業》一書，完全沒有這些毛病，是值得一讀的好書。

(二)《三易洞璣》十六卷：這本書寫成於崇禎二年（一六二九年）。所謂三易，是說伏義所造八卦的《易經》部分，文王所作《繫辭》的《易經》部分，以及孔子所作十翼的《易經》部分。所謂洞璣，是說璣衡爲古人測量天文的儀器，按照《易經》所載曆數以測天文，可以洞悉一切，絲毫不差。一二三卷爲〈伏義經緯〉上中下，四五六卷爲〈文圖經緯〉上中下，七八九卷爲〈孔圖經緯〉上中下，十卷十一卷十二卷爲〈雜圖經緯〉上中下，十三卷爲〈餘圖總緯〉，十四十五十六卷爲〈貞圖經緯〉上中下。

黃道周寫作此書，目的就是要以《易經》爲主，網羅古今各種曆數，雖然其中有些部分太過駁雜，但所談義理卻很實在。表面上看起來，這本書像是黃道周一人的創見，然而有許多地方都引用了鄭康成的註解。

㈢《易象正》十六卷：這本書寫成於崇禎十三年（一六四〇年），更定於崇禎十五年（一六四二年），而以三十年前所寫的《易本象》八卷、《疇象》八卷爲藍本。十多年前，黃道周寫成了《三易洞璣》，以各種卦圖來推演吉凶，但是並未說明諸爻的變象，《易象正》則是在每卦六爻的後面附帶加以說明，也可以說就是左氏內外傳所列古時占卜的方法。因此，我們可以說這本書與《三易洞璣》十六卷互爲表裏，有相輔相成的作用。

㈣《洪範明義》四卷：這本書寫成於崇禎十年（一六三七年），是進獻給皇帝的一本書。上卷在說明天人如何感召，性命如何相符，以及好德用人的方法。下卷在說明因果災祥的報應，各種倫常的關係，以及有關陰陽曆數的事。初卷和終卷則是在考正上下二卷的篇章，分別說明前後的順序。

黃道周對於占卜術數有很精深的研究。但是他在談〈洪範〉五行的時候，經常沿用漢朝伏生、董仲舒、劉向等附會的文辭；在談〈洪範〉八政的時候，以食配坤卦，以貨配巽卦，以祀配離卦，以司空配兌卦，以司徒配艮卦，以司寇配坎卦，以賓配震卦，以師配乾卦，已經是非常牽強，又配上六十四卦，先後天圖，更是離譜；最使人感到奇怪的是，他以河圖洛書來配曆數，而說某年到某年是稼穡初期中期末期等，可說是宋朝邵雍所撰《皇極經世》一書的翻版，文字非常散漫紛亂，而內容也只憑猜測，毫無根據。話雖如此說，但是黃道周在這本書中，借用天人感召、性命相符、因果報應、倫常關係等，以勸導明主爲善的用心，卻是使人讚佩的。

㈤《孝經集傳》四卷：黃道周在崇禎十一年（一六三八年）開始寫這本書，到崇禎十六年（一六四三年）才完成，所以內容非常精密。

根據學生所作筆記，可以知道黃道周寫這本書有五點用意：第一、本著生性來推行教育，使人知道不孝就無所謂教育，違反生性就無所謂人倫大道，這是古代聖賢做學問的根本。第二、以禮儀約束教育，以恭敬約束禮儀，恭敬可以使人存心中正，孝順可以使人表現平和，這是古今帝王施行政治的淵源。第三、效法天道地道，言行恭順謙讓，使得天下人沒有暴戾的心，一切罪行打鬥也就不至於產生，這是古今治定動亂的淵源。第四、反對文華的作風，崇尚純樸的實質，以夏朝尚忠、商朝尚質的美德，來救正周朝尚文的缺失。第五、反對楊朱、墨子，要排除佛家、道家等異端邪說，使得不能擾亂人倫五常的關係。以上五點可以說是黃道周寫這本書的綱領。

㈥《禮記註解》五篇：崇禎十一年，黃道周拜官少詹事，註解《禮記》五篇進獻給皇帝：第一、〈月令明義〉四卷，第二、〈表記集傳〉二卷，第三、〈坊記集傳〉二卷（附〈春秋問業〉一卷），第四、〈緇衣集傳〉四卷，第五、〈儒行集傳〉二卷。以上五篇註解，黃道周只花一年的時間就寫成了，因此在考證方面難免有遺漏的地方，而且他經常變亂經文，自立篇目，違反了註解經書的正軌。不過，黃道周寫這五篇註解的主要目的，是要向崇禎皇帝進諫忠言，所談的雖然未必盡合經書原意，但是議論正大，發揮深切，對於世道人心，有很大的助益，這一股為國事憂勞的忠忱，仍舊是值得我們欽佩的。

第八期問業

臘月將還浦守墓，而丐圖請一會於是

林非著為政，非著因聞先儒謂學有三弊：

溺於文辭，牽於訓詁，惑於異端，爲世

此三者則必歸於聖人之道矣。

國家以制義取士，先是制義應試雖世
異端之惑，而訓詁相沿，文辭遞習，渾入膏
肯即不溺文辭，不拿訓詁，猶經註之言同務
須歸聖人之道，甚云排著意思極好香鄉
於手應詞賦追琢之文。三山最盛陳述古起

兩浙之為知言盡性之說與陳烈周希孟
鄭穆三人唱明聞者譏笑久之漸為信從矣
蔡季通之出春陵亦有名士接來譏笑前
儕者相遇數次須以服拜謁其人之志盡完
趣向要真不為流俗所奪耳不畏異端小門

黃石齋遊黃嶂二山賦　白嶽續本

壬申夏月從鍾西下，買舟浙江，直上取道貴池，捫九華之巔，陟降歸省，白
岳出焉。聊度其二山頂，乃黃山僅見其部，雲海之下，九華以青蓮得名，黃
山松軒轅增其山，皆嵯峨崒嵂，萬仞不極，洞窈緬邈，虎兕鸞翔，九
華自南天飛下，黃山自溫泉丹井而上，偃蹇蟻不絕指
人。道士亦多曾　村　往從之遊者，雖其久近殊願，而為鄉攀
陷稽禮一也。余重為經涉，既十許日，歸歸夢寐，見其儔匹者，於渾
之南之，翠館里有郁累之山，駢肆峻削之，數千仞其峰，有集一花香爐
紫雲瑞屏萬仙，齊帝集立鳥頂九十有九，高崗邀迎一之與九華
相似。亦有遊之，嘗其不及於渾之。西南又有大肆之山，飛擷擔睨之
可萬仞，洞壁綿亙，神祠怨絕，積高四府，騰空靈搖徑，其遊峰有
獅子、文殊、靈桐、白塔、積石、天池，龍蹲鸞集，三十有六，一一與黃山相似

吏將戴字

當無不畏者有過之然以翻古逝之流爾來阻作甄越浪於龍津冠

蓋迴于曆異徒有樵夫牧子指顧口口雖在郡邑之內無渡幽之

者紛遽無常浮通遠者貴於無覺獨恆身不悛首於靈之

雖華經修名之不立信清明之在形將遯世以何悶乎下澂之士

遂有獄睨罣罪二邱在固易涉經雷雨道之

維南極之海躋精嶼雞于南澥巔下士使捕予浮駿茂之所在曰綏漳之

陽服有二峨之陰峙字郁罣真以嚴峰抗蒼回天而扶地盤礴鶩於迴

嶐以齶吞吐于千里蹇崒屹以斛覷不自棄其蕪陋幾告遠古

之儼匠扶輈轂而下究出彥夾之處步逾遂駕於遼驟

扶輿既有此精淬乃縱濯而自逕悟層遠之終泰融鋪置于迺

俯眼氣毋以瀨瀨枚幽脹而納日菲粮一世之圖貌黔稚照其脩

嫌天下既不辭出辭之杳然責其天下顧峙峒之既遠睹女凡夫

經由師驪茨而不見何陽首之一區區寨太姥以連巷四柔隊之
未親幔亭抱其璣璜實未免乎鄉人信子相之高馳晁以降
乎北清睹武山嶽與九華羅亭遊於鳳縣元牝嫭其摩子衛二丘
之 如九華既妹乎邦梁武山嶽又易於嚴緯呼鶯鰓之威舞
盡從嵝以魚龍停湖海之盆治錯安置此谿桂樹鷺鴨之翔翠
又何所辨其內外徒以地判陰陽眼分高旁誤迹者以為助激聲嵌
迹存以無交危絕曜光藏影風雲遊於藏鋒既捆其鑣首鄒
崇文飲其幟圖素幽秋深鈞嶼狀然王曲之清矑標眺海外之
蒼然自持翩然不可捫胡然歎念之嗚呼迺乃始在肆擾崎
失地者肆謝寶寸合乎泰山霸雪梅乎姑寀鐵勒有咀冰
之姐日南有長鱗之枯象以剔西遊中睨以篋而眺野麋何為乎
繡闥轉何為乎稍鑄鑄遣物之集置團高之而下 後二嵗之
何知如乃嵬然而遠篠

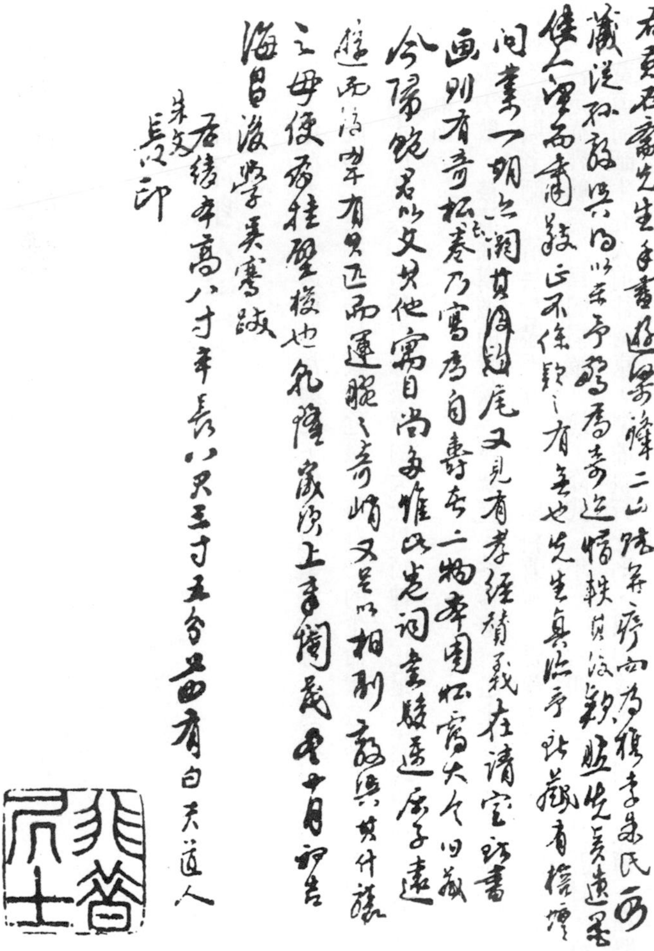

右黃石齋先生手書遊黃蘗二山詩冊，今為檇李朱氏所藏。從秋岳與闇公以米元章顏魯公遺墨歸為寄遊情軼，黃後觀眩然其遺墨使人望而肅穆，正不係筆之有無也。先生真跡平生所藏有檀閣叢一則之潤黃道周尾又見有孝經積義在清宫所書，畫則有奇松卷乃寫為自壽者，二物本園松窩大令舊藏，今歸鮑君以文，其他寫目尚多，惟此卷詞意疑遠，辱子遠遊而得此冊，有其匹而運腕之奇峭，又足以相副，故與其什襲之，毋使為桂壁棱也。乾隆歲次上章閹茂十月初吉

海昌後學吳騫跋

右絹本高八寸，卷長八尺三寸五分。黃西有白天道人

朱文長印

三、對後世的影響

1 忠義氣節深印人心

黃道周一生在宦海上浮沉，日子過得非常窮苦，但是他堅決效忠，對於自己個人的成功失敗並未計較。尤其是在晚年，他不怕一切艱難危險，將自己的生命置之度外，只率領極少數的軍隊，去對抗勢力龐大的清兵，這種以寡擊眾的大無畏精神，正足以表現出他對於明朝忠貞不二、捨生取義的氣節。

當黃道周最後作戰失敗，被清兵虜獲的時候，賴繼謹、蔡春溶、趙士超、毛玉潔等四位學生緊隨在側，誓死不離開老師。清兵想盡千方百計，威利兼施，要黃道周投降，但黃道周一點也不改變心意，決定從容就義，爲國捐軀。唐王隆武二年（一六四六年）三月五日，清兵以小車子分別載送黃道周師生五人前往南京，準備執行死刑，以完成黃道周的氣節。在路上，黃道周回頭看到跟隨在後的四位學生滿臉惶恐的樣子，便笑著向他們說：「沒什麼好害怕的，只要忍受短暫的痛苦，就可以完成流傳千古的氣節啦！」這一段話真是豪氣干雲，震動古今。在車子開到南京東華門的時候，黃道周突然從車上滾落在地，清兵有一位指揮官趕緊把他攙扶起來，安慰他說：「不要怕。」黃道周很氣憤的說：「你這是什麼話？天下那會有怕死的黃道周！只因爲這裏是我們大明皇帝所走過的地方，所以我不能坐著車子經過，但由於我絕食十四天，兩腳酸軟無力，以至於在我走下車的時候，不小心而跌倒罷了。」從這話裏，可見出黃道周對明朝是如何的忠心。清兵的指揮官聽了黃道周的話後，立刻向他下跪說：「這裏是天下人所瞻仰的地方，先生又是如此的疲憊，那麼就請在此地完成大事如何呢？」黃道周很高興的答應了。他家有一位老僕人跑過來請黃道周寫幾個字留給家人，黃道周說：「我能夠爲國犧牲，已經心滿意足，沒什麼話要寫的。」但是老僕人很堅持的一再請求，黃道周不得已，便撕下一塊衣襟，咬破手指，用血寫著：「綱常萬古，節義千秋。天地知我，家人無憂。」他的四位學生也一起寫著：「師存與存，師亡與亡。」然後便壯烈爲國殉難了。

黃道周雖然不幸犧牲了，但是他那種忠義的氣節，不僅使當時的人感動哭泣，也深深地刻印在後代人的心坎上，他可以說是繼承史可法之後，成爲有明一代的完人了。

2 為讀書人樹立楷模

黃道周的學術思想非常精深淵博，不過在實質上並沒有什麼重大發明。從整體來看，他大都是承襲了宋代以來理學家的見解，而且也逃不出明代講學家的範圍。譬如他談到致知所追求的本體是性，也就是王守仁倡導的致良知，他做學問的態度注重盡心，與朱熹所談的三到並無差別，他以誠來解釋鬼神，是從《大學》《中庸》推演而來，雖然他分辨性與氣質，大反宋代理學家的窠臼，但一定要強行把性與氣質分開，未免使人感到懸想空洞，如果能有黃道周那樣廣博的學問當然不成問題，否則就顯得太過於抽象了。

話雖如此，但黃道周卻是一位注重實踐力行的學術思想家，他的學問，既可以用來修養身心，又能夠用來建立事功。譬如他追求至善的性，講究的是仁，沒有邪惡的成分，在這種情況之下，個人的成敗得失算得了什麼呢？他談到誠的重要，一個人必須真實無妄，才能與天地合而爲一，所以他屢次受到奸臣排擠毀謗，甚至於生命有了危險，而他始終是無動於衷，勇往前進。孟子說：「自反而縮，雖千萬人吾往矣。」黃道周有這種偉大的氣魄，是非常難能可貴的。

因此，在國家遭逢到最緊急危險的關頭，黃道周固然無力加以挽救，但是他秉持著至善至誠的心性，臨死不苟，轟轟烈烈的爲國殉難，這可以說是爲讀書人樹立了一個良好的楷模。文天祥說：「孔曰成仁，孟曰取義，惟其義盡，所以仁至。讀聖賢書，所學何事，而今而後，庶幾無愧。」像黃道周這樣的人，可以說是不負所學了。

參考書目

《黃道周傳》　葉英，臺南，自行出版，民國四十八年，臺一版。
《黃漳浦文選》　黃道周，臺北，臺灣銀行，民國五十一年，臺一版（據清道光十年庚寅刊本陳壽祺編《黃漳浦集》選錄）。
《小腆紀傳》　徐鼒，臺北，臺灣銀行，民國五十二年，臺一版，第二冊二九五頁。
《明史》　張廷玉等，臺北，商務印書館，民國五十六年，臺一版，第四冊三一七二三頁。
《駢枝別集》　黃道周，臺北，學生書局，民國五十九年，臺一版。
《榕壇問業》　黃道周，臺北，商務印書館，民國六十一年，臺一版，《四庫全書珍本》三集第一八六—一八八冊。
《黃石齋先生榕壇問業真跡》　黃道周，臺北，商務印書館，民國六十三年。
《黃石齋公伉儷未刊稿》　黃道周、蔡夫人，臺北，臺北市閩南同鄉會，民國六十三年。
《三易洞璣》　黃道周，《清文淵閣四庫全書》本，故宮博物院收藏。
《孝經集傳》　黃道周，《清文淵閣四庫全書》本，故宮博物院收藏。
《表記集傳》　黃道周，《清文淵閣四庫全書》本，故宮博物院收藏。

《月令明義》黃道周，《清文淵閣四庫全書》本，故宮博物院收藏。
《坊記集傳附春秋問業》黃道周，《清文淵閣四庫全書》本，故宮博物院收藏。
《緇衣集傳》黃道周，《清文淵閣四庫全書》本，故宮博物院收藏。
《易象正》黃道周，《清文淵閣四庫全書》本，故宮博物院收藏。
《洪範明義》黃道周，《清文淵閣四庫全書》本，故宮博物院收藏。
《易本象》黃道周，舊鈔本，國家圖書館收藏。
《儒行集傳》黃道周，明崇禎壬午王繼廉杭州刊本，國家圖書館收藏；《清文淵閣四庫全書》本，故宮博物院收藏。
《大滌函書》黃道周，明刊本，史語研究所收藏。
《博物典彙》黃道周，明崇禎乙亥刊本，國家圖書館、史語研究所收藏。

朱之瑜

賴橋本 著

目次

朱之瑜

一、生平事蹟

朱舜水，原名之瑜，字魯璵，舜水是他的號。浙江紹興府餘姚縣人。生於明朝萬曆二十八年（西元一六〇〇年）十月十二日。他的先祖和明太祖朱元璋是族兄弟，在譜系上講，他可以說是皇族，不過派系綿遠，早已獨立門戶了。曾祖名詔，號守愚。祖父名孔孟，號惠翁。父親名正，號定寰。母親金氏，生三子：長兄啓明，一名之琦；次兄重林，一名之瑾；他排行第三。父親曾在漕運方面作過大官。他九歲的時候，父親就去世了。最初他跟從慈谿李契玄求學，後來又隨著吏部左侍郎朱永佑及東閣大學士兼吏戶工三部尚書張肯堂、禮部尚書吳鍾巒等人研究古學，因爲他天資聰明，頗有成就，尤其擅長於詩書。他曾經從南京松江府儒學學生考取恩貢生，考官吳鍾巒對他特別賞識，稱爲開國以來第一。當時正是萬曆末年，政治日非。他感時傷事，因此決定棄絕仕進，隱居田園，但是他的父兄愛惜他的器度不凡可以大用而不允許，於是每逢考試的時候，他不得不參加，卻以遊戲了事。

從他二十歲（萬曆四十七年）到四十歲（崇禎十二年）這二十年之間，正是滿清不斷侵犯和入寇時期，國內流寇又告蜂起，國勢已經十分危急。在朱舜水考取恩貢生之前，提督蘇松等處學政監察御史亓某就曾經向禮部保舉他文武全才第一，但沒有被徵用。他四十四歲時，鎮守貴州等處總兵官方某曾經請他作監紀同知，他不就任。這個時候，流寇聲勢越來越大。崇禎十七年（一六四四年），他四十五歲，李自成攻陷北京，崇禎皇帝縊死煤山。不久，福王由崧即位於南京，改元弘光。這時，江南總兵方國安曾經推薦他，並且奉了皇帝的詔命特別徵召他，他不就任。弘光元年（一六四五年）正月，皇帝又下令徵召他，他也不就任。四月由於荆國公方國安的推薦，朝廷任命他作江西提刑按察司副使兼兵部職方司郎中監荆國公方國安軍，他又不就任。爲什麼朱舜水屢次被徵召，都不就任呢？一方面因爲當時天下大亂，君子道消，小人道長，形勢非常險惡，不是他一人所能挽回；而且家裏有年老的母親需要他孝養，義不得許君以死。一方面因爲當政者馬士英，是一位奸相，馬士英曾經派遣親信，請託朱舜水的親家何東平，到寓所再三勸勉舜水出仕，如果他接受徵召，一定會受馬士英的重用，既受重用，自然需要感恩圖報；如果與相首尾，就是和奸臣同黨；如果直行無私，就是背義忘恩；都免不了被君子恥笑，而成爲天下萬世的罪人，所以他不顧身家生命的危險力辭徵召。可是這麼一來，馬士英這一黨人就紛起攻擊，責備他違抗皇上的旨意。在專制時代，違抗皇帝旨意是有罪的，當時朝廷之中，交章彈劾他，說他不奉行朝廷的命令，沒有人君的禮節，於是他不得不星夜遁逃。這時恰好有左良玉的兒子左夢庚背叛朝廷，羽檄張皇，所以他纔能免於被逮捕。朱舜水看到當時馬士英等奸人枉法弄權，南京的偏安朝廷毫無振作，深感天下事不可爲，乃不得不由海濱逃亡到日本的長崎，等待時機，徐圖別策。

朱舜水是在弘光隆武元年（一六四五年），也就是清順治二年春天渡海到舟山的，同年五月清兵攻陷南京，福王出走。六月，清兵下浙江，方國安、馬士英投降。福王逃到蕪湖被叛將田雄劫持降清。福王敗亡後，明室產生了兩個領導力量：鄭鴻逵、鄭芝龍、張肯堂、黃道周等擁戴唐王聿鍵，稱帝福州，建號隆武；而張國維、朱大典、張名振等擁立魯王以海，監國浙江紹興。閩浙兩個力量不但不能合作，反而互相摩擦，因而大大的減少了反攻的力量。不久，清兵攻取福建，殺了隆武帝。這時在中國西南方面的明朝舊將已經擁護桂王由榔，稱帝肇慶，改元永曆。這樣，隆武力量消滅後，明朝的力量還有桂王和魯王。魯王先率領部下進佔南澳島，然後攻取舟山羣島。朱舜水在魯王監國二年（一六四七年），即清順治四年，從舟山第二次到日本，從日本又轉往交趾。不久，又從海外回到舟山。此後在舟山大約住了六七年之久，中間曾去日本。在舟山的時候，他和經略直浙兵部左侍郎王翊，深相締結，並且與舟山諸將密商恢復明朝的方策。他之所以屢次去日本，是想以王翊爲主力，借援兵以恢復中原。當魯王駐在舟山時，曾請他主掌兵事，但是他願意作實際的工作，不要接受虛有的名位。他看到國內兵力單薄，各方力量又不一致，成功的希望不多，所以願意經營外邦，徐圖恢復。雖然魯王數次徵召，他都力辭不就。

魯王監國五年（一六五〇年），清順治七年，朱舜水飄浮海上，被清兵發現，清兵白刃合圍，逼迫他髡髮投降，他誓死不降，談笑自若，毫不懼怕，同舟劉文高等七人受他的義烈所感動，駕船將他送回舟山。魯王監國六年（一六五一年），他又去日本。以後又由日本到安南。飄泊海外，不覺又過了幾年。監國九年（一六五四年）三月，魯王又降詔徵召他，但因他東西飄泊，住處不定，不能很快達到。當他最後在交趾時，纔輾轉收到詔書。他捧著詔書唏噓慷慨，想轉赴思明（即今之廈門），返回舟山。恰在這時候，安南國王需要中國識字的人擔任某項工作，有人推薦他，府吏便把他捉到官裏去，面試作詩寫字。他不肯作詩，祇寫著：「朱之瑜，浙江餘姚人，南直松江籍。因中國折柱缺維，天傾日喪，不甘薙髮從虜，逃避貴邦，至今十二年，捐棄墳墓妻子。虜氛未滅，國族難歸，潰髮憂焚，作詩無取。所供是實。」府吏把他拘囚起來，嚴密監視他。他自料不能逃脫，也不願賄免，便想自殺，以免受辱。繼而又想到別人不知就裏，還以爲是被駭死的，那麼非死於國王之前不得明白。後來安南國王在外營砂召見他，差官叫他下拜，他假裝不知道，差官就用侍班的木杖在沙地上劃一「拜」字，他就借用差官的木杖在拜字上加一「不」字。差官按抑他命令他拜，他揮手脫去，不肯拜。這時國王非常震怒，喝令長刀手「押去」，他滿不在乎，毫不畏懼，昂然就走。於是文武大臣都很生氣，認爲他挾中國的威勢，欺凌小國，一定要殺他。同行的人也都勸他拜，並說：「不拜，必然會被殺，這裏殺人非常慘酷，爲什麼不自愛呢？」他大聲的說：「前天從會安來的時候，已經和親友作過死別了，今日我爲了遵守禮節而死，毫無遺憾，不要嚕囌。」第二天清早，他沐浴更衣，北望拜辭後，就將後事囑託隨行的陸五、蘇五呂兩人，便對差官說：「我是大明的徵士，按照禮節，不能拜你們的國王。我死後，請告知我外江朋友。如果可以收我的屍骨，請題：明徵君朱某之墓。」此後十天，安南國王天天派人在他寓所附近殺人，先梟其首，再將骨肉剁碎，拋撒滿場，招致烏鳶犬豕競來就食，以恐嚇他，但他絕不被威武所屈，始終不拜，最後感動了國王，不但不殺他，反而請求他在安南做官，有太公佐周而周王，陳平在漢而漢興的話。並且允許他攜取家眷，爲他建造府第，他堅決不答應。安南國王派人寫一「確」字來問他的意思，他認爲安南國王有意諷刺他，以爲他不肯臣事國王是不確的，他就作一篇〈堅確賦〉回報安南國王，表明自己堅貞的志操（他後來到日本，曾著《安南供役紀事》一書，以紀念此事）。這時他想從此返回舟山，可是苦無交通工具，乃先回覆魯王一封信，陳述他歷年海外經營的苦心。

當他正要從安南返回舟山的時候，舟山和四明山寨都被清兵攻陷了，魯王走避廈門，他的最好師友王翊、朱永佑、吳鍾巒等人，都已先後爲國殉節。尤以王翊死事最慘，最足表現民族正氣。王翊是在魯王監國六年七月二十四日被清兵所擒的，他在監獄裏還照常整冠掠髮，毫無愁容。滿清獄卒問他什麼原故？他說：叫你們見識見識漢官的威儀。王翊殉節那天，正是舊曆中秋節。清軍因懷恨他的積年倔強，許多人集合起來，用亂箭將他射死。他至死面不改色，正胸被射三箭，他還挺立著。直到他的頭被清兵砍下後，他纔倒下，真可謂壯烈犧牲了。消息傳來，朱舜水大爲悲痛。他爲了紀念他的好友殉國，從此以後就一直不過中秋節。

朱舜水原意本是想回舟山的，而他的復國希望，也都寄託在他的好友王翊身上。他輾轉來往於日本、安南、暹羅等地海外經營，目的是要效法申包胥乞借外師，由他的知友王翊爲主將來領導這些軍隊。他看到吳三桂引清兵入關，因爲主權落在外人之手，遂使中原淪爲異族；只有像王翊這樣的正義之士，纔可以領導外兵，恢復明朝的天下。可是舟山失陷了，他的朋友王翊也殉國了。這時候他真感到天地茫茫，進退失據。他曾經留滯沿海，歷盡艱危。這時鄭成功在廈門準備與張煌言會師入長江，他應鄭成功的邀請，參加這次戰役，隸屬於建威伯馬信營，收復瓜州，攻下鎭江，都是親歷行陣。可是因爲軍隊驕懈，紀律不嚴，不久又被敵人打敗。他衡量當時的局勢，不禁浮起了這樣一個悲壯的觀念：聲勢不可敵，失地不可復，敗將不可振，與其在內地做異族的奴隸牛馬，不如蹈海全節，以保存民族正氣；天地廣大，那裏不可以俶人俶世！最後遂再去日本，留居長崎。這時正是永曆十三年（一六五九年），也是清順治十六年，日本明治二年，他已經六十歲了。日本正當鎖國時期，不許唐人留居本地，日人安東守約非常欽佩他的學問道德，就拜他爲老師，深刻體念他忠義之心，知道他不願意做滿清的臣虜，歸路既已斷絕，復國的希望也破滅了，所以固請他留住日本，並且與同志者連署上書長崎鎭巡，鎭巡破例允許他留居日本。當留事未定的時候，完翁請求他寫一篇文章頌美長崎鎭巡，他拒絕了。他認爲作文自有時候，自有體局，不可隨意阿諛別人。因爲君子一言不智，將會喪其終身所守。雖然當時處境十分艱難，他也不願自貶身價以促成此事。這種富貴不能淫，貧賤不能移，威武不能屈的凜然正氣，最足以表現他壁立千仞的人格。他初到長崎的時候非常貧困，他的學生安東守約想提供俸祿的一半，維持他的生活，他堅持不接受。安東守約說：「先賢有以麥舟救朋友之急者，古人稱師與君父，所在致死，況其餘哉。然則義當悉獻年俸，自取其三分之一。惟辱愛之深，恐不見許。故今取其中，以分其半。若非其義，非其道，則奉者受者，猶之匪人，老師高風峻節，必不受不義之祿，豈以守約之俸爲不義哉！」既然安東守約如此誠意，他情不得已，勉強接受。他留住在長崎，日本許多學者仰慕他的高風亮節，淵博學識，常來領教，他也以開闢日本文明為己志，希望從此奠立中日兩國千年友好的關係。當他身遭亡國之痛，窮途落魄之際，有個歸化日本的和尚叫獨立的，一再寫信勸他削髮為僧，歸依佛教，他堅持不肯。因為明亡之後，滿清政府命令天下百姓俱須剃光頭，不准蓄髮，他就是不願做滿清的臣民纔逃到日本，豈肯把頭髮剃掉。他到日本後仍然穿著明室衣冠，始終如一，方可表現他對明朝的忠貞。他的學生安東守約向他問明室致亂的原因和恢復兵勢，他為此特撰一書，稱為《中原陽九述略》，內容極為沉痛。從書中可以看出，他雖然客居異邦，然而無日不向鄉而泣血，背北而切齒，時常以國仇未雪為憾。

癸卯年（一六六三年），清康熙二年，也就是朱舜水住在長崎的第五年，長崎發生一場大火，他的住所也被焚燬蕩盡，他祇好寄居在皓臺寺的屋簷下，風雨不蔽，盜賊充斥，不保旦夕，情景非常狼狽。他的學生安東守約聞訊，趕緊來替他另籌新居。這時安東守約的妹妹患病在身，而且進入危篤狀態，但是深怕他的老師乏人照料，饑餓而死，即刻由筑後前往長崎，照料一切。事後朱舜水寫信給安東守約，深深感到不安，並囑咐他以後不可如此。由此可知安東守約對朱舜水可以說是仁至義盡，情深意重了。甲辰年（一六六四年），清康熙三年，朱舜水六十五歲，日本宰相水戶侯德川光國（源光國）派遣儒臣小宅生順，到長崎特別訪問他，小宅生順說：「如果東武（江戶）有人尊奉你做老師，你肯去嗎？」朱舜水回答說：「興學設教是國家的大典，而在貴國更為重要，我非常期望貴國能有良好的教育，但是我才德非薄，怎麼足以為人師表呢？如果有人招我，我不計較利祿多少，祇要合乎禮節就可以了。」小宅生順回去後，向水戶侯德川光國稱揚朱舜水的才德文行。水戶侯乃稟明公廷正式聘召他。他和譯者及門人等商議去就，大家都認爲水戶侯好賢嗜學，大有作爲，不可辜負他一番誠意。於是朱舜水乃接受水戶侯的聘請。七月到達武江，水戶侯向他行弟子的禮節，師生相處很好。八月德川光國到水戶封地。九月迎他到水戶。十二月他又回到武江（江戶）。德川光國對他的才德極爲欽佩，想替他在江戶駒籠別莊起建新屋，他堅辭不獲，勉強應許。此後他一直住在江戶，時常來往於水戶江戶之間。德川光國每次引見他，談論經史，講究道義，他都能援引古義，彌縫規諷，曲盡忠告善道之意。諸如興辦學校，選拔人才，廢除淫祠，禁止殉葬……都是他向源光國建議的。源光國每次遇到疑難莫決的事情，沒有不請教他然後纔作決定的，同時的人，沒有比他更受源光國尊重敬仰的。而他對源光國也竭盡自己的力量，全心輔導，甚至連源光國長子的教育問題，也都一一提供意見，源光國都能虛心接受。這時候，他的收入比以前豐富多了，常常想念安東守約的高義千古，時通音問，並常送黃金衣服。安東守約總是將輕的留下，重的退回來。以後他就以絹帛代替黃金，並且寫信給安東守約：「以前你分微薄俸祿的一半贍養我，你自己卻敝衣糲飯，樂在其中，那是因爲你以爲我賢能，而且道理應該如此。豈有有道之人可以忘記人家的恩德呢？你施恩而不放在心上是可以的，但是受恩的人竟然忘記人家的恩惠，還能算是人嗎？大凡賢者處世，不但應當衡量自己，也應當衡量別人。你自居高潔，那麼我就處在不肖的境地，這豈不是和你的初心相違背了嗎？何況這麼做並不是高潔呢？」從此以後，安東守約就不敢拒絕他了。

己酉年（一六六九年），清康熙八年，朱舜水七十歲。他年紀已經大了，精神也差了，就向水戶侯源光國提出辭呈。水戶侯源光國非常嘉許他的肫篤，誠懇的慰留他。他不得已祇好留下來。十月十二日是他七十歲的生日，水戶侯親自到他的住所祝壽，並且張筵慶祝。第二年，他用檜木作好自己的壽器，並向門弟子講述他的動機：「我既然志在四方，自誓非等到中國恢復絕不回去。一旦我老病不起，那麼骸骨就無法歸葬於家鄉了，一定要埋葬在這裏。可是你們都不懂製棺的方法，到時候隨便製作一個，工作一定不精細，幾年之後必定腐壞了。有一天逆虜敗亡了，我的子孫或者有人來請歸葬的。到那時候，墓木已經成拱，棺槨已經朽敝了，這不僅是你們幾位的羞恥，也是你們國家的瑕疵呀！」水戶侯德川光國平素對他很有禮貌，寒暑風雨，必定問候他的起居；供養他的殽饌牲牢，沒有不完備的。在朱舜水六十七歲的時候，德川光國可憐他久客異邦，鄉音斷絕，叫他寄書回家，並允許招一位孫兒來侍養他。當他寄書回國內的時候，他的兒子大成已經死了，孫毓仁和毓德住在外祖姚泰家，得到他的信，驚喜交集，知道他還在人間。他的信中一再叮囑：「祇有治民管兵的官必不可爲，既作了虜官，必不可來；既作了虜官，雖然眉宇英發，氣度嫻雅，我也不以爲孫。」他寫給王師吉的信上說：「德川上公諭令接取小孫來此，如果能找到一位性情可意的孫兒來侍養，晚境稍爲愉悅，也可以解除離鄉的憂愁。一到長崎，便須留頭髮，有如大明時候童子的舊式。並且要做明朝的衣服，但是不須華美。他的頭帽衣裘，一件不許攜入江戶，我不喜歡看那些滿清的服裝。」可見他對滿清痛恨到了極點，他的志節堅如金石，絲毫不苟，實在令人欽敬。在他七十九歲的時候，他的長孫毓仁來日本，到了長崎，可是礙於法令，不能到達他的住地武江。而他也因爲年老多病，無法前往長崎，祇有書通情款。人世間的事，真是再沒有像這樣慘痛的了。德川相國憐憫他的淒涼情況，想將毓仁留下侍養他；但毓仁是奉母命而來的，必須回家報告母親後再來。於是德川相國乃派舜水的門人今井弘濟往長崎厚賜毓仁。當毓仁回國時，他寫信審問祖宗的墳墓以及舊友的存亡，並且諄諄告誡毓仁：「國家既然已被滅亡，你們的生活一定很貧窘，能夠閉戶讀書最好；農圃漁樵，孝養二親及百工技藝，自食其力也可以；萬不得已，傭工度日也不妨；無論如何，不能替滿清做官。」

己未年（一六七九年），清康熙十八年，朱舜水八十歲，生日的時候，德川相國又設養老的禮節，前一天親自到他的住所祝壽，並且送給他羔裘鳩杖龜鶴屏等二十種禮物，當天德川相國命令屬下演奏古樂來慶祝。庚申年（一六八〇年），朱舜水八十一歲。從六十歲以後，他因憂慮家國，抑鬱寡歡，患了咳血二十餘年，由於他平時保養有方——懲忿窒慾，克制自己，所以精神一直很好。但是過了八十歲以後，老病漸漸多了，皮膚乾燥，身體衰弱，身上生了疥瘡，起坐都不方便，整天躺在床上，十分痛苦。辛酉年（一六八一年），朱舜水八十二歲，身體更加衰弱，德川相國屢次派人問候，餽送菓穀，並且指定醫官奧山玄建診察進藥。起初，他每次生病，都服用玄建的藥。到了這時候他就不讓玄建診脈，因爲玄建是醫官，常在公侯之門，醫療權要的病；現在他疥癢浸淫，手足污爛，如果使玄建診脈，恐怕傳染醫手，那麼就會連累許多人，這種利己而損人的事情，他不願意做，雖然玄建屢次懇請，他都拒絕玄建替他把脈。玄建不得已，祇好望聞而制藥，他也照樣服用，不忍心違背德川相國的一番好意罷了。

壬戌年（一六八二年），清康熙二十一年，三月，他設宴招集親友及門人等。他勉強坐起來，諄諄教誨，做了永訣。四月十七日，沒有任何疾病，語言聲色也和平日沒有什麼兩樣，到了未時，奄然去世，享年八十三歲。德川相國歎惜不已，親自送葬，親題神主，世子也參加他的葬禮。四月二十六日埋葬在常陸久慈郡大田鄉瑞龍山麓。在他死後三年，他的長孫毓仁又來到長崎，問候祖父的起居，但是他已經去世三年了。德川相國贈以朱舜水遺物及若干金帛，毓仁遂痛哭返國。朱舜水雖然寓居日本，卻至死不忘恢復祖國，日儒原善所著的《先哲叢談》中曾記載他積蓄錢財，應圖恢復的事：「朱舜水冒險犯難，輾轉落魄了十幾年，纔來到此地（日本）。起初，非常困窮，不能維持生活，安東省庵師事他，贈給他俸祿的一半。後來水戶侯德川光國聘他擔任賓師，待遇很好，每年收入很多。他生活十分節儉，絕不浪費，甚至有人譏笑他太吝嗇了。他死的時候居然儲蓄了三千餘金，完全交入水戶庫內。新井白石說：舜水省吃儉用，儲存錢財，不是偶然的，他是準備做爲恢復國家的經費，可惜時機未到就去世了，實在可惜呀！」

二、學術思想

1 實踐哲學

在中國的學術史上，明代是理學發達的時代。但是一方面因爲明代用八股文擧士，讀書人以剽竊前人的文章爲工，以求取功名爲志向，沒有幾個真正研究學問的人。而且那些八股文，就像塵飯土羹一樣，毫無用處，與研究學問的道理，更是相去甚遠。顧亭林先生就曾經說：「八股文的害處，等於秦始皇的焚書；而敗壞人材，更甚於咸陽的坑儒。」另一方面當時講道學的人，又多高談性理，不切事情；徒尚空談，無補實際；最後造成明朝的滅亡。直到明末，國家遭遇變故的時候，一般才俊之士纔覺悟過來，他們痛矯八股文的弊病，摒棄浮華的習尚，專門研究實用的學問，希望以學術來治理國家，弘揚教化，濟世救人。他們以爲讀書是爲了行道，不是爲了干祿，而所謂道，就是經邦弘化康濟艱難的道理。於是形成實學的風氣。梁啓超所謂清初五大師——顧亭林、黃梨洲、王船山、顏習齋、朱舜水，就是當時最著名的學者。雖然各家學說不盡相同，但都是崇尚實用之學，演變到後來，就變成了清代的樸學。

朱舜水在國家變故以後，奔走海外，深知迂腐的學問，無裨實用。所以不把循行數墨當作學問，而認爲開物成務經邦弘化纔是真正的學問；大而國家的禮樂刑政，小而一切的制度，沒有不廣博研究的；他教導別人，從來不高談性命，徒託空言，衹以孝弟忠信的道理誘掖獎勵；而他所談的道理，從不離開民生日用彝倫之間；本乎誠而主乎敬，發於言而徵於行。他的學問在於木豆瓦登布帛菽粟那些實用的東西，不像另一位日本大儒伊藤誠修那樣專門講究雕文刻鏤錦繡纂組的學問。他在日本講學的時候，許多日本人想要跟他討論道學方面的問題，他都拒絕了。他與安東守約的書信中，屢次排斥空談性理天理而不即事以求理的錯誤。他拿良工跟道學作一譬喻：「古時候有一位非常巧妙的工匠，能夠在棘端雕刻沐猴，耳目口鼻刻得十分相像，連身上的毛髮都可以看得到，這種工藝雖然巧妙，可是對人類社會有什麼益處呢？我的道理跟他不同，不用的時候就退藏起來。萬一能夠大用，可以使時和年豐，政治還醇，風俗歸厚，絕不像宋儒一般，辨析毫釐，不曾做得一事。」

朱舜水的學術思想，雖然在日本學術史上獨成一派，叫做水戶學派（創始於他的學生水戶侯源光國），與當時朱子學派、陽明學派並列。但是追根究底，他的學術理脈實在本源於朱子，而加以擴充罷了。他認爲一切學術都要以實用爲指歸，所謂實用，不外是一些民生日用彝倫間的事情，而這些民生日用彝倫之間，莫不有它當然的道理存在著，衹因受人慾所蒙蔽，所以它的道理有所不通，故須本之以誠，以存其真。他以孔子回答顏淵問仁來說明這個道理：顏淵問仁，孔子不以惟精惟一的奧妙道理回答他，反而說：「克己復禮」，「非禮勿視，非禮勿聽，非禮勿言，非禮勿動。」視聽言動乃是耳目口體間的常事，非禮則是中智的人所能衡量的，而「勿」又是下學的人所應當持守的。難道說夫子不能說玄說妙言高言遠嗎？或者顏淵的才能不能爲玄爲妙鶩高鶩遠呢？何以孔子所傳授的止於日用之能事，下學的工夫呢？原來道之至極就在這裏，不必好高鶩遠呀！因此朱舜水的學術即以誠爲出發點，由此而居之以敬，敦之以禮，問之以學，最後的目的則在實行。「存誠」爲基礎，「實行」爲目的，而以「居敬」「敦禮」「問學」爲其手段，這就是朱舜水一貫的「實踐哲學」：

存誠——居敬——敦禮——問學——實行

・存誠

誠是真實的意思。一切道理具備在我心中，真實無僞，這本是自然的現象。但因世降俗薄，天理被人欲所蒙蔽，於是道理有所不通。所以朱舜水提出存誠的辦法，屏絕人欲，以存天真，使上天賦予我的道理，不被外物所蒙蔽。誠是一切做人做事的基礎，基礎穩固，則做人做事的道理都可以通行無礙；就好像蓋房子的時候，基礎如果鞏固，那麼堂構壼奧，淩雲九層，都從這個根基建築起來；如果沒有根基，雖有楩楠豫章，淩雲巧構，也沒有辦法蓋起房子來。誠是一切行爲的原動力，也祇有誠能夠感動人，因爲能誠，就可以始終如一，表裏一致，敬信真純，往而必孚。朱舜水平日言行之間，內不欺己，外不欺人，行而不言的也許有過，卻沒有能言而不能行的。如果不誠，不但欺騙別人，而且也欺騙了自己，理性盡泯，放辟邪侈，無所不爲了。所以朱舜水平時教學非常重視存誠的工夫，不僅是要矯正明代虛僞的風氣，而且因爲誠是一切進德的根基。

·居敬

居敬是存誠的手段。天理雖在我心，但恐被外物所蒙蔽，所以必須居之以敬，時時刻刻涵養省察，道德纔能日漸進步。這就是程伊川所說的「涵養須用敬」的意思。朱舜水有一篇〈敬齋箴〉，就是強調敬的重要。他認爲人的德行，沒有比敬更爲重要的了，而人的行爲決定在一念之間，必須戒慎恐懼，以遏止人欲的發作，這就是內敬其心。而在衣冠瞻視，威儀態度方面也要時刻檢點，不可疏忽，這就是外敬其行。能夠內敬其心，就可以夙夜匪懈，常有自強不息的氣象；能夠外敬其行，就可以整齊嚴肅，周旋進退之間完全合乎禮儀。所以說敬是一切德行的根本，沒有敬，一切禮節都行不通了。

·敦禮

禮是天理的節文，人事的儀則，也是國家的楨幹。如果一國的人民能夠講究禮節，則一切行爲都能合乎規矩準繩，國家就可以長治久安；否則禮節不行，上下昏亂，國家那有不被滅亡的道理。朱舜水認爲明朝被滅亡及鄭成功所以失敗，都是禮教崩潰的緣故，因爲當時的士大夫好爲脫略，佻達自喜，屏斥禮教，把禮教當作骨董，當作討厭的東西。他對歷代禮儀制度，非常有研究。他曾經替水戶侯源光國作《諸侯五廟圖說》，博採各家的說法，會通經史的資料，並且旁考古今，然後採取折衷的說法，凡是見過的人都說是不朽的盛典。他也曾教授日本的儒學生學習釋奠禮，改定儀注，詳明禮節。又曾經以他的別莊權作學宮，使日本的儒學生一再的學習禮儀，所以當時的學者都能精究禮儀。這對日本的學術界貢獻很大。

．問學

朱舜水既然主張學問以濟世實用爲目的，所學的對象當然不外日常人倫之間的道理，也就是說學問存在於日常生活之中，必須親自體驗纔有心得，所以稠人羣眾之中一定有我的老師，而事務紛錯之際也一定有它的學問，家有母就學孝順，家有弟就學友愛，家有婦就學和睦，有了君上就學忠慎，有了朋友就學信義，無時無地沒有學問存在著。另外朱舜水教他的學生多讀史書，一方面因爲史書文字比較淺易而又切於事情，不像經義那樣簡奧難明，容易厭倦。一方面歷史就像一面鏡子，可以鑑往知來，瞭解一切事情的因果關係，多讀史書可以使人世情通透，義理漸通，尤其像司馬光《資治通鑑》、左丘明《左傳》、《國語》及《戰國策》都是應該讀的史書。這一點與明末王船山、顧亭林、黃梨洲尊史的思想，不謀而合。這種研究歷史的風氣影響日本學術界很大，由他的弟子水戶侯源光國發動編輯的《大日本史》即是受他的影響。

．實行

朱舜水的實踐哲學，以「誠」爲出發點，以「居敬」「敦禮」「問學」爲手段，而最後的目的是要能夠實行。朱舜水認爲求學問應當有實功，有實用，身體力行，方爲有得。他題程明道像，不贊揚程明道的理學，而側重程明道不阿世俗，與其有用之學，因爲程明道仕宦履歷，雖小官必盡其心，奏其效。他雖認爲王陽明的學說有毛病，卻對王陽明的事功大爲讚頌，因爲一個人的事功就是他學問的表現。當時朱熹派的學者與陸九淵派的學者互相攻擊，爭論不休，朱舜水認爲祇要能夠實行，那一派的學說都是一樣，就好像生知學知，安行利行，雖然殊塗，到最後的歸趣是一樣的。又好像人在長崎，要到京城，有的走陸路，有的由水路；走陸路的人需要一步一步走去，由水路的人，如果能夠順風，很快就到了。從陸路，計算日程一定可到，坐船卻須得順風才可到，否則累日坐守也到不了。只看那一個人先到，豈能說從水路不對？或從陸路不對呢？其實陸派主張尊德行，而朱派主張道問學，各有他們的長處。朱舜水的學問，雖然大部分用歸納的方法，求得它的結論，但有時也用演繹的方法，斷然獨行。他的學識雖然根源於朱熹，卻並不壓抑陸九淵，就是這個原故。他曾說：宋儒的學問，是可以效法的；宋儒的習氣，卻不值得學習。大概因爲宋儒能言而不能行罷。

2 政治思想

政治與經濟的關係非常密切，中國古代的政治家懂得這個道理，都是先圖經濟上的鞏固，然後纔及於政治上的措施。其實廣義的政治應該包括教養兩方面，而且是先養後教的。孔子曾告訴冉有治國的道理：先安定人民的生活，人民都富庶之後，再施以教化。管子也說：衣食充足纔知道榮辱，倉廩充足纔知道禮節。可見古代的政治是教養兼施的。保民與理民的道理，本來就應該並行而不廢的。朱舜水元旦賀水戶侯德川相國也認爲政治的道理有二種：一是養民，一是教民。養民優先，教民重大。因爲不養民則教化無法施行，這就是孟子所說的人民貧困，求取衣食都來不及，那裏有時間顧到禮義的事情呢？但是人民沒有教化，養民的工作無法做到圓滿的地步，這又是孟子所說的飽食暖衣，逸居而無教則又與禽獸沒有分別了。朱舜水回答弟子安東守約問明室致亂的原因，寫了一篇〈中原陽九述略〉，他認爲明室致亂最大的因素，一方面是政治的腐敗，一方面是經濟的崩壞。明代用八股文舉士，當時的士子只曉得寫八股的文章，以求取功名爲志向，根本不曉得讀書的目的，寡廉鮮恥，不知仁義禮智爲何物，一心剝削人民，奪取財產，那有忠君愛國，濟世救民的抱負？這些貪官汚吏，魚肉鄉民，百姓恨之入骨，所以流寇一起，百姓無不內外響應，來推翻這些貪官汚吏，一方面明朝末年賦稅非常繁重（尤其是礦稅），上下交征，重重剝削，人民已經到了無法負擔的地步。再加上土地集中，一般小民既喪失了他們的土地，就無法生存下去，於是各地釀成了暴動，李自成、張獻忠等紛紛而起，尤以李自成勢力最大，攻陷北京之後，就散佈流言，提倡均田均役的說法，正好投合人民的心理，因爲這時百姓正苦於喪失土地，也負擔不起政府的苛稅，於是合心一力，幫助逆虜，這是明朝滅亡最大的因素。經濟的崩壞就是不能養民，而政治的腐敗則是不能教民。朱舜水認爲消滅敵人沒有什麼奧妙的方法，祇要事事與敵人相反就行了。敵人貪殘，我就實行仁義；敵人迫害人民，我就解救人民，把他們從水深火熱之中解救出來，使他們登上衽席之上，以天下人民當作我襁褓中的赤子一樣愛護。這樣天下的人那有不羣策羣力，來報十七年刺骨的深讎呢？（這時明亡已十七年）敵人雖有神謀秘策，也沒有辦法再度施展，何況黔驢之技早已被人民識破了。可惜明末的政治太腐敗，民心已經喪失殆盡，無法挽回了。

朱舜水的政治理想很高，不祇是教養而已，而且希望能夠達到大同的世界，他在元旦祝賀水戶侯德川相國的書上就曾引用〈禮運大同〉篇的大同世界來勉勵德川相國，並且希望能夠親身見到大同世界的實現。當然要達到大同世界必須以教養爲基礎，尤其注重教化的施行。朱舜水到日本以後，最關心的是日本的教育問題，諸如建設學校，興辦教育，選拔人才等等，因爲要想興道致治，移風易俗，必須先舉辦教育；要想達到世界大同的境地，更非把教育辦好不可。朱舜水眼光遠大，胸襟開朗，他到日本講學以後，對日本學生期望很大，認爲是日本文明開闢的最好機會，也是中日兩國千年和好的良機，這種四海一家，一體爲親的見解，豈不是大同思想最好的表現。

3 技術

朱舜水講究實用的學問，他認爲空談學理，無補於事，應該實地創作，改善人民的生活。其實人類社會的發展，是以經濟的發展爲前提的；而人類經濟的發展，又決定在生產技術的改進。所以生產技術關係人類的生活極爲重要。朱舜水不但精通中國歷代的禮樂刑政，對於生產技術，也有深切的造詣。他的弟子安積覺在〈文恭行實〉一文中稱讚他：格物窮理，志慮精純，從古今禮儀以下，就是農圃梓匠的事情，衣冠器用的製作，都瞭解它的法度，窮盡它的工巧，連內行的人也都佩服他的多才多藝，既賅博又精密。他曾經商榷古今，剖微索隱，創作了〈學宮圖說〉。水戶侯源光國就依照他的圖，命令梓人造作三十分之一的模型，棟梁枅椽，無不悉備，而殿堂結構的方法，梓人所不能通曉的，都由他親自指導講授。至於度量尺寸，湊離機巧，教諭縝密，整整花了一年纔製作完畢。其中有文廟、啓聖宮、明倫堂、尊經閣、學舍、進賢樓、廊廡、射圃、門樓、牆垣等等都非常精巧。這個學宮圖三十分之一的模型，現在還保存在水戶弘道館裏。而現在東京湯島聖堂，就是依照這個模型製作而成的。

水戶侯源光國後樂園的石橋及舊水戶藩弘道館也是他製圖設計，指授梓人法度纔建造起來的，連梓人都自愧能力不及他呢！他不但是一位建築家，對器物的製造，也有深刻的研究。在他七十一歲的時候，曾用檜木作壽器，又製作古升尺及祭器，像簠簋、籩豆、登鉶及周朝的欹器，他都依圖考古，覈其法度，巧思默契，指畫精到；然後傳授給工師，工師屢次諮詢，還無法明白，於是他親自指點輕重，訂定尺寸，機關運動，教導一年，纔能製作完成。

朱舜水不僅精通宮室及器物的製造，就是衣服裁成的方法，也無不通曉。水戶侯源光國曾請他製定明室衣冠，有朝服、角帶、野服、道服、明道巾、紗帽、幞頭等等。其他如蠶桑製絲的技術，醫藥種痘的處方，以及動植各物，也都能說明它的形狀，分別它的功用，所以源光國稱他是一位經濟家，如果在曠野無人的地力，士農工商各業，他都可以兼通，大而禮樂刑政，以及田園、耕作、酒食、鹽醬等事，他都可以勝任愉快。因爲他所研究的是一種經世濟民的學術。

4 詩文

朱舜水既然主張實用之學，對明代流行的八股文，詆毀甚力。他認爲八股文不是真正的文章，祇是讀書人志在利祿，藉八股文以求祿仕，他們那裏知道仁義禮智的道理，那不是真正的學問。他曾回答安東守約問作詩文的方法：讀書人最可貴的，就是能夠修身，身既修以後，需要博學來充實，學問廣博了，必作文章來表達，所以不讀書就無法作文。不能作文，雖然學富五車，忠如比干，孝如伯奇曾參，也無法表達出來。因此修身博學是第一義，而作文爲第二義。他認爲文章是用來明理載道的，是實用的東西，不是一種裝飾品，雕鏤龍文，祇求好看的。文章以內容爲貴，不必斤斤於章句之間。他又告訴安東守約：大凡作文章，需要根本於六經，輔佐以子史，再潤色之以古文，內容充溢之後，下筆自然湊泊，不期文而自文；如果刻意爲文，就不是文章的最高境界。總之，要作文，必須熟讀書；非讀書不能作文，這是朱舜水作文的口號。

至於詩賦，朱舜水認爲無俾實用，並不提倡。他給奧村庸禮的信上說：吟詩作賦，不是真正的學問，曠日費時，大可不必。「空梁落燕泥」，工則工矣，可是對治理有什麼益處呢？「僧敲月下門」，覈則覈矣，對民事有何補益？「雞聲茅店月，人跡板橋霜。」新則新矣，可是何當於事機？詩賦既然是無根的華藻，無益於民風世教，就不必浪費時間去創作了。儘管他反對作詩，但他的詩卻寫得很好，他有一首〈錢塘〉詩：「天際銀幡立，鴟夷怒未消。定知千載上，江水不生潮。」意境高遠，尺幅千里，絕不是晚明諸子所能寫得出來的。

5 著作

朱舜水一生注重事功，輕視文學，流亡日本後，賢明的水戶侯源光國奉為賓師，籌謀規諷，不少可以見諸施行的事；不像明末遺老——顧亭林、黃梨洲、王船山、李二曲等人，晚年惟欲以著述流傳於千百年之後。所以他沒有雄篇大作。舜水去世以後，加賀侯前田綱紀命儒臣源剛伯（二位皆舜水弟子）編次他的作品爲《明朱徵君集》十卷，刊行於貞享元年（一六八四年），也即是清康熙二十三年。其後源光國命水戶儒臣類次朱舜水的作品爲二十八卷，皆是他在海外的文字，六十歲以前，在中國的著作完全不見了。住在長崎時候的著作是他死後安東守約所收錄的，其中包括他在交趾時候的作品。寬文五年（一六六五年）舜水住在江戶以後，自己開始收錄文稿，天和二年（一六八二年）冬，舜水故第發生火災，水戶侯乃命令府下士取出收藏的舜水遺稿，旁搜博採，編輯成書，題：「門人權中納言從三位源光國輯，男權中納言從三位綱條校。」卷頭有安東守約的序。正德五年（一七一五年），也就是康熙五十四年刊行於京都。明治末年稻葉岩吉博士始合校兩本，其中相同的，都採取水戶本，並收錄水戶本所沒有的，又從清人張廷枚《姚江詩存》中輯到舜水詩十五首，名爲泊舟稿，附錄可以考證舜水在日本生活的文字若干篇，並舜水雕像墓影墨蹟等，合編爲《朱舜水全集》，開卷有男爵後藤新平的序，明治四十五年（一九一二年），亦即民國元年刊行於東京文會堂，這是朱舜水著作中最完備的。民國二年，會稽馬浮氏取稻葉本，重訂爲《舜水遺書》二十五卷附錄四卷，刊行於中國，卷端有湯壽潛的序。內容包括詩、賦、疏、揭、書、啓、議、序、記、跋、論、辯、贊、箴、銘、策問、雜帖、答問、雜說、碑銘、祭文、字說、札記、雜評、雜著、雜題識等。卷後有〈改定釋奠儀注〉、〈陽九述略〉、〈安南供役紀事〉、附錄等。民國二十五年世界書局以《舜水遺書》本重新發行，稱爲《朱舜水全書》。

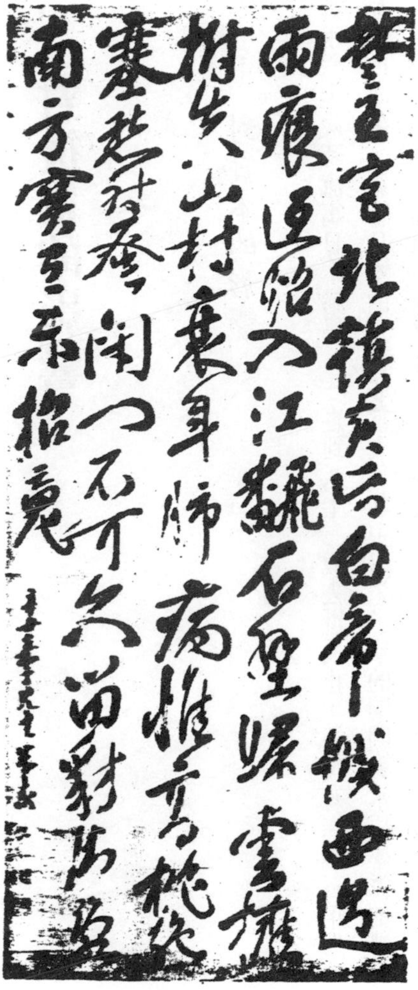

朱之瑜的筆蹟

（市村瓚次郎博士舊藏）

三、對後世的影響

1 對日本的影響

朱舜水六十歲時流寓日本講學，一直到八十三歲去世爲止，前後有二十三年的時間，造就日本無數的學生，影響日本的文化非常大。其中以朱子學的闡明與水戶學派的啓發最爲重要。日本有儒學，可以溯源到鎌倉時代，那時武人喜歡禪學，僧侶多半由宋元而來，他們首先把宋代的性理學傳到日本，尤其是朱熹的學說最流行。但是宋儒談性理，似乎已經受佛學的影響，而日本研究儒學的人，又多半是一些僧侶，所以偏於玄想，流爲空談，而不切實用。朱舜水一向主張重禮尚實，他認爲格物窮理，固然是朱子學說的骨幹，但是如果不能見諸行事，也就沒有什麼功效；所以必須躬行實踐，纔足以完成格物窮理的本能。有一次吉永太守問格物致知的道理，朱舜水認爲一個太守應該以治民爲先務，努力使人民安居樂業纔是，如果要事事物物都去窮盡它的道理，纔算致知，纔去治國平天下的話，那麼人的壽命有幾何？河清也就難俟了。他認爲治民之官與經生大不相同，有一分好處，則人民受一分的恩惠，朝廷也享受他的功業，不專在研究理學，應該要實地去經國理民呀！日本從天佑以後，儒學以經世治民爲要道，不崇尚空談虛論，可以說是受朱舜水的影響。朱舜水又曾作〈諸侯五廟圖說〉、〈學宮圖說〉、改定儀注、教導學生學習釋奠禮、建議源光國創設學校、廢除殉葬、毀棄淫祠。並把中國禮儀制度文物，多方面介紹到日本，這些都是經世濟民的實用之學。不僅後來明治維新受它的啓示，就是朱子學說本身也因此發揚光大。而且以前日本人研究儒學，祇靠文籍的研讀，或一些傳聞的語詞，可以說止於「言教」，均未得親炙中國學人，對儒學的體認未能深刻。直至朱舜水到了日本講學，纔有「身教」「心教」可說。所以日本儒學，到這個時候是一個大關鍵，是一個大轉機。

朱子學在日本，除性理之外，發展爲歷史學的，是水戶學派。水戶學派創始於水戶侯源光國，而源光國又是朱舜水的學生，所以水戶學派深受朱舜水的影響。朱舜水是浙東人，明末浙東學術的特色就是重視史學（見於章實齋《文史通義》）。日人立林宮太郎所著的《水戶學研究》就尊奉朱舜水爲水戶學派的開山祖師，而水戶學派最大的特點就是研究史學。日本明曆三年（一六五七年），水戶侯源光國設立彰考館，編纂《大日本史》，但是修史的義例尚未確立，祇是收集一些史料而已。等到朱舜水定居日本之後（一六五九年），矢志「開闢日本文明之機」，於是以《春秋》的微言大義——尊周王、退諸侯、外夷狄，及朱子《通鑑綱目》之明正統、定人道、昭鑑戒、著幾微的體例，教導他的門人。他到水戶之後（一六六四年），源光國常請教他修史的義例。而《大日本史》第一任總裁安積覺氏，從束髮就從朱舜水學習，得到他的史學真傳。開館的時候，朱舜水也曾參與其事。所以《大日本史》的編纂義例，雖然導源於朱子《通鑑綱目》，而輾轉傳授的人卻是朱舜水。我們從源光國自撰的〈梅里先生碑誌〉、與他的兒子綱條的〈大日本史敘〉、及綱條玄孫朝臣的〈進大日本史表〉（這三篇文章是水戶學派的經典），可以看出編纂《大日本史》的目的：在於敘述歷史的事實，進而闡明國家的道德，明君臣的職分，嚴是非的辨別，仿照朱子《通鑑綱目》的體例，以正潤皇統，褒貶人臣。對於幕府藩主隱然加以針砭。及至源光國、安積覺先後去世，修史的事業曾經一度陷於不振。後來有立原翠軒奮力繼起，勢力纔復盛大。由此一脈相傳，承繼不已；如藤田幽谷、青山延于、豐田天功、東湖彪等都是修史有力的人物，其中以豐田天功、東湖彪二氏對於尊皇愛國的精神，鼓吹尤力。延到明治年間，編纂官栗田寬、內藤和叟二氏死了，《大日本史》纔算終結。自源光國開館編史以來，到明治三十九年止，歷經十三世，二百五十多年之久。自《大日本史》修成之後，日本始有一部極完善之紀傳體的正史，做爲國民精神的指導。於是尊王抑藩、忠君愛國的思想，普遍的輸入國民意識之中。這種思想漸漸演變成日本統一運動，影響所及，到了一八六七年明治下令廢藩置縣，建設統一的國家，實施維新的體制，這就是日本史上鼎鼎有名的明治維新，它奠定了日本成爲現代進步富強國家的基礎。這是朱舜水對日本文化最大的貢獻。

茲將朱舜水的日本學生列一個表，亦可見他對日本文化的影響：（此表見於日人石原道博所著《朱舜水》）

- 朱舜水
  - 德川光國（水戶侯源光國）、前田綱紀（加賀侯）
  - 安東省菴
    - 安東侗菴
    - 南部南山
    - 伊藤春琳
  - 安積澹泊
    - 菊池南汀
      - 青山瑤溪
      - 菊池南洲
    - 德田錦江
    - 松村芳洲
    - 鈴木白水
      - 鈴木廉泉
      - 谷田部東壑
        - 木村子虛
        - 石川安亭
        - 立原東里
  - 今井弘濟、服部其衷、人見懋齋、栗山潛峯、小宅生順、今村魯齋、小宅重治、
  - 吉弘元常、古市務本、奧村庸禮、下川三省、安藤抱琴、安藤年山、藤咲僊潭
  - 佐佐十竹、丸山活堂
  - 酒井竹軒──中島通軒
  - 五十川霍皋──原淇園
  - 林春信、林春常、木下順菴

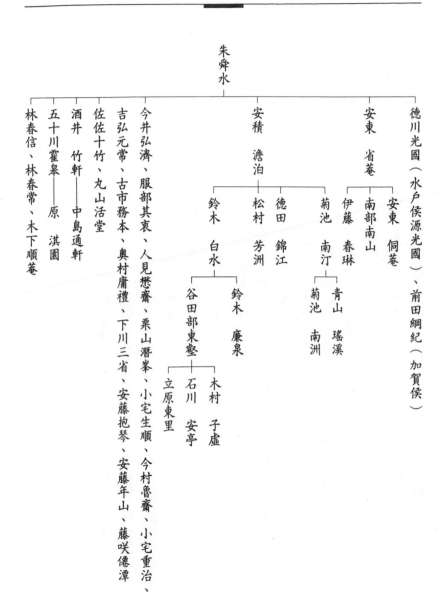

2 對中國的影響

朱舜水是明朝末年一位不可多得的民族志士，他雖然沒有正式作過明朝的官（他祇是一位恩貢生），卻關心著國家的存亡，人民的安危。雖然曾經十二次辭卻政府的徵召，但仍舊忠於明室，志節的高超，昭昭然如日月經天。他一心想把明朝匡復，把滿清驅逐出關，可惜沒有機會讓他實現。他曾經三赴安南，五渡日本，奔走於廈門舟山之間，力圖再舉，不惜向日本乞師復仇，然而均無成就。後來知道大勢已去，仍然忠貞不二，誓死不履清土，不食清粟，蹈海全身，亡命於日本，以傳播中華文化爲職志。在日本期間始終留著頭髮，穿著大明的衣冠。七十一歲時，自己用檜木作好棺木，告訴門人：「這一生逆虜不亡，絕不返國；就是死後，滿清不出關，我的靈柩也不願返國。」他不但是自己忠貞守節，也要他的子孫不要做滿清的官吏。當他年老的時候，德川光國叫他接一孫子來侍候他，他一再叮囑：凡做過虜官的必不可來；做過虜官的，即使眉宇英發，氣度嫻雅，也不以之爲孫；而且一到日本就要蓄髮，穿上大明朝的衣冠，他不願意看到滿清的制服。可見他對滿清痛恨之深。他的志節堅如金石，絲毫不苟，實在令人欽敬。在《朱舜水全集》裏面，反清思想與民族正氣的強烈表現，到處可見。這時候國內的反清作品，幾乎被滿清文字獄及編《四庫全書》所消滅。只有朱舜水的全集裏充滿著反清的思想言論，中國留學日本的學生，都喜歡讀朱舜水的書，受了他的精神感召，人人思奮，意圖推翻滿清。後來 國父孫中山先生到日本組織同盟會，留日學生紛紛加入，時常引用朱舜水反清的言論，作爲革命的宣傳。朱舜水所常讀的〈禮運大同〉（也是他的政治最高理想），是當時革命志士所愛誦讀的。孫中山先生遇到有人向他求字，他總是題上「天下爲公」四字。所以朱舜水的氣節與反清思想，對清末的革命運動，亦有不少的影響。民國元年（一九一二年）革命黨人終於推翻了滿清政府，朱舜水地下有知，也可以瞑目了。梁啓超編寫《朱舜水年譜》，在他死後，還加上太平天國的起滅及清室的遜位若干條，不是沒有原因的，因爲滿清覆滅，朱舜水的志願纔算達到。

參考書目

《朱舜水全集》　明朱之瑜撰，馬浮編，世界書局。
《朱舜水先生年譜》　梁啓超撰，中華書局。
《朱舜水》　郭垣撰，正中書局。
《朱舜水傳》　宋越倫撰，中央文物供應社傳記叢書。
《朱舜水》　日本原道博撰，吉川弘文館。
梁容若　〈讀梁任公著朱舜水年譜〉，《大陸雜誌》七—九。
〈朱舜水與日本文化〉，《大陸雜誌》八—四。
王賓客　〈朱舜水之民族思想及其學旨〉，《大陸雜誌》八—八。
毛子水　〈朱舜水先生學行略識〉，《中日文化論集》(二)。
藍文徵　〈朱舜水之思想〉，《東海學報》一—一。

黃宗羲

許鋑輝　著

黃六春 作品選 集

目次

黃宗羲

一、傳略

1 家世

黃宗羲，字太沖，又字德冰，號南雷，又號梨洲，浙江紹興府餘姚縣黃竹埔（浙江省餘姚縣）人，學者稱梨洲先生。生於明神宗萬曆三十八年八月，卒於清聖祖康熙三十四年七月（西元一六一〇——一六九五年），年八十六歲，卒後門人私謚爲文孝。

梨洲父名尊素，萬曆四十四年（一六一六年）進士，是東林黨領袖之一。天啓年間，任都御史，爲人正直，與楊漣、左光斗、魏大中等人，志同道合，交往很密，當時宦官魏忠賢的勢力日益張大，尊素和楊左諸公，日論朝事，每至深夜，梨洲隨侍在側，對朝政的清濁，因而有進一步的了解，後來尊素曾因三次彈劾魏忠賢，終爲忠賢所害，死於獄中，福王時，追諡忠端。

梨洲母姚氏，知書達禮，明辨時政是非，尊素繫獄，每夜向北斗祈拜，並上書朝廷，請求代死，崇禎即位，誥封夫人，梨洲出生時，曾夢見麒麟，所以梨洲的乳名爲麟。

梨洲年最長，有弟四人——宗炎、宗會、宗轅、宗彝。而宗炎、宗會都有異才，梨洲親自教導他們，當時學者稱爲浙東三黃。

2 生平事略

・少年時期——黨錮時期

梨洲生而貌異，略有口吃，八歲時，父忠端公任寧國府推官，梨洲隨往，十三歲回餘姚應紹興童子試。十四歲補仁和博士弟子員。那年秋天，隨父至京城，梨洲在京邸，好讀書，而不墨守章句。忠端公督促他學習應考科舉的課業，梨洲在功課之餘，私下買些小說野史閱讀，忠端公並不反對，以爲如此足以啓發他的智慧。

天啓五年（一六二五年）三月，忠端公因彈劾魏忠賢，被削去官籍，回歸故里，梨洲時年十六。同年十二月，梨洲與同縣按察使葉六桐之女結婚，葉氏治家賢能，事親至孝，梨洲深爲贊許。明年三月，忠端公與高攀龍、周順昌、周起元、繆昌期、周宗達、李應昇等人，先後被捕，梨洲送父至郡城，劉宗周也前來送別，於是忠端公命梨洲隨宗周求學，閏六月，忠端公受酷刑死於獄中。

崇禎元年（一六二八年），梨洲年十九，袖中暗藏鐵椎，寫了一份奏疏，進京替父伸冤，時魏忠賢已死，梨洲上疏奏請誅殺閹黨曹欽程、李實、許顯純、崔應元等人，這些都是受魏忠賢之命，陷害東林黨人的。朝廷下旨交刑部審訊。五月，會審逆黨，在公庭對簿時，梨洲用鐵椎把許顯純打得流血滿身。又毆打崔應元，並拔下他的鬚髮，後燒之祭於忠端公靈前。又與周宗達之子延祚等，以捶擊斃虐待他們父親的獄卒葉咨、顏文仲。崇禎嘆爲「忠臣孤子」，沒有追究他傷人之罪。朝廷終於判了曹欽程等人的罪，當日忠端公等人被逆黨陷害的冤情終於大白，於是梨洲偕同受害各家子弟，在監獄門前設祭，痛哭不已，見者莫不深爲感動。梨洲把受害各家子弟，依照各人的爵里年齡，編成《同難錄》，和他們結爲朋友，其中交往最密的，是周茂蘭（順昌之子）。

父冤既伸，梨洲便離京回歸家鄉，日夜勤讀。當時劉宗周在蕺山（浙江紹興縣東北）講學，梨洲遵忠端公遺命，前往蕺山隨劉宗周求學，並且約了六十多人，一起前去。當日浙江一帶的風氣，承周汝登的遺緒，喜將佛學來附會儒家思想，王陽明倡導的姚江學派，明揭致良知的學說，幾乎被毀棄，只有劉宗周守陽明之學，以愼獨爲宗旨，力排這種援佛入儒的異說，梨洲等人從宗周爲學，也都能秉承師說，重氣節而尚操守，個個都道德高超，名重一時。

忠端公被捕之時，曾對梨洲說：讀書人不可不通曉史事，應該先讀《獻徵錄》。梨洲隨宗周求學，並未忘卻父親遺訓，一面學制義，準備應考，一面研讀史書，探求經世致用之學，他先讀明代十三朝實錄，然後又讀二十一史，無不專心精研，每日朱筆圈點一本，黎明即起，到夜深雞鳴才休息，如此花了二年時間，便圈讀完畢。崇禎三年（一六三〇年），梨洲應南京解試，榜發落第。於是他覺得科舉考試只是求取功名的階梯，無關真才實學。而且科舉考試限制了個人的思想，所以他在日後一直不忘改革科舉之事，他在《明夷待訪錄》中，便提出了許多改革科舉制度的辦法。

・青年時期——結社時期

梨洲的青年時期，正是他從事結社活動最活躍的時候。明末，結社之風很盛，其中組織最大、影響最深的，便是「復社」。天啓年間，張溥、陳貞慧等人，繼承東林遺風，再度組織「應社」。崇禎時，又集合南北文社中人，在吳縣繼東林講學，稱爲「復社」，取興復絕學之意。當時浙中應和的人很多，馮元颺、元飈兄弟二人，率同浙江才彥以及子弟多人，前來參加。又陸文虎、萬履安以及梨洲兄弟三人，也都響應參加了復社。崇禎三年（一六三〇年），梨洲年二十一，前往南都（江蘇南京），正好南方各社舉行大會，周仲馭便邀梨洲入社，何喬遠也邀梨洲入詩社，而與南方詞人汪逸、林友度、黃居中、林雲鳳、閔景賢等人相交很深。崇禎十一年（一六三八年），梨洲年二十九，遍遊大江南北，當時朝廷起用馬士英爲鳳陽都督，士英以阮大鋮爲援手，並勾結宦官，勢力日益張大。不久，流寇進逼安徽，阮大鋮避居南京，招納一批亡命之徒，成天談兵說劍，想藉此引起朝廷的注意而召用他，他估量復社諸人，年輕有爲，日後必能出人頭地，顯居高位。而且阮大鋮當初曾拜認魏忠賢爲義父，攻擊東林黨人。魏忠賢事敗，他又轉而上疏彈劾忠賢，但仍被朝廷定入逆案，削去官職，他心想：唯有東林遺族子弟對他容恕，才能洗刷他定在逆案中的罪名。因此極力籠絡復社諸人的感情，然而復社中的名流，像顧杲、楊廷樞、沈士柱、梨洲等人，都深惡阮大鋮的爲人。不久，傳聞阮大鋮將以邊才起用，復社諸人便寫了一篇〈南都防亂揭〉，揭發阮大鋮的罪行。由陳貞慧、吳次尾二人起草，署名的有一百四十二人，大都是梨洲的朋友，於是公推顧杲居首名，梨洲居次。梨洲又與當日被魏忠賢陷害諸人的子弟，大會桃葉渡，聲討阮大鋮的罪狀。大鋮心中既懼怕，又恨怒，處心積慮伺機報復。不久，弘光帝即位，阮大鋮與鳳陽都督馬士英定策有功，再居高官，便勾結宦官，向弘光帝進讒言，說復社諸人是東林餘孽，議論活動不利於朝廷，將〈防亂揭〉中署名諸人，編成一份名冊，名爲〈蝗蝻錄〉，計畫興起大獄，把他們一網打盡，梨洲和顧杲先後被捕下獄，幸好清兵攻破南都，梨洲便倉皇逃回家鄉。

梨洲二十四五歲時，曾在杭州南屏山下讀書，與張岐然同學，張岐然在杭州曾組織讀書社，又吳夢寅在石門組織「澄社」，梨洲都曾參加，但對於結社而只講求虛文，不求實事的做法，很不以爲然。後來他在鄞縣舉行講經會，由講文而讀經，講學以經史爲依歸，力求實事求是，不尚虛文，便是有鑑於結社諸友不求實事的弊病，才如此做的。

•壯年時期——復國運動時期

梨洲的壯年，從事復國運動，不遺餘力。崇禎十七年（一六四四年），梨洲年三十五。流寇李自成攻陷北京，崇禎殉難。不久，清兵入據北京，弘光帝即位南京，馬士英、阮大鋮當政，朝政紛亂。五月，清兵南下，南京不守，弘光帝被執遇難。接著嘉定、蘇州相繼失守，清兵所至，屠殺無辜。當時兩浙遺臣義士，風起雲湧，先後奮起抗清，九江道僉事孫嘉績，吏部都給事中熊汝霖同起兵餘姚，同年閏六月十八日，派遣舉人張煌言赴台州，迎請魯王監國。同時定海總兵王之仁、方國安等，也先後來歸，浙東聲勢大振。二十八日，魯王至紹興即監國位，下令東自固陵，西至蕭山，列兵錢塘江上，畫地戍守。梨洲兄弟也募集了同鄉子弟五、六百人，徒步前來江邊，擔任沿江防守，當時號稱世忠營。於是清兵南下之勢便緩了下來。當初孫、熊二人迎立魯王時，由於自己是書生，不懂兵事，便請王之仁、方國安二人前來相助，而將原有營兵衛軍，都交由方、王二人指揮。而召募來的地方兵，則由自己率領。不料方、王二人專橫跋扈，蔑視孫、熊二人是書生，不知用兵，彼此爲了分餉爭兵的事，爭執不已，並將熊、孫二人辛苦編練的義兵精銳，盡行併吞。而孫、熊二軍，又因糧餉不給，眾心渙散，正好梨洲率子弟兵前來，孫、熊便把所屬殘餘軍隊，交付梨洲指揮，於是與餘姚知縣王仲撝的軍隊合併，得三千人，梨洲曾向王之仁建議，劃江而守，只能苟安一時，根本之計，自應進攻浙西，規復南京。然而王之仁不用其言，梨洲只好率所屬三千人，渡海進攻浙西。魯王監國元年（一六四六年），梨洲率兵攻陷海寧，駐軍乍浦，正準備分掠海鹽、平湖，進入太湖，招集吳中豪傑，而清兵突破錢塘江，方國安與馬士英、阮大鋮不加抵抗，列軍投降。方、馬至清營，被殺。阮從征福建，過仙霞嶺，墜馬而死。王之仁也戰死，全師潰散。於是魯王由江門出海，梨洲在浙西聞報，急回師餘姚，已無可收拾，所屬義兵多係近鄉人，便暫行遣散了二千多人，餘下五百人願隨軍效忠，梨洲率領他們退守四明山，駐軍杖錫寺。梨洲計畫先結寨固守，然後再作渡海進攻的打算，自己準備先微服訪查魯王下落，臨行時，囑咐屬下汪涵、茅瀚二人，多與山民聯絡，才可從事復興大業。但二人不聽梨洲約束，在近村徵糧，觸怒山民，於是山民相約數千人，乘二人不備，夜半焚燒杖錫寺，士卒睡夢中逃出，都被打死，汪茅二人也被燒死了。

梨洲自四明事敗後，清兵追捕甚急，便回鄉將太夫人及家小安頓在化安山忠端公的墓舍，自己另擇深山一處，結廬獨居，研究象數曆學。魯王監國四年（清順治六年，西元一六四九年），梨洲訪知魯王在福建沙埕，便從寧波浮海，前往魯王行朝，魯王任他爲左副都御史。梨洲暇時，每日與尚書吳鍾巒，對坐舟中，推算授時、泰西、回回三曆，或相與唱和賦詩。時清廷對於追隨南明，在海山抗清的人，下令由地方政府查報眷口，準備逮捕他們的家屬，作爲人質，促使他們歸降清廷。梨洲便向魯王陳情，更換名姓，潛回家鄉，探望太夫人。當時立寨而守的，還有馮京第、王翊二人。王翊駐軍大嵐山，馮京第結寨杜奧山，遙相接應，兵勢頗盛，有馮家軍、王家軍之稱。魯王監國六年（一六五一年），清兵謀攻舟山，恐王馮二人援擊其後，就一面集結兵力，由奉化、餘姚、上虞，進攻四明山，一面採懷柔政策，以高官厚祿爲餌，向義兵招降，貪利之徒，相繼歸附清廷，於是王馮二人的軍隊潰散，二人也被俘成仁了，梨洲恐舟山無備，便派人入海告警，未至而舟山已陷落。於是清兵追捕，梨洲甚急，梨洲恐在家鄉一隅，終會有被捕的危險，便遠離家鄉，居無定所，過著流亡的生活。

•老年時期——授學著述時期

梨洲從事復國的運動沒有成功，在清廷追捕之下，在外到處流浪，匆匆過了十多年。當時南明最後一代永明王已亡，吳三桂之反也已敉平，清廷統治了中國，對梨洲這位書生，一來年老銳氣已消，不必擔心他再造反，二來因他在文史方面的造詣有相當地位和聲譽，雖無明令赦免，卻已默容，不再追究舊事，梨洲遂得重返家園，定居下來，從事講學和著述的工作。

當浙東結社風氣正盛之時，梨洲曾參與其事，見結社諸人只務虛文，不尚實事，頗不以爲然。後來在鄞縣、海寧、石門等處，從事講學。當時鄞縣的子弟，如萬斯大、萬斯同、陳錫嘏、范光陽等三十多人，都在梨洲門下受學。其中最著名的是萬斯同兄弟，直接得梨洲治史方面的傳授。清康熙六年（一六六七年）梨洲年五十八，又在紹興主講證人書院，這是他老師劉宗周往年講學的地方，宗周去世之後，已虛席二十多年，現在梨洲又在此講學，盡力闡揚其師的學說。又在海昌北寺、寧波延震寺主持講經會，以兩年時間，講畢《易經》和三《禮》，四方學子紛紛前往餘姚入門受業。此時，清廷以梨洲飽學博聞，有意起用他，而紹興知府先聘他纂修郡志，梨洲去信婉辭不就。接著浙江督撫又請他主修省志，他也婉言謝絕了，康熙十七年（一六七八年），梨洲年六十九，清廷徵博學鴻儒，大學士葉方藹薦舉梨洲，已移文吏部，因梨洲去信在京城的弟子陳怡庭，向當道陳明自己安貧讀書的心志，極力婉辭而作罷。康熙十八年，葉方藹、徐元文奉詔監修《明史》，想徵梨洲同修《明史》，梨洲推辭不就，只好改徵梨洲的弟子萬斯同。康熙十九年，葉、徐二人又想徵梨洲爲顧問，向康熙帝奏薦，下旨令督撫以重禮敦聘，梨洲仍是以老病爲理由，堅持不就，徐、葉二人知梨洲無意功名，不受徵召，便又建議朝廷，敕令浙江督撫派人把梨洲所著有關史事的著作，抄送入京。梨洲心想前朝忠義事蹟，湮滅已久，正可藉此機會加以表彰，便應允浙江督撫的請求，讓他派了書吏數十人，到家謄抄所輯《明史》二百四十四卷，以及其他有關史事的文獻，梨洲順便把母親〈姚太夫人事略〉，也一併移送史館。康熙二十九年（一六九〇年），梨洲八十一，康熙帝又命尚書徐乾學召梨洲至京城，並聲明不任以職事，乾學奏稱梨洲已老病，恕不能就道，康熙只好感嘆人才的難得而作罷，從此不再有徵召之議。

梨洲在講學之餘，更從事著作，如《明儒學案》、《明文海》、《今水經》等書，都是晚年完成的。梨洲的著述，取材很廣，把家中藏書搬出來閱讀，還嫌不夠，又向同里鈕石溪、祁承業、黃居中、范欽、錢謙益等藏書家中借了書來鈔繕，其晚年用功之勤如此。

梨洲生前在父親忠端公墓旁山麓，挖掘一個大穴，用石塊砌成圓拱形的穴頂，中間放置石槨，作爲生壙。死前自己寫了一篇〈末命篇〉，遺命死後用棕棚把他的遺體擡至壙中，只要一被一褥，不得增加。不可用紙塊錢串，凡世俗折齋做七之事，一概免除。友人來弔時，銀錢香燭盡行謝卻，如有相交至友，願在他墳前種五株梅樹，他會感激不盡，要子孫代他稽首致謝。明亡之後，梨洲不能再穿戴明代衣冠，又不願穿著清人規定的長衫馬褂、瓜皮小帽，便仿照古制，穿戴角巾（晉代處士所戴帽子），深衣（古代大袖寬身的庶人吉服），以示他不事異族，不隨流俗之意。梨洲死後，家人遵照遺囑，把他安葬在石槨中，並把梨洲生前穿戴的角巾、深衣一併殉葬。梨洲所以要遺囑葬儀用石槨，而不用棺木，是因爲梨洲身遭家國之痛，希望死後遺體早些腐朽，只是梨洲並未明言此意，由這些小事，也可見梨洲高風亮節的一斑了。

二、學術思想

1 時代背景

・學術思潮

清代學術思想，和明代大異其趣。一般說來，清代是兩漢經學的復興，注重文字、訓詁、校勘與考訂，有樸學之稱。明代則是兩宋理學的延續，注重義理和心性的闡發。

明代的學術思潮，可說是朱熹和陸象山二派學說的交互消長，初期在成化以前一百年間，學者注重修身工夫，以窮理爲目標，這一期的學者，爲學篤實，偏於「道問學」，以朱派學說爲主流，曹端、王恕爲其代表，中期自弘治至萬曆一百年間，學者注重參悟，以透性爲宗旨，這一期的學者，專講本體、爲學崇尚高明，偏於「尊德性」，以陸派學說爲主流，而以王陽明爲其代表。自陽明以致良知之說，崛起姚江，門徒極盛，對明代學術影響很大。只是陽明之學到了末流，王艮、羅汝芳等人，侈言心學，流於空疏，而羅念庵靜坐習禪，閱讀《楞嚴經》，逃儒而入佛，頗受到後世的批評。晚期自萬曆至天啓五十年間，學者又由本體之說回到篤實的修身工夫，而以東林學派的高攀龍、錢一本爲代表，可說是朱派學說的復興。他們以理學而兼言政治，合學術與政治爲一流。對於理學則選擇了講求篤實窮理的朱學一派，對於陳白沙、王陽明的學說，加以輕視和譏評，他們批評白沙之學，由靜坐入手、有類禪學。陽明之學侈言心性，空疏無實用。他們認爲明代學風的崇尚心性，流於高明，使國家積弱，導致清人入關的後果。明末自天啓以後，學者深受東林諸人講求篤實，不尚空言的影響，於是顧炎武提出了經學即理學，根本否定理學的獨立，認爲學者捨棄經學，獨言理學，趨尚高明，不務篤實，才會有清人入關的悲劇發生。而梨洲則注重學術史的闡述，從事於宋元明三代學者學術思想的研究，創立了「學案」體。他希望從歷代學術思想的研究中，發現各家學說的得失，以及其對於社會國家興亡的影響。他力主史學才是篤實有用之學，而開啓了清代徵實之學的風氣。

•政治背景

明代自洪武十三年（一三八〇年），右相胡惟庸謀反以後，太祖以宰相弄權，可以篡奪王位，竟廢除中書省，以六部直轄皇帝。於是一切大權均歸君主獨裁。明室爲厲行專制，一面廢去宰相，一面又廣事封建。太祖二十六子，除太子及生而即殤的皇子楠以外，其餘二十四人無不封王。絕對王權由是確立。在絕對王權之下，明代卻又內政凋敝，弄得民不聊生，怨聲四起。明代的敝政，要而言之，約有三件：第一是吏事之弊。貪污風氣厲行，至於永樂年間，已是貪官汚吏遍佈內外，剝削及於骨髓。加以上下壅蔽，世宗、神宗不理朝政，竟達二十餘年，大權旁落，朝政大亂。第二是兵制之弊。嘉靖以後，由於用兵邊境，數度增加賦稅，作爲軍餉。以有限的錢財，去養一批無用的軍隊，弄得邊境不能安定，人民生活困窮已極。第三是田賦之弊。明代田賦極不公平，有錢人家擁有三四百畝田產，卻不須負擔分釐的賦稅，窮苦人家田產沒有收成，卻要負擔百十畝的重稅。

在君權的高壓，貪官汚吏的魚肉之下，人民生活窮困至極。在此情形之下，思想學術，社會風氣，無不趨於腐敗之境，多數士子沉溺於科舉之中，如癡如狂，且又諂媚結附，全無廉恥。

清人入關以後，以異族入主中國。開國之初，便兼施高壓和懷柔政策。一方面興起多次文字獄，對漢人民族思想與言論，力加控制；一方面開博學鴻儒科，來籠絡士子。康熙在位，極力獎掖程朱之學，先後刊定《性理大全》、《朱子全書》等書，特命朱子配祀十哲之列。究其用意，只是在消除士人故國山河之思，而效忠於清廷。但是明末遺民，出爲清官的，仍是少數。大多數的人，在清廷初入關時，都曾從事抗清的運動。後來見事不可爲，便又歸隱山林，從事講學，埋首著作，藉此闡揚我國傳統文化，振奮民族精神，深植反清復明的種子，以待後之來者。而黃梨洲、顧炎武、方以智、陸世儀等人，表現最特出，影響後世最大。

2 學術淵源

梨洲之學，以陽明爲根柢，這是他思想的重心所在。陽明之學的重點，即在於「致良知」。良知即是理性，致良知亦即自覺人格尊嚴，保持良心自由，而把理性表現在日常言行中，運用在事事物物上。而要致良知，首在立志，去私慾之蔽，立聖賢之志。其次，致良知不只是靜坐讀書而已，必須致良知於事事物物，亦即知與行要合一，才有效果可言。總之，陽明之學在教人本自由思想，求實事求是。梨洲一生治學，最重實證，爲文取諸事實，不憑傳聞，這一點可說是深受陽明的影響。

梨洲之父忠端公，是東林名士，梨洲本人則是劉宗周的門人。所以梨洲的學術思想，與東林學者以及業師劉蕺山有很深的淵源。

宋代楊時曾在無錫創立東林書院，授徒講學，後來東林書院日久失修，已不爲世人所知。到了明代萬曆年間，顧憲成、允成兄弟，與同里高攀龍，把東林書院重加整修，並在此授徒講學。在講學中，常對當時朝政有所諷議，對朝中大官有所譏評。當時士大夫聞風響應，前往講學聽道的人很多，時人稱之爲東林黨。東林黨人既對朝政時加評論，而當時正是魏忠賢掌權亂政，對於東林黨人甚爲顧忌，於是伺機搜捕東林黨人，黨人被陷害而死的很多，魏閹又著〈東林黨人榜〉頒示天下，在官的削除官籍，禁錮終身，不得爲官。已死的，也都追奪官爵，由此而被削奪禁錮的，計有三百零九人。

東林講學的宗旨有二：第一是矯挽王陽明心性之學的末流。宋明理學到陽明提出致良知之學說，已可說是達到極點，此後王畿、王艮、聶豹、穆孔暉等人，承陽明之學而流於禪學。王畿提出四無之說，以爲正心是先天之學，誠意是後天之學，從心上立根，無善無惡之心即是無善無惡之意。聶豹則以歸寂爲宗，已漸流於空言，所以東林學者起而力加抨擊，而梨洲之師劉宗周在這方面表現最積極。宗周之學在愼獨二字，梨洲在〈先師蕺山先生文集序〉，一開頭便明揭「先師之學在愼獨」，在〈子劉子行狀〉一文，他又闡發其師愼獨的要旨，以爲宗周之學始從主敬入門，中年專於愼獨工夫。愼則敬、敬則誠，故愼獨須用靜存工夫，靜存之外不爲功。梨洲早年從學宗周，到了晚年回到浙東講學，極力闡揚其師愼獨的遺教。東林講學的第二宗旨，是評議政治是非。明代自萬曆以後，朝綱已壞，閹黨執權，勢力日大，憂時之士對此深表不滿。東林學者既創此清議風氣，四方就紛紛響應了。要之，東林精神在於分黑白，明是非，肯做忤時抗俗之事，不畏禍害，不怕損名，不肯與閹黨同流合汚。梨洲幼承庭訓，父執輩又都是東林名士，在此環境薰陶之下，對於他思想與人格的形成，自然有很大的影響。

梨洲業師劉宗周，是萬曆二十九年進士，授行人的官，他見閹黨肆意迫害東林學者，於是上疏說東林學者多是君子，不應加以隨便彈射，並劾舉魏忠賢的亂政害國，後來朝廷起用他，他都力辭，最後朝廷認爲他矯情厭世，便把他革職爲民。宗周講學以愼獨爲宗旨，畢生行事，在於糾政事的得失，作國家的諍臣。崇禎即位，又起用他爲順天府尹，宗周爲人耿直，當時崇禎對朝臣，曾懷疑他們謀國不忠，而稍稍親近太監，宗周便直言上諫，要崇禎開誠佈公，共度國難。把親近內臣的心去親近外臣，把看重武官的心去看重文官，太平基業才能一舉而定。宗周又曾上〈祈天永命疏〉，建議崇禎減省刑罰、賦斂。崇禎認爲迂闊之論，沒有接納。但經三思後，又降旨召宗周入文華殿，詢問人才、糧餉、流寇三事，宗周都有簡要的見解，崇禎雖然認爲是迂闊之言，但仍舉用他爲工部左侍郎，並曾臨朝感嘆說：劉某清廉守法，敢於直言，朝廷羣臣沒有人能趕得上他的。

梨洲跟隨宗周求學，親見宗周奮不顧身，爲國諍諫的情形，深受其影響，在他所著《明夷待訪錄》中，充分表現了批評的精神，對於朝政的缺失以及君權的專制，都不加保留的予以抨擊。崇禎十七年，京師淪陷，崇禎殉難，宗周徒步荷戈，來到杭州，要巡撫黃鳴駿發兵討賊。不久福王監國南京，宗周又轉而從事抗清之舉。弘光元年五月，福王遇害。六月，潞王降清，宗周乃絕食而死。梨洲在宗周死後，繼而奮起，主持抗清的運動。事敗之後，清廷追捕甚急，他便遠離家鄉，在外過了近二十年的流亡生活，晚年，清廷不究往事，他又回到紹興，在他業師劉蕺山當年講學處——證人書院，授徒講學，闡揚其師「慎獨」的學說宗旨。由此可知，梨洲不僅在學術上承襲了師說，而且也在行動上實踐了師教。

3　治學方法

梨洲治學的方法，與他的學術淵源關係密切。換言之，梨洲治學的態度，深受陽明及忠端公、劉宗周的影響。梨洲治學的方法，要而言之，有下列三點：

・六經為本

梨洲鑑於明代學者講學之失，在於襲取語錄的糟粕，而不以六經爲根柢，把經書束之高閣，而專務遊談，放言心性，終流於空疏無用。明末的積弱，未始不是此種清談風氣所造成的。他認爲經學是一切學術之本，所以他教學生，乃先從窮經入手，而經學之中，又以禮學爲要，先王所言修己治人之道，莫不歸本於禮。梨洲晚年在寧波延震寺主持講經會，以兩年時間講畢三《禮》，他對禮學的重視，於此可見。

・博學於文

明末學者受宋明理學家的影響，注重義理，多講心性，往往離開書本，閉門冥思。梨洲以爲如此治學，耗用工夫而不切實用。所以他一生對於靜坐參悟一類的工夫，絕不提倡，而教人治學從讀書著手，他認爲讀書不多，無以證斯理之變化。他在講學之時，旁及諸家之說，旨在博學詳說以集其成。他自己一生也是無日不讀書，到晚年讀書更爲勤奮，把家中藏書讀盡，還嫌不夠，又向同鄉鈕石溪、錢謙益等藏書家借書閱讀，他的著作旁徵博引，上及天文曆算，下及地理音樂，無所不通，這都是他一生博學之功。清儒閻若璩曾說：「海內博而能精，上下五百年，縱橫一萬里，僅有三人，即錢牧齋、顧亭林、黃梨洲」。閻氏的話實非過言。

•學行合一

梨洲之學以陽明爲根柢。陽明之學的重點在致良知。梨洲對陽明「致良知」之說，有所闡發。他以爲「致」即是行，只有行才能救當時學者那種空疏窮理在「知」上討個分曉的缺失。梨洲一生無日不讀書，也無日不做事，他一生即在實踐他的「行的哲學」。他一面鼓勵學生要多讀書，以證斯理之變化；一面又提醒學生讀書多而不求於心，就不免流爲俗學。「求於心」也就是實踐之意，與孔子所言「學而優則仕，仕而優則學」，用意相同，都是教學生把所學在行中得其驗證，使學與行合一，錢穆先生謂梨洲論學和亭林不同。亭林主張博學於文，行己有恥，是把「學」與「行」分爲兩橛，博學是一事，行己又爲一事。梨洲是合博學、行己爲一，他以爲行己則有恥己得，不復深求，正是強調此點。

4 思想內容

梨洲的學術思想，一方面與東林學者以及業師劉宗周有很深的淵源。一方面受到當時學術思潮、政治背景的影響，再加上他個人深切體認的治學方法所致，所以他的著述中，既表現了強烈的民族意識，又顯示了獨特的史學見解。而有清一代，在乾隆初期，則有全謝山的極意表彰梨洲的民族思想和氣節於前；嘉、道之世，又有章學誠的宏揚梨洲史學於後。玆將梨洲的思想，就政治、史學、文學、經濟、教育五點，分述如下：

・政治思想

由於師學的淵源，梨洲深受儒家傳統思想的影響。他綜合了《孟子》「民貴君輕」、《禮記》「天下爲公」的學說，形成了一套以「民本」爲主的政治思想。梨洲的民本思想，在當時君權至上的情形下，確實有予人耳目一新之感。他以歷史的眼光，對君主的職權與地位，作一番檢討，他認爲上古之世，以天下爲主，君爲客，君主的職權在「使天下受其利，使天下釋其害」，人君有勤勞的義務，而沒有享樂的權利，只是眾民的公僕，而不是萬民的主宰。所以當時的君主，以天下爲主，把帝位禪讓給有賢德的人，而不視爲一己的產業。三代之後，君主的威權日高，由利眾的義務，轉變爲自私的權利。把帝位看作私人莫大的產業，傳給子孫，受用無窮。爲了保有此一帝位，不惜採取高壓專制的手段；爲了爭得此一帝位，不惜荼毒生靈。既然爭取此一帝位，要花如此大的代價，所以爭得帝位之後，便極意榨取民脂民膏，以供一己的淫樂，而置萬民福利於不顧。在此情形之下，爲人君的不僅不能使天下受其利，甚且使天下蒙其害了。所以梨洲以爲人君的職權應是爲民謀利，地位只是人民的公僕，這種以天下爲主，君爲客的思想，是他政治思想中最重要的一環。

梨洲既以天下萬民爲主，所以人君固然是人民的公僕，而朝廷任職的羣臣，也應以服務人民爲其職責。他認爲國家設有文武百官，只是由於天下之大，非一人之力所能治，而由羣臣分工合作。所以人臣的出仕，是爲天下，不是爲人君；是爲萬民，不是爲一姓。梨洲此一思想，破除了兩種世俗的謬見：其一是「暴君亦君」的謬見。他認爲暴君既已未能在其職位上盡到爲民興利的責任，便應去位。所以，湯的伐桀、武王的伐紂，都是合乎天理，本乎民意的。其二是「君父一體」的謬見。一些小儒把「君臣」、「父子」同列爲倫常大綱，把君父視爲一體，使人君的地位更顯得絕對超然。梨洲以爲君臣的關係，是建立在爲民服務的職責上。人臣一旦解除爲民服務的職責，便與人君如同路人，那些只忠於君主一人，而不以天下萬民爲重的人臣，只能算是人君的僕妾。所以君臣的關係，和父子的關係是不能相提並論的。

梨洲由民本的思想，而推衍爲人羣平等的思想。他把孟子「人皆可以爲堯舜」的思想，作更精細的推衍：其一是男女的平等。梨洲認爲男女應該有同等的受教育權和就業權。不能把女子看作是玩物。其二是宗教的平等。他認爲和尚道士，在社會上的地位，與一般人民同等，而一般從事士農工商行業的人，也都應有信教的自由。其三是種族的平等。梨洲認爲元朝據有中國，認同趙宋禮教的成就，遠在元人自己軍事武功之上。既然元人承受了中原的文化，蒙古人也就成爲中國人了，不應再有種族間的隔閡，更不應有某些種族居優越地位的觀念，種族之間應是一律平等的。所以梨洲在《明夷待訪錄》一書中，沒有談到夷夏的問題，他認爲既然主張民本主義，就不應再有漢族優於夷狄的論調。其四是政治的平等。梨洲力主「天下爲主，君爲客」，君與人民處於平等的地位，而並非君主高高在上。他稱許堯舜不傳子而傳賢的偉大胸襟，並且認爲後世君主不傳賢而傳子，於是才有南朝宋順帝的被迫禪位，而說出了「願後身世世勿復生帝王家」如此傷心欲絕的話。而明末崇禎帝揮劍斫殺長平公主，感歎的說出「汝何故生我家」的話，也都是此種傳子不傳賢的做法所導致的人間悲劇。

梨洲在民本思想之外，又提出了法治的思想。他認爲法治是人治的基礎。先有法治，然後才能收到治人的效果。梨洲以爲立法的最高原則，在謀求人民的樂利。三代以上的聖王，能爲人民解決衣食的問題，立土地法，平均授田；立學校法，興辦學校，解決教育的問題；立婚姻法，解決婚姻的問題，使他們在物質和精神上，都生活得愉快安定。這是先有治法，然後才有治人。所以梨洲認爲三代以上有法。三代以後的君王，只顧到自己王位的鞏固，只擔心子孫能不能保有此一王位。所立的法，都以保有王位爲第一優先，而違背了立法以謀求人民樂利爲目的之原則。只能說是一家之法，而不是天下之法。所以梨洲認爲三代以下無法。此外，梨洲又認爲治法的標準不在於法律條文的疏密，而在於立法精神的爲公爲私。立法存私心，只爲了一己的利益，則法愈密而天下之亂就生於法中，人們多利用法律的空隙而逞一己的利益。立法爲大公，謀求大衆的福利，則法律雖疏，而不致生亂。

梨洲又提出了以學術領導政治的理想，所以在政治制度上，主張將全國行政大權，分屬天子和丞相，而謀其制衡。一方面減少君主的專制，加強天子在養民、教民、保民方面的職責。一方面提高宰相的職權。明代君權很重，臣下見君，行跪拜禮。國家大事由天子一人批示，宰相無權過問。梨洲主張天子南面，宰相、六卿、諫官東西面，依次並坐。並且主張臣下奏章，由給事中負責，給事中向宰相報告，宰相向天子報告，同意與否，由天子以朱筆批示，天子批示不能盡善的，再由宰相批示，然後交六部施行。這種由君臣共議的制度，充分表現梨洲提高臣權的思想。

梨洲主張提高臣權以對抗君權，這是我國古代政治思想的創見。然而臣權的提高，與君權的減少，則不免引起君權與臣權的衝突。於是梨洲提出了解決衝突的辦法，在中央政治中，設立太學祭酒一官，負起糾正天子缺失的責任，而一本學術領導政治的原則。太學祭酒一職，推選當世大儒擔任，有時由退位的宰相擔任，其重要性與宰相齊等。每月初一，天子臨幸太學，宰相六卿、諫議等官都隨行，太學祭酒南面爲天子講學，天子就弟子之列，政治上有何缺失，祭酒可以直言進諫。梨洲此一構想，實在仍是他民本主義的貫徹，極力提高知識分子的地位，來實踐孟子以德抗位、以師教君的理想。

此外，梨洲本著歷史的眼光，對於奠都的問題，也有獨特的見解，他以爲國都不能建在北京，他從明代建都北京的種種不利，提出了他的卓見，他以爲明代定都北京，僅二百年，而英宗困在土木堡，武宗困在陽和，景泰初年，京城受圍。嘉祐二十八年再受圍，崇禎年間，京城嚴密戒備，而流寇李自成輕易陷京。梨洲檢討北都所以如此輕易就淪陷，原因固然很多，而建都失算，是最主要的原因。當李自成圍京城之時，崇禎也曾經想南下，再圖復興，卻因北京孤立北方，與南方音訊不通，一時無法脫圍，所以才身殉社稷的。這一點，更可見梨洲之學的實用性，而不尚空言了。

•史學思想

明末史學興盛，其中尤以梨洲之史學成就最大。梨洲在史學上最大的創見，便是體認史學是經學之用，他認爲明代學者空言心性，導致清人入關，明代覆亡的悲劇。所以他一面力主學者必先窮經，以六經爲根柢，破除明人游談心性的弊失；一面又恐學者拘執經術而不適於用，因此力主兼讀史書，明瞭歷代的興衰得失，以便學有實用，免得成爲食古不化，不切實際的迂儒。梨洲的史學思想，要而言之，有下列七點：第一、多取事實，不憑傳聞。梨洲在〈談孺木墓表〉中，既明揭晚明史學家但憑傳聞，不覈事實的通病。在〈辭張郡侯請修郡志書〉中，又表明他治史多取諸事實，而加以別裁，不憑傳聞的態度。他向張郡侯婉辭修郡志，正是由於他自認是鄉野鄙人，身處山林，對於典章文物，禮樂刑政，有所不逮，不敢但憑傳聞而妄自參與修郡志的工作。然而他一面請辭修郡志事，一面又著〈移史館熊公雨殷行狀〉、〈移史館吏部左侍郎章格庵先生行狀〉、〈移史館先妣姚太夫人事略〉諸文，這是因爲熊雨殷、章格庵以及姚太夫人的事蹟，梨洲親所見聞，知之甚詳，而非得之傳聞，與一般諛墓之文，不足徵信者，迴然不同。梨洲所著《明文海》、《明儒學案》，都是訪求各家遺書，搜輯數百家的著述，積數十年之力而後寫成的。第二、注意近代當世的史事。梨洲之父忠端公被捕之時，曾對梨洲說：學者不可以不通知史事，應讀《獻徵錄》。於是梨洲治史，便先讀明代十三朝實錄，對近代的史實有了瞭解，然後才上溯二十一史，如此便能收觸類旁通之效。這種治史而注意當身現代之史，與後世言史而多偏於研究古史者不同。第三、注意文獻人物之史。梨洲曾讀《姚牧庵集》、《元明善集》，深感二書中，對於宋元二代興廢的史料，很多是史書中所未詳言的。所以他認爲像《姚牧庵集》、《元明善集》中多敘戰功之事，可補史書之不足。如果明末諸人能在文集中多敘南明抗清之事，對後世治史者裨益必大。梨洲所著《行朝錄》十三種——《隆武紀年》、《贛州失事記》、《紹武爭立記》、《魯紀年》、《舟山興廢》、《日本乞師記》、《四明山寨記》、《永曆紀年》、《沙定洲記亂》、《賜姓始末》、《江右紀變》、《張玄箸先生事略》、《鄭成功傳》等，以及《海外慟哭記》、《思舊錄》，即是本此意而寫的，都是有關南明極重要的史料。這種治史而注意文獻人物，與後世言史而多偏於考訂的態度，也有所不同。第四、立學術史之規模。學術史由司馬遷開其先河，而由梨洲確立其規模。梨洲所著《明儒學案》六十二卷，開啓我國純學術性之專史。《明儒學案》敘當代的學術，把當時重要各學派全數網羅，而不以愛憎爲去取。它又敘各家的學說，將各家學說的特點，提綱挈領，使人讀了有明晰的觀念。而且《明儒學案》還忠實傳寫各家學說的真相，而不以主觀上下其手。尤其梨洲把各人的時代和他一生經歷，簡要敘述，使人對其人其事先有個了解，再研究其學說，便更能把握其要點，這些都是一部學術史應具備的條件。梨洲《明儒學案》一書，實爲學術史確立了完整的規模。第五、注意「表」、「志」。一般人讀史，大都注意記載人物事蹟的本紀、世家、列傳，而對於記述典制的表、志，往往忽略了。梨洲以爲旁行斜上的表、考正典禮的志，都與史事有極深的關係，治史不可不加以重視。梨洲在〈補歷代史表序〉中，提到《後漢書》有志無表，《三國志》表志皆無，《晉書》、《宋書》、《南齊書》皆無表，《梁書》、《陳書》表志皆無，《魏書》、《隋書》無表，《北齊書》、《周書》表志皆無，《五代史》無表，這都是讀史者感到遺憾之處。而對於弟子萬斯同所補《二十一史表》五十四卷，認爲是不朽的盛事。自從梨洲提出此說，其後補志、補表的，便相繼而起了。第六、注重地理曆法。梨洲以爲史學的範圍，不僅及於政治學術而已。要考定史事的真僞、時代的正確，地理、曆法尤其不可忽略。他在〈補歷代史表序〉中，提及《漢書．律曆志》把「統母」誤爲「統法」，「見月法」誤爲「月法」，「見日月法」誤爲「日法」，可見曆法對於治史的重要。所以梨洲對於

《明史》的〈律曆志〉，多有所補正，監國魯王的大統曆，就是梨洲推算出來的。至於地理方面，梨洲著《今水經》，補正酈道元《水經注》缺失之處很多。梨洲治史而注重曆法、地理，這是他在史學上的一大貢獻。第七、注重條例。梨洲治史，尤其注重條例，對於金石中的稱謂，歸納爲三十六例，引用此種歸納的方法，對於史學上的事實和年代，往往能得到比較確實的證據，而爲後世考史，開啓一條新的途徑。

‧文學思想

明代以八股取士，最後，八股時文趨於惡濫，引起文人普遍的反感。於是前後七子的古文運動；王陽明、歸有光的平易文體運動；萬曆末年，公安、竟陵的古文平民化運動，都是針對八股時文而興起的文學改革運動。梨洲幼年雖在父親忠端公督促下學習舉業時文，但他私心卻喜歡小説野史。崇禎三年，應南京解試落第後，他更深切體認到制義時文限制個人思想至鉅。梨洲曾撰《明文案》二百十七卷，而感嘆明文的衰微，他以爲如以一章一體論，明代也許有像韓愈、柳宗元、歐陽修、蘇軾一般水準的文章，但明代卻沒有一人能像韓、柳、歐、蘇自成一家的。明代文學所以如此沒落，據梨洲的解釋，是由於明代三百年來，學者的精神專注在八股時文，行有餘力才偶爾做些古文，自然比不上唐宋文學之盛了。梨洲深切體認八股時文之害，所以時常興起改革時文的心意。

梨洲的文學思想，要而言之，有下列四點：第一、重實用。梨洲由於反對時文，而主張文學的實用性。在他的著作中，不是傳記碑狀一類的記實之文，便是談哲學問題、文章流變、或作人、治國、爲文之道的論辯文。他反對八股時文，他也揚棄應酬文章。因爲這些都是不切實用的。他曾有作文三戒——一戒當道之文，二戒代筆之文，三戒應酬之文。充分表現他重實用的文學思想。第二、六經爲文學之本。梨洲既鑑於時文之弊，所以他又認爲文學需從六經紮下根基。梨洲曾評論茅鹿門對於唐宋八大家文章的批評，多不得要領，其主要原因，在於茅坤只知學文章，而對於經史之學用功疏淺，才有如此的錯失。梨洲以爲六經之文無不是聖賢留下的至佳美文，韓愈提倡古文運動，即以六經之文振起八代之衰，改正六朝華靡不實的文風。梨洲教學生必先窮經，其用意固然在糾正當時學者空談心性之弊，但也有意想藉六經至文來振起明代衰落的文風。不過梨洲雖認爲文必本之六經，才有根本，但並不是說文章中多引六經的話，才是本之六經。梨洲曾評論劉向、曾鞏的文章，多引經語，反而顯得文意破碎，不如韓愈、歐陽修等，能融合聖人之意，而表現在字裏行間，不必引用經語，卻是最高妙的經術之文。第三、注重通俗自然。明代古文運動盛行之時，陽明提出了「明潔」二字，作爲改革時文的主張。梨洲秉承此說，而主張文章多用通俗語，梨洲認爲文在隨地流出，方言俗語都可入文。梨洲尤其注重文章要講求性情的自然流露，對於刻意修飾、用典、講求訓詁鬥飣的文學，梨洲是最反對的。第四、注重文學的變遷。梨洲以爲要了解文學，先要注意歷代文學的變遷，也就是要注意文學史的發展，所以他在〈庚戌集自序〉中，曾提到古文的變遷，以爲古文自唐以後爲一大轉變。唐以前用字華麗，唐以後用字質樸，唐以前句短，唐以後句長；唐以前如高山深谷，唐以後如平原曠野。彼此的界限分明。要學文，就要注意歷代文學的發展，才能收事半功倍之效。

・經濟思想

梨洲深受孔孟均富思想的影響，所以其經濟思想，一切以提高人民生活水準，務使人民均富爲重點。他首先提出了土地政策，希望能恢復三代的井田制度。不過古書對井田之制的說明很含糊，只是說方里而井，井九百畝，中間是公田，八家各百畝，同養公田。梨洲對於井田制度，提出了二項具體的辦法：第一是授田法。他主張統計全國的田地和戶口，然後平均授田。每戶平均可得五十畝，其餘的可聽由富戶分佔，而不必行限田政策。其次是方田法。由於人民所授的田，有肥瘠之分，如果只是平均授田給人民，分配到肥田的，年有餘糧，而分配到瘠田的，便不免飢乏了。所以梨洲以方田之法彌補肥瘠不均的缺點。他主張先丈量天下的田地，再依方田之法，上田二百四十步爲一畝。中田四百八十步爲一畝，下田七百二十步爲一畝，又斟酌情形，有三百六十步爲一畝的，有六百步爲一畝的，如此把田分成五等，使田地依丈量的寬窄爲等第，而下田、中田、上田所耕種的收成，便可以公平而達到均富的目的。

梨洲的土地政策，既主張平均授田，解決人民的生活問題。但是要真正做到均富，除了提高人民耕種的成果之外，還要減低國家的稅收，減輕人民的負擔。所以梨洲主張輕田賦，來減輕農民負擔，而達到養民富民的目的。他檢討明代的稅制，一畝的田賦，從三斗到七斗不等，七斗之外，還有官吏私自的增收，總計一畝田，一年收成不過一石，而全部充作田賦尚且不夠，這實在不合情理。所以梨洲主張必須重定田賦的制度，而以下下爲法則。梨洲認爲漢初稅率是十五分之一，文景之世更減爲三十分之一，光武帝最初稅率是十分之一，後來也改爲從文景三十分之一的稅率。這樣，可以使貧瘠土地的人民，不至於太窮困。所以合九州之田，以下下的稅則最爲適宜，這樣可以使天下不困，而文景三十分之一的稅率，便是下下之稅。

梨洲又提出廢金銀的意見。他認爲必須廢絕以金銀爲交易的媒介，而徹底採用錢鈔作爲通貨，才可使天下安定富裕。他主張專以錢鈔爲通貨，每錢重一錢，製作精巧，式樣畫一。除田地賦稅征收粟帛外，其餘鹽酒等稅，一律以錢爲稅。廢金銀而賦稅改以粟帛相抵，人民的力量足以自致，每家容易富足。政府鑄錢作爲通貨，可以繼續不斷的鑄造，而財貨不愁匱竭。以錢鈔作爲通貨，家家不藏金銀，使家家貧富相當，沒有很貧或很富的家庭。而且錢鈔輕，單位價值小，不便攜帶很多，不像金銀細軟，價值大，可以隨身攜帶。人民在此情形之下，便不會輕易離去家鄉。由於錢鈔單位價值小，官吏所受的贓款，很難隱藏，官吏便不敢隨便貪贓。盜賊盜取錢鈔，由於錢鈔單位價值小，背著偷來的錢鈔，也不便隱藏，很易暴露形跡。而廢金銀，專用錢鈔，最大的便利，在於錢鈔容易流行通用，不過梨洲認爲在廢金銀，用錢鈔之前，必先加重禁令，凡盜取銅礦，私自鑄錢的，以及仍用金銀交易的，都要以死刑論處，然後錢鈔幣制才能收效。

梨洲對於工商也很重視，他以爲一般讀書人輕視工商，隨便提出壓抑工商的議論，這是不對的。他強調《禮記．中庸》，把勸勉百工視爲治理天下國家的九經之一，而孟子也曾說過，聖王推行仁政，農民都願在聖王的田野上耕作，商賈都願在聖王的市場上做買賣。可見聖人並無輕視工商之意，工商屬於四民之一，爲民生的根本，是不容輕視的。

・教育思想

梨洲既是民本主義的支持者，所以他的教育思想的重點，在於提高人民教育的水準，亦即國民教育的普及。他認爲地方城邑都應設校，當地生童都要自己攜帶米糧，來學校就學；離城邑較遠，而士人眾多的地方，也要設置經師，爲士人授經講學；民間童子在十人以上，就由諸生中年老而不仕的充當啓蒙師。總之，使各郡邑的教育普及，人人都有老師教導。

至於女子和佛僧、道士，也應就學，這是人人平等的權利，不能隨便加以剝奪。又天子的繼承人，也要與一般士子同入太學，藉以了解民間疾苦。所以梨洲認爲天子之子，年達十五歲，就與大臣之子就學於太學，使他們了解民間生活的情形，並且使他們略爲習慣勞苦的生活，而不致養成驕佚的習氣。

梨洲除了力倡國民教育的普及外，又主張教育要著重實用，總要使學生能學以致用。他認爲明人講學，不以六經爲根柢，徒然從事游談，流於空疏，不切實用。所以特別講求修身治世的實學。他明示爲學的途徑，認爲學者必先研治經書，只有從經書中，才能獲得治世的實學。他又竭力鼓勵學者兼讀史書，才不致成爲迂儒。在學校中，梨洲主張除了設置五經之師外，並設置兵法、曆算、醫、射各科。尤其主張文武合一的教育，他認爲一般士人，只知學文，而不尚武，甚至有人把用兵之事，視爲尚力之事，是豪健之流；也有人視爲陰謀之事，是傾危之士。這都是不正確的看法。他主張文武要合爲一途，儒生也要知兵書戰策，而不尚空談。武夫也要學文，知道親上愛民的道理，而不以粗暴爲能。

梨洲主張以學術領導政治，他曾有以學校作議會的構想，他認爲學校的任務有二：第一是培養政治人才，第二是國家政務批評裁判的場所。如此，天子不致自以爲是，自以爲非，而把政治的是非，公之於學校，使學校主持公是公非，成爲監督政府的清議機關。學校既是國家政務批評裁判的場所，所以梨洲認爲各地方區域應有每月二次之民眾集會，集會之時，地區的全部知識分子均應參加。而地方長官則北面就弟子列，向當地知識分子請教。集會的目的，除了討論學術，宣講民本主義的精義之外，最主要的，還是討論政府之施政而審判之。如有缺失，小的就提出糾正，促使改正補救。大的就召開羣眾大會，公決應有的處置。這種以學術領導政治，以學校作議會的方案，是梨洲教育思想中重要的一環。

5 著作簡介

梨洲的學術出於劉宗周，以闡明慎獨之說爲宗旨，他認爲明人講學，襲取宋人語錄，不以六經爲根柢，這是不對的。他主張治學必先窮經，經書中所述的，都是治世之道，經書讀通了，還要兼讀史書，才不會食古不化，流爲迂儒。梨洲的學術很博，從天文地理、九經百家的學說，無不精研，著作也很多，計有下列九十五種：

1.《易學象數論》六卷
2.《授書隨筆》一卷

3.《孟子師説》七卷（《梨洲遺著彙刊》收錄）
4.《律呂新義》二卷
5.《宋儒學案》（未寫定）
6.《元儒學案》（未寫定）
7.《明儒學案》六十二卷
8.《深衣考》一卷
9.《歷代甲子考》一卷（《梨洲遺著彙刊》收錄）
10.《今水經》二卷（《梨洲遺著彙刊》收錄）
11.《明史案》二百四十四卷
12.《宋史叢目補遺》三卷
13.《弘光紀年》一卷
14.《隆武紀年》一卷（《行朝錄》之一）（《梨洲遺著彙刊》收錄）
15.《贛州失事記》一卷（《行朝錄》之二）（《梨洲遺著彙刊》收錄）
16.《紹武爭立記》一卷（《行朝錄》之三）（《梨洲遺著彙刊》收錄）
17.《魯紀年》二卷（《行朝錄》之四）（《梨洲遺著彙刊》收錄）
18.《舟山興廢》一卷（《行朝錄》之五）（《梨洲遺著彙刊》收錄）
19.《日本乞師記》一卷（《行朝錄》之六）（《梨洲遺著彙刊》收錄）
20.《四明山寨記》一卷（《行朝錄》之七）（《梨洲遺著彙刊》收錄）

21.《永曆紀年》一卷（《行朝錄》之八）（《梨洲遺著彙刊》收錄）
22.《沙定洲紀亂》一卷（《行朝錄》之九）（《梨洲遺著彙刊》收錄）
23.《賜姓始末》一卷（《行朝錄》之十）（《梨洲遺著彙刊》收錄）
24.《江右紀變》一卷（《行朝錄》之十一）
25.《張玄箸先生事略》一卷（《行朝錄》之十二）（《梨洲遺著彙刊》收錄）
26.《鄭成功傳》一卷（《行朝錄》之十三）（《梨洲遺著彙刊》收錄）
27.《剡源文鈔》四卷
28.《南雷文案》四卷外集一卷（《梨洲遺著彙刊》收錄）
29.《南雷文定前集》十一卷（《梨洲遺著彙刊》收錄）
30.《南雷文定後集》四卷（《梨洲遺著彙刊》收錄）
31.《南雷文定三集》三卷附錄一卷（《梨洲遺著彙刊》收錄）
32.《南雷文定四集》四卷（《梨洲遺著彙刊》收錄）
33.《南雷文定五集》三卷（梨洲之子百家編輯）
34.《南雷文約》四卷（《梨洲遺著彙刊》收錄）
35.《南雷詩歷》四卷（《梨洲遺著彙刊》收錄）
36.《續宋文鑑》（未寫完）
37.《元文鈔》（未寫完）
38.《明文海》四百八十二卷

39.《明文授讀》六十二卷
40.《明文案》二百十七卷
41.《臺宕紀游》一卷
42.《匡廬游錄》一卷（《梨洲遺著彙刊》收錄）
43.《西臺慟哭記註》一卷（《梨洲遺著彙刊》收錄）
44.《海外慟哭記》一卷（《梨洲遺著彙刊》收錄）
45.《明夷待訪錄》一卷（《梨洲遺著彙刊》收錄）
46.《破邪論》一卷（《梨洲遺著彙刊》收錄）
47.《冬青樹引註》一卷（《梨洲遺著彙刊》收錄）
48.《金石要例》一卷附論文管見（《梨洲遺著彙刊》收錄）
49.《滇考》一卷（《梨洲遺著彙刊》收錄）
50.《思舊錄》一卷（《梨洲遺著彙刊》收錄）
51.《留書》一卷
52.《姚江文略》十卷
53.《姚江遺詩》十五卷
54.《姚江瑣事》二卷
55.《補唐詩人傳》一卷
56.《汰存錄》一卷（《梨洲遺著彙刊》收錄）

57.《明季災異錄》一卷
58.《庚戌集》一卷
59.《東浙文統》一卷
60.《蜀山集》四卷
61.《撰杖集》四卷
62.《吾悔集》四卷
63.《六家著法》六卷
64.《四明山志》九卷
65.《四明山水題考》一卷
66.《圜解》一卷
67.《南雷詩補》一卷
68.《黃氏攟殘集》七卷
69.《黃氏喪服制》一卷
70.《黃氏宗譜》三十六卷
71.《忠端公祠神弦曲》一卷
72.《病榻隨筆》一卷
73.《姚江詩略》一卷
74.《子劉子行狀》二卷

75.《二程學案》二卷
76.《葬制或問》一卷
77.《魯監國大統曆》二卷
78.《大統曆法辨》四卷
79.《授時曆故》一卷
80.《大統曆推法》一卷
81.《時憲書法解》一卷
82.《新推交食法授時曆》一卷
83.《授時曆假如》一卷
84.《西曆假如》一卷
85.《回回曆假如》一卷
86.《割圜八線解》一卷
87.《氣運算法》一卷
88.《勾股圖說》一卷
89.《開方命算》一卷
90.《測圓要義》一卷
91.《春秋日食曆》一卷
92.《正氣錄》一卷

93.《梨洲集》一卷
94.《天一閣書目》一卷
95.《梨洲年譜》一卷（梨洲曾自撰年譜，後被火焚毀，其七世孫垕炳輯爲《黃梨洲先生年譜》三卷）

以上所列梨洲著作九十五種，其中有些是未完成的，有些只是稿本，尚未出版。梨洲的著作，後世刊印的很多，其中以蔣𪑔振所編《黃梨洲遺書十種》（光緒三十一年，杭州羣學社出版）以及薛鳳昌所編《梨洲遺著彙刊》（宣統二年，上海時中書局出版。民國十六年，上海掃葉山房重印，民國五十八年，臺北隆言出版社又據上海掃葉山房本重印，共收梨洲遺著三十二種），最爲完備。玆將梨洲遺著中較常見而足以代表梨洲學術思想與成就的十五種，簡述其內容如下：

•《明儒學案》六十二卷

明代周汝登曾作《聖學宗傳》，孫鍾元曾作《理學宗傳》。梨洲認爲此二書闕遺很多，而且體例不夠精粹，有蕪雜浮淺之失。因此搜採明儒文集語錄，分別其宗派，編輯成此書。明代學術以王陽明爲宗，梨洲此書先將明儒作有系統的排列，以姚江陽明學爲主，而折衷於其師蕺山宗周之學。對於姚江、蕺山二案，採用鳥瞰之法，將其學說大旨攬括無餘。至於其他各家，則用提要鉤玄之法，把各儒者的學說宗旨，作深入而簡要的說明，提要鉤玄，纖屑無遺。其次又搜輯明儒的著作，辨別考訂其年代，分析一生前後的思想，說明其思想的變遷。

全書分爲崇仁、白沙、河東、三原、姚江、浙中王門、江右王門、南中王門、楚中王門、北方王門、粵閩王門、止修、泰州、甘泉、諸儒、東林、蕺山等十七學案。其中浙中、江右、南中、楚中、北方、粵閩六王門，都是姚江餘緒。至於崇仁、白沙、河東、三原四案，如以時間先後爲序，應是河東、崇仁、三原、白沙，然後及於姚江。梨洲所以先列崇仁，是因爲陽明之學出自婁諒，而婁諒則是崇仁吳康齋的門人，所以先列崇仁，表示推崇陽明之意。

•《宋元學案》一百卷

梨洲原著《宋儒學案》、《元儒學案》，都未寫定，遺命其子百家續成，後又經全祖望重修爲一百卷。體例仿照明儒學案。全書分爲二部分，其中宋儒分爲安定，泰山、高平、廬陵、古靈四先生、士劉諸儒、涑水、百源、濂溪、明道、伊川、橫渠、范呂諸儒、元城、華陽、景迂、滎陽、上蔡、龜山、廌山、和靖、兼山、震澤、劉李諸儒、呂范諸儒、周許諸儒、王張諸儒、武夷、陳鄒諸儒、紫微、漢上、默堂、豫章、橫浦、衡麓、五峯、劉胡諸儒、趙張諸儒、范許諸儒、玉山、艾軒、晦翁、南軒、東萊、艮齋、止齋、水心、龍川、梭山復齋、象山、清江、說齋、徐陳諸儒、西山蔡氏、勉齋、潛庵、木鐘、南湖、九峯、北溪、滄州諸儒、嶽麓諸儒、二江諸儒、麗澤諸儒、慈湖、絜齋、廣平定川、槐堂諸儒、張祝諸儒、邱劉諸儒、鶴山、西山真氏、北山四先生、雙峯、存齋晦靜息庵、深寧、東發、靜清、巽齋、介軒、荊公新學略（王安石）、蘇氏蜀學略（蘇洵）等八十二案；元儒分爲魯齋、靜修、草廬、靜明寶峯、師山、蕭同諸儒等六案。又宋代發生二次黨錮事件，第一次是元祐黨禁，是由於蔡京、蔡卞、章惇、安惇等新派的人攻擊元祐年間舊派在朝執政的大臣司馬光、程明道、伊川等人而引起的，結果元祐、元符年間的大臣五百九十三人，都牽連在內，列入黨人籍，立黨人碑於端禮門。第二次是慶元黨禁。可說是元祐黨禁的餘波，先由鄭丙、陳賈等人，攻擊伊川、橫渠之學，以爲欺世盜名，不宜信用。至慶元元年，韓侂胄爲相，把朱熹之學稱爲僞學，奏請朝廷加以擯斥，並下詔把朱熹、趙汝愚等五十九人俱列黨籍。元祐、慶元二次黨禍，關係兩宋道學的興廢，國家的治亂，所以全祖望在書末列元祐黨案、慶元黨案。此外王學蘇學餘派的李純甫，晚年喜佛，著《屏山鳴道集》，援儒入佛，推釋附儒，抨擊濂溪、明道、伊川以下各家之說，全祖望以爲狂言而不足取，所以在本書最後列〈屏山鳴道集說略〉，目的在闢邪說，使後世學者見而嗤之。

•《明夷待訪錄》一卷

全書分爲〈原君〉、〈原臣〉、〈原法〉、〈置相〉、〈學校〉、〈取士上〉、〈取士下〉、〈建都〉、〈方鎮〉、〈田制一〉、〈田制二〉、〈田制三〉、〈兵制一〉、〈兵制二〉、〈兵制三〉、〈財計一〉、〈財計二〉、〈財計三〉、〈胥吏〉、〈奄宦上〉、〈奄宦下〉，計二十一篇。本書是梨洲政治思想之所寄。「明夷」是周易卦名，此卦離下坤上，離是日，坤是地，日入地中，表示化明爲暗之意。明夷卦的象辭說：「明入地中，箕子之貞，明不可思也。」這正暗示明朝在清廷統治之下，不是滅亡，而是「明入地中」，只是把抗清的行動由明爲暗，由公開轉爲地下而已。所謂「明夷待訪」，意指待抗清復明志士之訪。梁啓超說：「《待訪錄》成於康熙二年，當時遺老以順治方殂，光復有日，梨洲正欲為代清而興者說法耳。」（《中國近三百年學術史》頁四八），楊家駱先生也認為《明夷待訪錄》有「箕子明夷」的話，箕子雖受武王之訪，而另外立國於朝鮮，然則梨洲所待的，或許是像箕子朝鮮之類的鄭延平海國，因為梨洲此書寫成於康熙二年，即鄭成功取臺灣的第三年，吳三桂殺明桂王、魯王薨於金門的第二年，「明夷待訪」是希望像鄭延平一類的人物來訪。本書對於民本原理、政治制度、教育政策、土地政策、財經政策、國防政策、文官政策、奄宦問題，都有精闢的見解，對於伸張民權，抨擊專制，更有很大的貢獻。

•《行朝錄》六卷

梨洲初輯《明史案》，書未成，先取海東一隅的山水，以及所見所聞，寫成此書，名為《行朝錄》。李慈銘《越縵堂日記》說：此書分為六卷，卷一為〈隆武紀年〉、〈贛州失事記〉、〈紹武爭立記〉。卷二為〈魯紀年〉上下篇，〈舟山興廢〉、〈日本乞師記〉、〈四明山寨記〉。卷三為〈永曆紀年〉。卷四為〈沙定洲紀亂〉、〈賜姓始末〉，卷五是〈江右紀變〉、〈張玄箸先生事略〉。卷六為〈鄭成功傳〉。前有梨洲自序。梨洲自言著此錄數十種，今僅見十三種，自非完書。後來薛鳳昌編《梨洲遺著彙刊》，收錄十二種，〈江右紀變〉未收，而且各種單獨成篇，未如李慈銘所說編為六卷。其中〈隆武紀年〉，即唐王聿鍵的傳記。〈贛州失事記〉，記隆武二年三月，萬元吉、楊廷麟、郭維經等三人，率部屬死守贛州，奮力抗清，終於壯烈成仁的史實。〈紹武爭立紀〉，即唐王聿𨮁的傳記。〈魯紀年〉，即監國魯王以海的傳記。〈舟山興廢〉，記弘光元年（一六四五年）迄永明王永曆十年（一六五六年），此十二年間，南明君臣屯守舟山，力圖復興的史實。〈日本乞師記〉，記南明諸臣爲了抗清復明，先後由周崔芝、馮京第、阮美，三次前往日本，請求日本出師相助，都因故未成的史實。〈四明山寨記〉，記唐王隆武元年（一六四六年），梨洲以五百人入四明山，結寨固守，迄永明王永曆十年，此十一年間，南明諸臣據四明山，從事抗清運動的史實。〈永曆紀年〉，即永明王由榔的傳記。〈沙定洲紀亂〉，記福王弘光元年（一六四五年），雲南蒙自土司沙定洲作亂之事。〈賜姓始末〉，即鄭成功傳。成功本姓鄭，名森，唐王隆武帝即位，成功年方二十一，入朝，隆武帝視爲奇才，賜姓朱，改名成功，故書名稱「賜姓始末」。〈江右紀變〉，《梨洲遺著彙刊》未收，梨洲自註：「太倉陸世儀、道威述」，陸世儀世稱桴亭先生，此篇爲陸桴亭所作。〈張玄箸先生事略〉，即明末鄞縣張煌言的傳記。〈鄭成功傳〉，記鄭成功的生平事蹟。《行朝錄》十三種，是南明重要的史料。

•《易學象數論》六卷

本書專考象數之說，目的在排除方士道家對易學的竄亂附會，而對於朱熹提倡河圖洛書之說的不當，也加以辨明。書分二部分：前三卷屬內篇，論河圖洛書、先天方位、納甲、納音、月建、卦氣、卦變、互卦、筮法、占法等問題，而附以梨洲自著的原象，這是專論易象的部分。後三卷屬外篇，論太玄、乾鑿度、元苞、潛虛、洞極、洪範數、皇極數，以及六壬、太乙、遁甲等問題，這是專論易數的部分。

•《南雷文案》四卷、外集一卷

康熙十九年，梨洲弟子鄭梁等，計畫刻印梨洲之文，於是梨洲選所作古文十之二三，名爲《南雷文案》，由弟子鄭梁作序。書凡四卷，卷一收詩文集序十篇。卷二收答友人書信八篇，墓誌銘七篇。卷三收墓誌銘十篇。卷四收傳記雜文十篇。又外集一卷，收壽序十一篇。

•《南雷文定前集》十一卷

梨洲之文原有《南雷文案》、《吾悔集》、《撰杖集》、《蜀山集》，都由門人分別刻印。康熙二十七年，梨洲又將已刻印諸文，鈎除不必存者三分之一，名爲《南雷文定》。由靳治荆作序。書凡十一卷，卷一收詩文集序十五篇，其中十二篇後來又收入《南雷文約》。卷二收雜記文六篇，其中五篇收入《文約》。卷三收答友人書信八篇，其中七篇收入《文約》。卷四收答友人書信八篇，其中三篇收入《文約》。卷五收墓誌銘六篇，其中四篇收入《文約》。卷六收墓誌銘七篇，全部收入《文約》。卷七收墓誌銘八篇，其中七篇收入《文約》。卷八收墓誌銘七篇、碑文一篇，其中四篇收入《文約》。卷九收事略行狀三篇，全部收入《文約》。卷十收傳記八篇，其中二篇收入《文約》。卷十一收雜文九篇，其中七篇收入《文約》。

•《南雷文定後集》四卷

卷一收詩文集序、雜文十二篇，其中四篇收入《文約》。卷二收墓誌銘九篇，其中六篇收入《文約》。卷三收墓誌銘十篇，其中九篇收入《文約》。卷四收墓誌銘四篇、傳記四篇、雜文三篇，其中四篇收入《文約》。

•《南雷文定三集》三卷、附錄一卷

卷一收詩集序、書信十九篇，其中十篇收入《文約》。卷二收墓誌銘十一篇，傳記四篇，雜文一篇，其中六篇收入《文約》。卷三收金石要例。錄金石例三十六則，後附論文管見九則。後又單獨刊印。附錄一卷，錄錢謙益、顧炎武等二十位名公鉅卿寫給梨洲的書信。

•《南雷文定四集》四卷

卷一收詩文集序十八篇，其中八篇收入《文約》。卷二收傳記雜文十三篇，其中七篇收入《文約》。卷三收墓誌銘二十篇，其中七篇收入《文約》。卷四收破邪論。梨洲對於前人所論天人關係有不盡之處，再加補述，名爲破邪。計〈從祀〉、〈上帝〉、〈魂魄〉、〈地獄〉、〈分野〉、〈唐書〉、〈賦稅〉、〈科舉〉、〈罵先賢〉等九篇，其中除〈分野〉、〈唐書〉二篇外，其餘七篇又收入《文約》。後又將此九篇單獨刊印。

•《南雷文約》四卷

梨洲所著古文，舊有《南雷文案》、《吾悔集》、《撰杖集》、《蜀山集》等，晚年加以刪削，名爲《文定》。後更刊存四卷，名爲《文約》。書分四卷：卷一收墓誌銘二十三篇。卷二收墓誌

銘二十七篇。卷三收行狀、傳記十篇、雜文十八篇。卷四收詩文集序二十六篇、壽序二篇、答友人書信十一篇、雜記十三篇，共五十二篇。

•《南雷詩歷》四卷

梨洲一生所作詩近千篇，汰存十之一二，名爲《詩歷》。前有梨洲題辭，並附艾南英、羅萬藻、陳際泰三人之序。

•《孟子師說》七卷

梨洲業師劉宗周，學本陽明，而上溯孔孟，對於四書之義，平日講學頗爲重視，然而宗周講述四書，於《大學》有統義，於《中庸》有慎獨義，於《論語》有學案，唯獨於《孟子》未成書。梨洲潛心研讀《劉子遺書》之後，粗識宗周述《孟子》之意，因此本其師說，寫成《孟子師說》七卷。按照《孟子》原書七卷的次序，分別闡述各章的微言大義。

•《今水經》一卷

梨洲讀酈道元注《水經》，參考諸圖志，多有不合。因此條貫諸水，名爲《今水經》。前列今水經表，分天下河流爲北水、南水二系。北水分河、遼、鴨綠江、混同江、大淩河、小淩河、膠、濰、丹、沽、壓、淄、灤、白、衛、淮十六支，而以入海爲依歸。南水分江、太湖、浙、姚江、靈江、永寧江、永嘉江、安陽江、連江、建水、洛陽江、晉江、漳江、汀江、廣江、漢陽江、鑑江、廉江、欽江、元江、瀾滄江、大盈江等二十二支，也以入海爲依歸。各水詳記其發源、流經之處，以及下流注入江河或海，條理井然。

•《明文授讀》六十二卷

梨洲想保存明人散文精華，廣泛閱讀明人文集二千餘家，選爲《明文海》六百卷（現存四百八十卷），後又從《明文海》中，用朱筆圈選出佳作，讓他兒子百家閱讀，百家根據其父所圈選的，輯爲《明文授讀》，並且把梨洲所記有關作者的介紹，作品的批評，分別鈔錄而附在各篇之下，以便參考。全書標明句讀，並把人名、地名，以及文章脈絡精采處標出，以便初學者閱讀。全書共收作家二百八十四人，文章七百八十篇，從明初楊維楨、宋濂、劉基起，至明末邱維屏、顧炎武止。內容分爲奏疏四卷、表一卷、論五卷、議一卷、原考辨一卷、解說釋一卷、頌贊箴銘一卷、疏文對答述叢談一卷、書八卷、記七卷、序十四卷、碑文一卷、墓文五卷、哀文一卷、行狀一卷、傳四卷、賦五卷、經一卷。卷首有梨洲〈明文案序〉上下，徐秉義、靳治荊、張錫琨以及梨洲之子百家等人的序。

三、對後世的影響

梨洲生當明末，正是朝政大壞，內有流寇作亂，外有清兵入侵，可說是內憂外患，岌岌可危，然而梨洲在此危亂的大時代裏，一面表現了他偉大的民族氣節，愛國情操，親自參與抗清復明的工作，一面又發揮了他精博的學養，扭轉明代的學風，也啓發了有清一代徵實之學的風氣。梨洲在學術上，可說是集明代學術之大成，他的弟子鄭梁在〈南雷文案序〉說：「三百年來，作者林立，先生實集其大成。」這是一點也不過言的。

明末學者承陽明之學的末流，講學之風日盛，而虛疏之病愈甚，學者多束書不讀，而空談性命之旨，游談無根，相爭口舌之間，重蹈魏晉清談的覆轍，而置國家民族於不顧。梨洲有鑑於此，首倡經世致用之學，力矯空談之弊，振民族人心於既亡，一反浮虛的習氣，爲清代徵實之學，奠下了穩固的基礎。梨洲的學術對後世的影響，最重要的，有下列二點：

1 激發強烈的民族意識

梨洲中年以後，從事抗清復國運動，不遺餘力。後來見事不可爲，便轉而從事講學、著作，希望藉此把反清復明的思想灌輸給下一代，激發後人強烈的民族意識，繼續從事抗清的運動。他的鉅著取名爲《明夷待訪錄》，正暗示明朝在清廷統治下，不是滅亡，而是「明入地中」，只是把抗清的行動，由明爲暗，由公開轉爲地下而已。而他所待的，即是復興明朝的人，待後起之秀，待下一代青年，梨洲傳遞抗清復明的思想，使民衆心中，尤其是幫會組織，具有強烈的民族意識。後來　國父從事推翻滿清，建立民國的革命大業，才能得到廣大民衆的支持，而底於成功。

2　奠定史學的丕基

梨洲幼受父親忠端公的教訓，以爲學者不可不通知史事，所以梨洲一生治學，主張先讀經，兼讀史書。他在講學之時，也是鼓勵學生兼讀史書，以免流爲空疏而不切實際的迂儒。梨洲在史學上的成就很大，他所著《明儒學案》，是中國學術史的鉅著，此外他所寫《行朝錄》十三種，《思舊錄》、《海外慟哭記》、《西臺慟哭記註》、《明史案》，都是南明的重要史料。他的弟子萬斯同（字季野），最能得梨洲史學的真傳。康熙十七年，斯同曾以布衣身分入明史館，參加編纂《明史》的工作，清廷主持編修《明史》的官員們，都把初稿送給斯同覆審。他所著《補歷代史表》，稽考歷代掌故，端緒清晰，貢獻史學至大，又創爲〈宦者侯表〉、〈大事年表〉二例，都是過去史書所沒有的。此外《紀元彙考》、《廟制圖考》、《石經考》、《周正彙考》、《歷代宰輔彙考》、《宋季忠義錄》、《六陵遺事》、《庚申君遺事》、《河渠考》等，也都是史學上的重要著作。乾隆初，大學士張廷玉等，奉詔刊定《明史》，以王鴻緒的史稿爲底本，而加以增減，然而王氏的史稿大半出自萬斯同之手。

斯同之後，浙東有全祖望（號謝山），他私淑梨洲，在史學方面下過很大的功夫。對於江南文獻，明祖靖難，魏忠賢閹禍，東林儒學，唐王、桂王等明末史事，更是精通。梨洲曾寫過《宋儒學案》、《元儒學案》，而未成定稿，遺命其子百家編成，後又由全祖望加以修補，成爲《宋元學案》百卷，與《明儒學案》同爲學術史上的鉅著。此外，祖望有《七校水經注》四十卷、《漢書地理志稽疑》，也都是有關史學的重要作品。

總之，斯同、祖望同爲浙東史學大家，而斯同史學傳自梨洲，祖望也私淑梨洲，浙東史學可說是由梨洲奠定其丕基，在維繫故國文獻於不墜方面，梨洲的功勞是不可磨滅的。

參考書目

《黃梨洲學譜》 謝國楨著，臺灣商務印書館印行，民國五十四年五月臺一版。
《中國近三百年學術史》 梁啓超著，臺灣中華書局印行，民國四十七年六月臺二版。
《中國近三百年學術史》 錢穆著，臺灣中華書局印行，民國五十六年臺二版。
《黃梨洲政治思想研究》 高準著，文化學院政治研究所印行，民國五十六年。
胡秋原著 〈偉大的愛國者和思想家黃梨洲〉，《中華雜誌》五卷六號（頁一九—二五），民國五十六年六月。

方以智

張永堂 著

目次

方以智

方以智，字密之，號曼公，安徽桐城人。生於明神宗萬曆三十九年（西元一六一一年），卒於清康熙十年（一六七一年）。別號很多，早年稱浮山愚者、龍眠愚者、宓山、鹿起山人；明亡後改稱吳秀才，又稱吳石公；流寓嶺南時期稱愚道人、愚者智、笑翁；逃禪梧州之初法名行遠，號無可；至天界改名大智，又稱弘智；此外還稱五老、藥地、浮庭、墨歷、木立、愚者大師、櫱廬大師、筍參上人、極丸老人、浮渡智、閒翁。他是明末清初（即相當於十七世紀）一位風格奇特的思想家。從生平上說，他一生深受內憂外患與國破家亡之痛，以及社會上「忌才忌能」、「善妒成風」之害；在朝廷中遭到專橫太監與惡性官僚的迫害，逃禪世外後仍無法免除來自俗世的讒言讒語，終於在六十一歲之年自沉贛江，完節以終，是一位悲劇型的人物，也是名副其實的「大傷心人」。但是在思想方面，他卻處在宋明理學轉變到清代經學的過渡時代、儒釋道三教融合很盛的時代，以及中西文化交流相當頻繁的時代，因此他不但要統一朱王、合一三教，而且更要會通中西；他自負要「坐集千古之智，折中其間」，又要「借遠西爲郯子，申禹周之矩積」，換言之，就是想要把古今中外學問當做藥材一樣會集一爐，加以烹炮燒煮，進而以此藥方醫治學術思想界的千疾百病，特別是要醫治那些「爭掛單方招牌」而不諳靈素的庸醫之病，即他所自負的所謂「醫醫之願」，時人因之稱他爲「大醫王」，就此而言，他是一位樂觀型的人物。悲劇與樂觀的相反相因與相輔相成，塑造了方以智圓滿的人格與光輝的思想。他這種人格與思想曾爲當時人所讚佩不已，江子長曾稱他爲四真子，即「真孝子、真忠臣、真才子、真佛祖」，張英也稱他爲「爲才人、爲學人、爲忠臣、爲孝子」；黃宗羲早年便佩服方以智在醫學與易學方面的成就，並引爲四畏友之一；王夫之雖然婉拒方以智逃禪之勸，對方以智研究中西科學、會通儒釋道三教以重建儒學的努力則仰慕終生、嘆爲觀止。但是入清以後儒學定於一尊，考據又趨獨盛，方以智這種會通中西、合一三教以重建儒學的主張，卻不能爲「以考據爲儒學中心」的乾嘉學者所理解與受容，因此除了早年從事的文字音義考證（即《通雅》一書）被譽爲清代考據學先河以外，他幾乎可以說是清代儒學界的「異鄉人」；至於三百年後的今天，我們不但不太理解他的學術思想主張，就是對他的生平也感到極爲陌生。事實上，清末民初以來，我們也正處於中西文化交流鼎盛的時代，也是尋找中國思想文化出路最迫切的時代，方以智所提出來的重建明末清初中國思想文化的方案，應該可以做爲我們的借鏡，對於方以智生平與思想的探究與理解，也就更具有重要的時代意義了。以下我們將分數節略加說明。

一、時代背景

一位思想家的生平遭遇或思想形成，都與其所處的時代背景有密切的關係。就方以智而言，明末清初漢滿政權的轉移、宋明理學與清代經學的過渡、儒釋道三教的融合及中西文化的交流等時代特徵對他影響最大。

漢滿政權的轉移是明末清初政治上最大的變動，對知識分子的影響也最大。這種影響有兩方面：一是來自於明朝本身政治上的腐敗與亡國，一是來自於滿清的入主與異族的統治。就前者而言，黃宗羲《明夷待訪錄》一書是最典型的代表，因爲它是對於明朝腐敗政治與亡國原因的全盤檢討；就後者而言，王夫之的《宋論》、《讀通鑑論》是最明顯的代表，因爲它藉著史實的分析表明其反對異族統治與滿清政權的強烈種族主義。方以智對異族統治固然反對，對於明末政治的腐敗更是灰心。

明末政治的腐敗從朝廷黨爭的激烈可以反映出來。當李自成、張獻忠所領導的民亂與中央政府對立起來、而滿洲異族亦陳兵與明朝爲敵之際，朝廷中惡性官僚與專橫太監也同時結黨營私、互相傾軋。不過明末黨爭大抵上可以追溯到萬曆朝。蓋自張居正死後，明朝便缺乏賢能有力的首輔，東林黨與非東林黨（齊楚浙三黨）開始對立，並輪流專政；熹宗天啓年間，宦官魏忠賢、崔呈秀得勢，非東林黨勾結閹黨打擊東林黨，故東林黨人士幾乎全遭罷黜。崇禎即位後，魏、崔伏誅，東林黨人復起，但是萬曆以來黨爭舊習一時未能盡除，東林與非東林仍舊鬥爭不止，以致短短十七年間，居然有五十人先後入閣。北都滅亡後，福王即位南京，馬阮當政，既排除史可法，又大捕東林及復社人物，正人君子都紛紛離去，故福王於即位後第二年便告滅亡。唐王聿鍵即位福州後，內有黃道周與鄭芝龍文武相爭，外與監國於紹興的魯王也爭名分、鬥意氣，因此不久雙雙都在清兵進逼下覆亡。桂王即位肇慶後先有瞿式耜與劉承胤不和，繼有吳黨、楚黨之爭，最後亦不免爲清兵所亡。在內憂與外患交逼之下，朝廷仍不斷黨爭，朝臣竭力應付異己已唯恐不及，那有餘暇平定內亂、消滅外患?因此我們甚至可以說明朝實亡於朝廷黨爭。方以智說：「一朝之上，各樹私人，各懷私怨；此急報之，彼又報之，人材摧折，曾幾何矣！日相尋之未已，遑籌所爲控夷狄、裕財用哉？」即暗指此意。

方以智家世不但對明末政治上黨爭感到不滿，而且也深受黨爭之害。方以智祖父方大鎮在天啓年間與鄒元標、馮從吾等講學於首善書院，天啓四年（一六二四年）因魏忠賢毀書院而罷官歸里。父方孔炤也在同一年因忤閹黨崔呈秀而被削籍，禍幾不測。崇禎十三年（一六四〇年）撫楚任內，因極力主張剿滅張獻忠而忤主撫之權相，被誣下獄，幾至於死。方以智流寓金陵時期便深恨朝中太監及閹黨之弄權，並勸好友錢秉鐙脫離閹黨阮大鋮所主的中江社，中江社因之解體。崇禎十七年（一六四四年）二月召對德政殿，皇帝稱善，卻因忤權相之意而未被重用。福王即位南京後，馬阮亂政，大捕東林及復社，方以智亦以降賊罪名列名追捕，不得已亡命嶺南。永曆帝即位肇慶，以擁戴功擢左中允兼經筵講官，卻因司禮太監王坤弄權，掛冠離去。可見方以智本人及其家世都在朝廷黨爭中遭受到惡性官僚與閹黨的排擠與迫害；他們不但在政治上無法施展抱負，最後甚至對政治感到失望與灰心。

對於腐敗政治的失望與灰心，使得方以智家世一致對現實政治表現冷感，轉而在學術思想上表現高度的關心。他們似乎認爲唯有從道德上與學術上提高每個人的水準；政治才能上軌道。因此方大鎮說「蜀洛黨爭，我見爲祟」，又說「無我而備物。藏悟於學，學而不厭，此聖人之無我也」。換言之，只要每個人「好學」，便能「無我」，也就可以消除黨爭，政治也就可以清明。這種「無我而好學」的信念深爲方以智所繼承發揮，而有均的哲學與知識主義的展開。

反對專權的太監與腐敗的官僚而不反對皇權，是明末大部分知識分子的共同態度，方以智也不例外。因此他儘管對明末腐敗政治極爲不滿，對於明朝皇室的效忠卻始終一致。永曆四年（一六五〇年）、永曆七年（一六五三年）他曾兩度拒絕清廷袍帽，並以遺民僧終其生就是忠於明室的最具體表現。此外異族雖然打敗了腐敗官僚與專橫太監所建立的漢族政權，但卻打敗不了漢族知識分子所維繫的思想文化，這也是當時知識分子所深信不疑的，因此方以智在明朝亡國後，雖然沒有在行動上從事反異族的革命工作，也沒有在文字上宣揚種族主義，卻把餘生獻身於儒家思想文化的重建上，換言之，異族的入主並沒有激起方以智強烈的種族主義，但卻激發起他更濃厚的文化主義。

從學術思想上說，明末清初是儒學由宋明理學過渡到清代經學的時期。如果從思想史發展的「內在理路」來說，這種過渡主要是宋明理學內在的矛盾發展到尖銳化以後所導致的結果。所謂「宋明理學內在的矛盾」即指程朱理學與陸王心學二派之間的矛盾而言。蓋朱子鑑於五代以來天下流於二氏虛無之弊，故強調實有，並且把格物解爲「即物窮理」，即「求理於外物」。同時的陸象山卻認爲若依朱子方法去做，必定流於支離滯實，永遠求不得理，故主張「心即理」，把格物解釋爲「求理於內心」。實有與虛無，求理於外物與求理於內心因而成爲朱陸爭論的焦點以及宋明理學內在的矛盾。

朱子「求理於外物」乃針對時弊而發，故能經得起陸象山的挑戰而成爲宋明理學主流，但末流卻不出陸象山所料而流於支離滯實。明代王陽明出，遂上承陸象山之教，主張「心即理」、「致良知」，心學於是大盛。但到了明末「求理於內心」發展太過，卻流於「掃物尊心」、「掃外言內」的虛無之弊，故有識之士乃又藉朱子「求理於外物」的主張以挽救之，這種「以朱救陸」（或「以朱救王」）的思潮萌芽於十六世紀，過渡於十七世紀，至十八世紀乾嘉時代而完成。換言之，十六、十七、十八世紀是「求理於內心」至「求理於外物」、虛無至崇實，陸王至程朱的一個消長過程。

根據以上所述可以更明確地歸納爲以下幾點：(1)「求理於外物」（實有）與「求理於內心」（虛無）是朱陸之間最大的矛盾，也是宋明理學始終存在的矛盾。(2)朱子倡「求理於外物」之時，「求理於內心」的主張已因陸象山而萌芽，至明初陳獻章得到進一步的發展，至王陽明而達全盛；當王陽明「求理於內心」的主張全盛之時，「求理於外物」的主張已在陽明弟子中萌芽，至明末清初諸大儒得到進一步的發展，至乾嘉經史考據而達全盛。(3)王陽明使陸象山「求理於內心」的理論得到進一步的發展，乾嘉學者則使朱子「求理於外物」的主張得到更充分的實踐，這是一種有機的進步發展，而不是機械式無進步的循環。⑷王陽明心學對朱子學末流滯實之弊而言是一種反動，但對陸象山「求理於內心」的主張而言則是一種連續；乾嘉經學考證對於王學末流掠虛之弊而言是一種反動，但對於朱子「求理於外物」的主張而言則是一種繼承。

方以智生逢這樣一個過渡時代裏，思想上有很大的特色，⑴他鑑於明末王學末流掠虛逃玄之弊，故繼承曾祖父方學漸「藏陸於朱」、「藏虛於實、潛無於有」之崇實論，以挽救王學末流之弊；⑵因鑑於朱子崇實、求理於外物而末流不免滯實馳外，陽明崇虛、求理於內心而末流又不免掠虛偏內，故在提倡崇實與求理於外物之時，亦不忽略崇虛與求理於內心的重要性，因而提出「合外內、貫一多」與「虛實交」的主張。

一個時代思想文化的變遷常是全面的，明末清初儒學有由虛無至實有、求理於內心至求理於外物的轉變，佛道二氏亦然。本來宋明理學與佛道思想便有密不可分的關係，陸王一派尤其如此。陸王不但強調儒學中求理於內心的傳統，而且更結合了佛道二氏言心的大成；其末流不但儒學流於逃玄掠虛，佛道亦然，故正當儒家學者挽救王學末流之弊之時，佛教界也出現了蓮池（名袾宏，一五三五—一六一五年）、憨山（名德清，一五四六—一六二三年）、蕅益（名智旭，一五九八—一六五四年）幾位大師以挽救佛學之弊。他們挽救的方法約有兩方面，一是強調修持工夫的重要，一是重視學問佛藏的地位。目的都在矯正禪宗末流掉弄機鋒、束書不觀之弊，並恢復原始佛教崇實重學的傳統。譬如當時禪宗末流總以達磨

「不立文字、見性則休」、「止貴直下有人、何必經典」來反對工夫、反對學問，而蓮池卻肯定地說：「學儒者，必以六經四子爲權衡，學佛者，必以三藏十二部爲模楷」。可見儒佛動向之一致。陳援菴先生也說：「明季心學盛而考證興，宗門昌而義學起，人皆知空言面壁，不立語文，不足以相懾也。故儒釋之學，同時丕變。問學與德性並重，相反而實相成焉。」梁任公在《中國近三百年學術史》中也明白地指出這種共同的趨向。

明末黨爭甚烈，而佛門中也有激烈的紛爭。黃宗羲致熊開元詩中有「脫得朝中朋黨累，法門依舊有戈矛」，即慨嘆法門之紛爭。關於佛門此一紛爭史，陳援菴在《清初僧諍記》一書中做了很有系統的論述。全書共三卷十子目，卷一濟洞之諍，分五燈嚴統諍、晦山天王碑諍、五燈全書諍三子目；卷二天童派之諍，分天童塔銘諍、密雲彌布扁諍、靈巖樹泉集諍、牧雲五論諍四子目，卷三新舊勢力之諍，分雲門雪嶠塔諍、平陽御書樓諍、善權常住諍三子目。在《明季滇黔佛教考》中更進而把這些紛爭分爲四類，即宗旨學說之爭、門戶派系之爭、意氣勢力之爭、墓地田租之爭。佛門如此激烈的紛爭，雖然可以看出法門之盛，同時也可看出法門之衰。

方以智外祖父吳應賓精於佛典，曾祖父以來又以理學相傳，故思想上早有三教合一的淵源，因此他除了致力於儒學的重建以外，更力矯二氏末流之弊。他一方面發揚三教崇實的傳統以矯末流虛無之弊，一方面以儒學虛實合一之旨會通三教。其最後目的在以虛實合一的三教取代王學末流集虛無大成之三教。對於學說宗旨以外的佛門紛爭，方以智則始終有意令其自息。明亡後他皈依曹洞宗，當時曹洞與臨濟勢如水火，先有五燈嚴統之諍，繼則有晦山天王碑之諍，但方以智認爲都是無關學說宗旨，都不願介入。

明末清初除了本土思想文化的大變遷以外，還有中西文化交流的問題。明神宗萬曆年間西方耶穌會士利瑪竇等相繼來華傳教。他們是歐洲宗教改革運動中新興的一個天主教教會，也是一個以重視知識爲主要特色的教會。因此他們除了傳教以外，也傳入西方各種學問，特別是科學知識，如天文曆算、機械物理、工程學、數學、醫學、生物學、地理學等。同時爲了與中國士大夫往來，也爲了在中國儒家中尋找與天主教教義相合的證據，他們不但學習中國語文，而且還精讀中國儒家經典。此外，爲了與佛教辯論，不得不輸入西書七千部，以與「佛藏」相抗（當時在三教爭辯中，佛以有「佛藏」譏諷儒家與天主教，故儒有編「儒藏」之議，後來的《古今圖書集成》、《四庫全書》就是這種儒藏說下的產物；天主教因之而輸入的西書七千部，我們也可以稱之爲「天藏」）。

天主教在當時雖然無法與佛教相抗衡，但其對中國的影響卻不容忽視。譬如在地理學方面介紹了最新世界地圖，給中國知識分子帶來了近代的世界觀念，中國不再是天下了，中國只是天下的一國而已；天文曆算方面則帶來精確的觀測天文的儀器（如望遠鏡）以及較精確的曆法，解決當時朝廷中曆法不驗的難題；他們所介紹進來的兵器火炮在明清的戰爭中也都實際被加以利用。此外如數學、醫學、動植物學等知識，對中國本土正在發展中的科學研究也有輔助之功。此外其崇實有、重實學的精神在明末清初反王學末流虛無心學的運動中，也扮演了相當重要的角色。

方以智雖不信天主教，但與傳教士湯若望、畢方濟甚善，對於西方傳教士之愛讀書、重科學表示非常敬慕，尤其對西方科學接受不遺餘力，認爲頗多可以補中國科學之不足。即所謂「借遠西爲郯子，中禹周之矩積」。《物理小識》一書便可以充分看出他所受西學影響之大。

由以上的敘述可以看出方以智所處的明末清初（即十七世紀），實在是一個黑暗的時代，也是一個光明的時代，是一個過渡的時代，也是一個多樣的時代。黑暗與過渡的政治社會使方以智一生在患難悲劇中，最後並且薙髮爲僧，自沉以終；但過渡與多樣的思想文化背景，又使他充滿著樂觀與進取，使他得以提出統一朱王、合一三教與會通中西的主張。此外，政治上的激烈黨爭、民亂，學術思想界的朱王之爭、三教之爭以及中西文化之爭，也使得方以智思想主張上有濃厚的調和性格。

二、家世

從外在環境對於　位思想家的人格與思想的影響而言，除了時代背景以外，最重要的就是家世。方以智的家世自先世德益公遷來安徽桐城樅陽定居，至清末方昌翰爲二十一世。其間族氏旺繁，人才輩出，特別在明末清初更爲通顯。茲列一家世簡表於后：

①德益公→②？→③？→④宣使公→⑤法→⑥懋→⑦琳→⑧印→⑨敬→⑩祉→⑪學漸→⑫大鎮→⑬孔炤→⑭以智→⑮

- 中德
- 中通
- 中履→⑯正瑗→⑰張登→⑱賜豪→⑲？→⑳寶仁→㉑昌翰

五世祖方法（一三六八—一四〇三年），字伯通，中明惠帝建文元年（一三九九年）應天鄉試，出方孝儒門，授四川都司斷事，剛正廉直，執法不撓。靖難之變後成祖即位，下詔諸藩署名入賀表，方法不肯署名。旋即下詔逮捕諸藩之不署名者，方法名列其中，乃與家人登舟至安慶，自沉於望江，作〈絕命詞〉二首云：「休嗟臣被逮，是報主恩時，不草歸降表，聊吟絕命詞，生當殉國難，死豈論官卑，千載波濤裏，無慙正學師。聞道望江縣，知爲故國濱，衣冠拜邱隴，爪髮寄家人，魂定依高帝，心將愧判臣，相知應賀我，不用淚霑巾。」可見方法不但不願草歸降表而辜負主恩，更不願貪生而慚對其師。他這種忠義之風影響方氏甚爲久遠。方大鎮不但爲之請求入表忠祠，而且以大理卿封蜀藩立祠，成都王爲賦詩，羣公和之，成《錦江燕詒錄》。方以智流寓南京時聞朱白民好談遜國時事，有意以此相贈。並有「感念祖德，敬書長律一篇」云云。方孔炤有〈謁方正學先生祠〉詩云：「斷事只今依俎豆，吾家書種託門牆」之句。方昌翰也有詩云：「吾家忠孝基，斷事光楣扁。」由此可見方法忠義之風對家世影響之深遠，明亡之後，方氏以遺民世其家亦非偶然。

方以智的曾祖父方學漸（一五四〇—一六一五年），字達卿，號本菴。幼年家貧，但穎敏善讀書，其父遂盡鬻所有土地四十畝以資其學。適漢陽張甑山署桐城教諭，學漸首稱弟子，毅然有爲聖賢之志。旋耿定向督學南畿，方學漸亦往受教。晚年構築桐川會館講學，並顏其堂曰「崇實堂」。中祀至聖孔子，右廡則祀張甑山與桐人何唐（何氏字宗堯，號省齋，是桐人之始言理學者）。同時桐城有趙鴻賜、童自澄也潛心學問，人稱「桐川三老」。晚年不輕出有司，獨熱心講會，西有斗岡，東有孔川，南有樅川，北有金山；旁郡則有九華、齊山、祁閶、龍舒、廬江，皆如期往赴。與鄒守益、呂坤、馮從吾皆有往來。晚年與弟子安述之、汪崇正、吳畏之等赴無錫東林書院講會，與顧憲成、高攀龍闡明性善之旨，甚得顧、高之推許。日人岡田武彥氏甚至認爲東林學者之主張性善係受方學漸性善說的影響。除了性善說以外，方學漸主張下學而上達，重視下學工夫；亦深受顧憲成推許。方學漸爲了挽救陽明學末流之弊，因此明確地提出「藏陸於朱」的主張，意即主張藉朱子學以補陽明學之不足。

方以智祖父方大鎮（一五六二—一六三一年），字君靜，號魯嶽。萬曆十七年（一五八九年）進士，官至大理寺少卿，居官公廉，所至有聲。他非常重視學的工夫，而且認爲即使在仕途中也不應廢學，曾說：「仕優而學，學優而仕，隨學隨仕，隨仕隨學，兩相濟相成也。」居官期間，也極力倡導理學；先是爲陳獻章、胡居仁請謚，繼則疏請召用理學名臣鄒元標、周汝登、蔡悉，並請褒崇王艮、羅汝芳、顧憲成等。天啓元年（一六二一年），鄒元標、馮從吾於北京創立首善書院，邀集同志講學，方大鎮亦應邀參與。後因朝廷小人排斥理學，並毀首善書院，鄒、馮皆去位，方大鎮乃篚得同人於野，引疾歸里，自號野同翁，隱居白鹿山，建荷薪館於明善祠旁，與門人闡述家世理學。

方以智父方孔炤（一五九一—一六五五年），字潛夫，號仁植，中萬曆四十四年（一六一六年）進士。天啓初爲職方司員外郎，忤崔呈秀削籍，崇禎元年（一六二八年）起故官。以憂歸，定桐城民變還朝。崇禎十一年（一六三八年）以右僉都御史巡撫湖廣擊賊，八戰八捷。因極力主剿，與時相不合，遂因香油坪一敗而逮下獄。以方以智孝心感動皇上，而免死得釋。獄中與黃道周朝夕論易不輟。明亡後，隱居白鹿，潛心學問。各經皆有著述，尤精於《易》，著成《周易時論合編》二十三卷，集方氏易學之大成。有順治十七年（一六六〇年）刊本。

方以智有三子，即方中德、方中通、方中履。中德字田伯，號依崖。少侍京邸，京城陷，隨父南奔，值馬阮用事，羅織善類，於以智尤所切齒。中德時年十三，爲父訟寃，繼而與弟徒步追從其父。父歿事母潘氏極孝。所著有《古事比》、《易爻擬論》、《性理指歸》、《經學撮鈔》等。中通，字位白，號陪翁。郡諸生，考授州同知。著《數度衍》最有名（二十四卷），其他有《音韻切衍》二卷、《篆隸辨從》二卷、《心學宗續編》四卷、《陪翁集》七卷、續四卷。又與廣昌揭暄論難日輪大小，得光肥影瘦之故，及古今歲差之不同，須測算消長以齊之，一晝夜人一萬三千五百息，每息宗動天行十萬里有奇。別錄一書爲《揭暄問答》。中履字素伯，號合山，性孝友，與兩兄奉母尋父於嶺海間，歸而獨往，隨侍十餘年。既扶櫬歸葬，築稻花齋於湖上，殫力著述，遺世遠俗，所著《古今釋疑》十八卷。討論天人性命經史律象算法聲韻之理，無不賅備。

方氏自學漸以來累世以學問相傳，至方以智而集大成。至中德、中通、中履又轉爲專門分科。故馬其昶說：「方氏自先生（方以智）曾祖明善（學漸）爲純儒，其後廷尉（大鎮）、中丞（孔炤）篤守前矩，至先生乃一變而爲宏通賅博，其三子中德、中通、中履並傳父業，於是方氏復以淹雅之學世其家矣。」

方昌翰（一八二七—一八九七年），字宗屏，號滌齋，方氏二十一世孫。曾任河南新野縣知縣五年，自免歸，一以撰著爲事，著有《虛白室詩文集》十二卷。他因有鑑於方氏累世著述繁富，歷經變亂，散佚極多，故於光緒十四年（一八八八年）刊行《桐城方氏七代遺書》，計選刻方學漸（十一世）三種，即《性善繹》、《東遊紀》、《庸言》；方大鎮（十二世）三種，即《寧澹居奏議》、《寧澹居集》、《寧澹語》；方孔炤（十三世）六種，即《職方舊草》、《撫楚疏稿》、《撫楚公牘》、《知生或問》、《西庫隨筆》、《芻蕘小言》；方以智（十四世）三種，即《嚮言》、《膝寓信筆》、《稽古堂文集》；方中履一種，即《汗青閣文集》；方正瑗（十五世）三

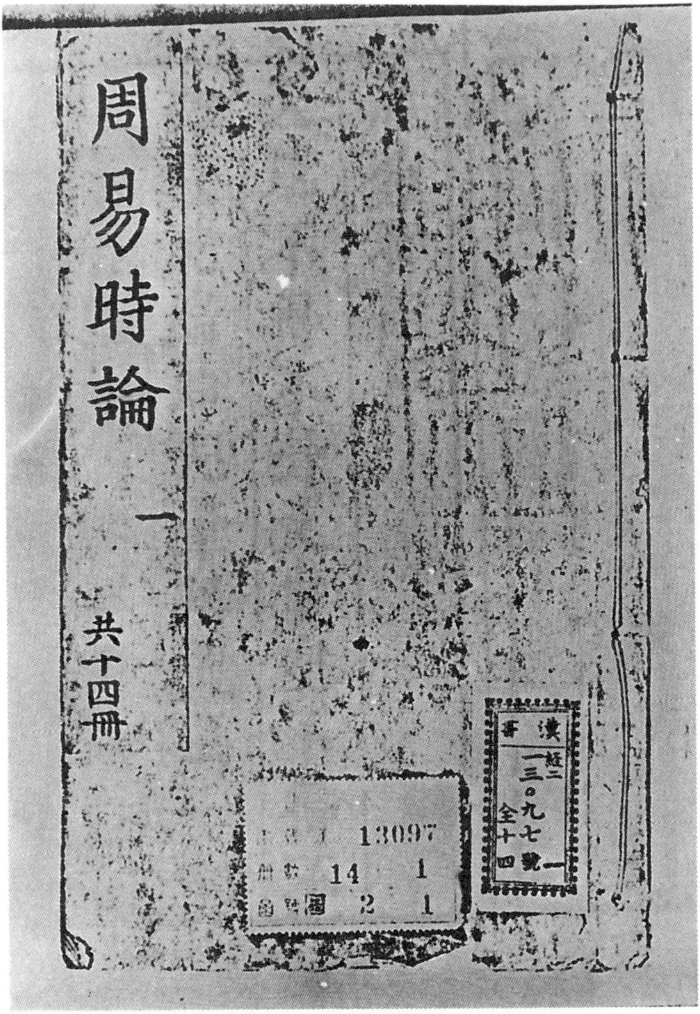

方孔炤著《周易時論》順治十七年刊本

（日本內閣文庫藏）

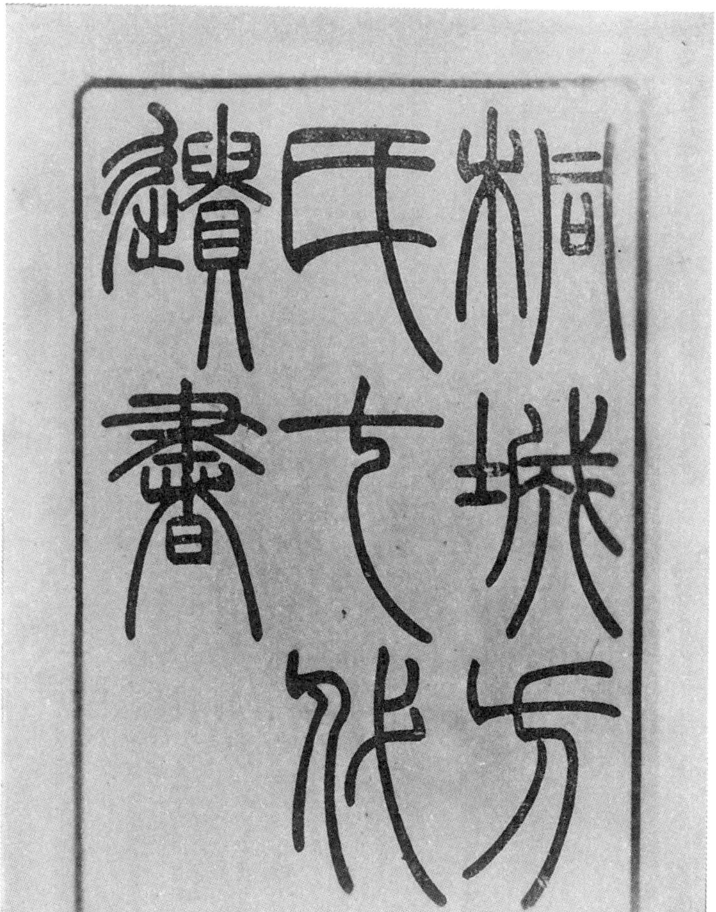

方昌翰編《桐城方氏七代遺書》光緒十四年刊本
（日本東洋文庫藏）

種，即《方齋小言》，《關西講堂課問》、《方齋補莊》。方張登（十六世）一種，即《褚堂文集》。方氏七世著述當然不只上述數種，方昌翰只是就所自出之祖，擇要刊行。書前有七代系傳，各附遺書考，對每人著作之存佚做了詳細的考證。方昌翰此舉不但於表揚祖德，功不可沒，對於吾人今日研究方氏家學更留下寶貴的史料。

方氏累代以忠孝與學問世其家，而影響所及，女子亦然。方法自沉望江完節以終，其妻鄭崇德哭曰：「寰土腥穢，固宜濯骨清江」。守節四十年如一日。方法女方川貞許聘盛郎，未笄而盛郎卒，川貞同殉未果，亦以完節終。至明末則有所謂「方門三節」，即指方孟式、方維儀、方維則。孟式字如耀，方大鎮長女，博學工書畫，能畫大士像，神采欲生，適山東布政使張秉文。崇禎十一年（一六三八年），清兵攻濟南，次年正月初二日城破，秉文戰死，遂投大明湖自盡；侍婢數人，亦感而同殉。著有《紉蘭集》八卷。有〈與妹方維儀書〉云：「吳人好名而不學，不獨男子然也」，章實齋謂「其言有丈夫氣，巾幗中少見此識」。方維儀字仲賢，方以智仲姑。年十七適姚孫棨，次年守寡。請大歸，守志清芬閣，博學高才，著有《清芬閣集》八卷。方以智曾爲作〈清芬閣集跋〉。維儀精禪理，擅畫白描大士。方以智十二歲喪母，便由方維儀扶養長大。方維則，字秀準，適吳紹忠，十六而寡，亦孀居守志，有《茂松閣集》。方孔炤曾於崇禎十七年（一六四四年）正月，上〈請旌表方門三節疏〉，以加表揚。方昌翰更因之欲編〈方族烈女行誼〉而未就。

除了「方門三節」以外，方以智妻潘翟，方中通妻陳舜英，方中履妻張瑩也都才德兼具。潘翟乃潘映婁女，小方以智三歲。自結髮爲婚後，患難與共，未嘗一日以魚軒象服之榮，耀其閭里，卻能秉其夫志，視功名如土苴，誡子孫不可趨時求榮。陳舜英係陳名夏三女，字玉佩，有《文閣詩選》一卷。粵難作，中通被逮，舜英有詩云：「世外猶遭難，人間敢惜生，便捐男子血，成就老親名，君指天爲誓，余懷刃是盟，一家知莫保，不用哭啼聲」，可見其臨難之不苟。張瑩有《友蘭閣遺稿》一卷，從兄張英曾爲撰序，不但論斷見識非流俗女子可比，即操守大節亦非一般學士大夫所能及。清初曾徵博學宏詞與隱逸於方中履，中履皆未往應，此與張氏之深明節義有密切關係。方中履有〈亡妻張氏行略〉稱其「富貴不動其心，窮約不易其守，學士大夫猶難之，況於閨閣」，又說：「余自隱遯以來，遇世情涼薄，有時難堪，尚不能不感憤，君則慰我勉我，其識、其論，類非世俗女子所及」。張氏志節於此可見一斑。

總之，方以智家世早在明末清初已有很重要的學術史地位，它不但在明清學術思想轉變過程中具有重要地位，即使在文學發展史上也有重要地位，清末譚獻便曾說方氏家學不但開乾嘉考據學先河，同時也開桐城派古文之先河。他說：「桐城方氏七世（指方學漸以下七世）之學，不獨靈皋侍郎（方苞）文辭授受之先河，抑亦閻（若璩）、顧（炎武）之流一代經師之先河」。後人論及桐城方氏總以方苞爲代表，實有失先河後海之意。何況方苞祖籍桐城，卻世居金陵，以之代表桐城方氏，亦欠允當。

三、略傳

方以智的一生約可分為六個時期：(1)在鄉時期（一六一一—一六二九年），即一歲至十九歲；(2)出遊及流寓金陵時期（一六三〇—一六三九年），即二十歲至二十九歲；(3)仕宦北京時期（一六四〇—一六四四年），即三十歲至三十四歲；(4)流離嶺南時期（一六四四—一六五〇年），即三十四歲至四十歲；(5)逃禪前期（一六五一—一六六四年），即四十一歲至五十四歲；(6)逃禪後期（一六六四—一六七一年），即五十四歲至六十一歲。茲依次略述於後。

1 在鄉時期

方以智於明神宗萬曆三十九年（一六一一年）十月生於安徽桐城之樅陽鎮。是月曾祖父方學漸自無錫東林書院講學歸，故乳名「東林」。祖父方大鎮以「易蓍圓而神，卦方以智，藏密同患，憂易不易」，取其名「方以智」，別稱宓山氏。因浮山有此藏軒，又稱浮山愚者；少讀書於龍眠山廖一峯下，故稱龍眠愚者。根據他的自述，他年九歲便能賦詩屬文，十二歲誦六經。長更博學，遍覽史傳，通陰陽象數、天官望氣之學，窮律呂之源、講兵法之要，意欲爲古之學者，遇時以沛天下。又善臨池，取二王之法；好圍棋舞劍，少知彈琴、吳歌、雜技等。由此可見方以智早年便很博學，而且有經世的大志。

方以智早年學術思想的形成受方大鎮的影響最大。七歲（萬曆四十五年，西元一六一七年）入塾讀書，方大鎮便親自爲他擇塾師，並撰〈示塾師〉一文，提示「下學上達」的教育原則（此亦方學漸主張）；方以智理學方面的造詣也可以說奠基於方大鎮。其次是王宣（一五六五—一六五四年），字化卿，號虛舟，方學漸門人，精於河洛象數易，授與方以智；並著有《物理所》一書，方以智於崇禎四年（一六三一年）梓行，並始撰《物理小識》；其次是白瑜，字瑕仲，號石塘，反對明末學術思想界虛病，而重視實學、經學。此外，方以智於九歲（萬曆四十七年，西元一六一九年），隨父至福建福寧州任所，在長溪聆聽熊明遇議論西學與物理學，也得到很大啓發。熊明遇著有《格致草》、《掖草》等。十二歲喪母，由仲姑方維儀扶養長大，自然也受其影響。

在鄉時期與周岐（字農父，號需菴）、孫臨（字克咸、號武公；後娶方以智妹方子耀）、六叔方文（字爾止，號嵞山）、舅氏吳道凝（字子遠，吳應賓獨子）最相往來。他們輩分或有不同，然年相若，所志亦同，故常同學、同遊；常感於時事而飲酒悲歌，雖至夜半，亦往往同遊深山，或歌市中，旁若無人。人人以狂生視之，他們亦以狂生自居。然而方以智始終把握「以曠達行吾曲謹」的原則，不因爲狂放而踰越禮法。

2 出遊及流寓金陵時期

方以智因慕司馬遷之周遊天下，於二十歲（崇禎三年，一六三〇年）載籍出遊江淮吳越間，其目的在遊覽山川名勝，並結交天下名士；結果他發現天下之所謂「名山大川」不過如此，而所見天下人物中，知己不過數人，大都材知相埒而已；更無所謂「如古人者，過古人者」。因此，乃回桐城準備入山讀書著書，並擬定了人生計畫，預定「從此以往，以五年（即二十歲至二十五歲）畢詞賦之壇坫，以十年（即二十五歲至三十五歲）建事功於朝，再以十五年（即三十五歲至五十歲）窮經論史、考究古今，年五十，則專心學易，少所受王虛舟先生河洛象數，當推明之，以終天年，人生足矣」。但是從後來方以智的遭遇來看，二十五歲至三十五歲雖曾任官於朝，卻爲權相所阻，經世之志未申，始終沒有立功於朝；反而從事於經史考證；三十五歲至五十歲則因國破家亡，沒有安定的環境與足夠的環境可以從事經史考證，反而逃禪深山，以易衍道。

崇禎七年（一六三四年）桐城民變，方以智被迫流寓金陵，以城西茅止生舊宅爲居，名「膝寓」，「軒堂蕭落，複道逶迤，旁有曲徑，疊石爲隴，有花樹扶疏其間，宎室三五，足容書榻，顏曰膝寓」。居此前後五、六年，有隨筆稱《膝寓信筆》；有詩數百篇，名《流寓草》，陳子龍曾爲撰序云：「大約皆憂愁感慨之作」。

流寓金陵時期一方面見流賊之日益猖獗而感傷時事，「意有所至，則發嘯歌；嘯歌而悲，人莫之知」；但是一方面則又嘆「家事好善，而善不可爲，家世好學而不學者嫉之，雖客居屑屑，譏訴日至。」蓋崇禎七年桐城民變，其父方孔炤適丁父憂在鄉，遂一面託言招安，設法解散，一面暗佐縣官，措處兵餉，不到一月使渠魁授首者三十餘人，生擒六十餘人，民亂因以平定。但是此舉保全了巨室，卻似不免得罪百姓，所以方以智流寓金陵便難免「譏訴日至」，而有「家世好善而善不可爲」之嘆。

方以智在這種矛盾心理下選擇了讀書做爲人生努力目標。他在崇禎十年（一六三七年）二十七歲之年，用寓言體寫成〈七解〉一文，假設了人生八條可行之路而一一加以分析選擇。一是「逢俉子」所代表的科舉功名之路，二是「握輒子」所代表的講食貨計研之路，三是「橫世君」所代表的結交天下豪傑之路，四是「程勇公」所代表的伏闕上書之路，五是「縝栗先生」所代表的入山深隱之路，六是「罔寠老人」所代表的求神仙長生之路，七是「輕媠少年」所代表的及時行樂之路。這七條路都是庸俗社會所奔走熱中的，都被方以智一一加以否定，最後方以智選擇了「故人」所代表的「研細席、同食啖、溫古昔、考當世」的讀書之路。也因此他比以前更加博學，舉凡經解、性理、物理、文章、經濟、小學、方伎、律曆、醫藥、史事、詩文，無不專攻；《通雅》與《物理小識》也就是大部分在此期間完成的。

明末金陵是人才薈集、社事頻繁之地。方以智流寓此地也參與社事，並結交不少朋友。崇禎六年（一六三三年）與楊文聰舉國門廣業社第二次大會；崇禎九年（一六三六年）黃宗羲患瘧，方以智爲診尺脈。黃宗羲在《思舊錄》中對此事始終念念不忘；而且對其年少才高表示由衷敬畏，曾說：「余束髮交遊，所見天下士，才分與余不甚懸絕，而爲余之所畏者，桐城方密之、秋浦沈崑銅、余弟澤望及子一四人」。此外方以智與侯方域、陳貞慧、冒襄友善，合稱明末四公子，是明末秦淮河畔的風流才子。但與阮大鋮之結仇亦在此時。阮大鋮是天啓朝閹黨，崇禎五年（一六三二年）於桐城組中江社，結交六皖名士以洗清惡名，錢秉鐙首入其社。是年方以智遊吳回桐，爲疏閹黨，辨氣類，勸錢秉鐙脫離，中江社因之解體，阮大鋮恨甚。崇禎十一年（一六三八年）復社人物顧皋、黃宗羲等在金陵出〈留都防亂公揭〉驅逐阮大鋮。是時方以智隨父在楚撫任所，雖接陳貞慧書而未署名覆書，但阮大鋮卻始終誣方以智爲幕後主謀。福王即位南京，阮大鋮當權，藉機大捕東林復社人物，方以智亦名列其中，不得已乃亡命嶺南。

3 仕宦北京時期

方以智於崇禎十二年（一六三九年）中舉人，十三年（一六四〇年）中進士，至崇禎十七年（一六四四年）止，前後四年餘都仕宦北京，是爲仕宦北京時期，顏所居曰曼寓，號曼公，所撰文稱《曼寓草》。收入《浮山文集前編》卷四、五、六。

仕宦北京時期，方以智首先遭遇到其父孔炤下冤獄之事。方孔炤於崇禎十一年（一六三八年）受命爲湖廣巡撫，討伐張獻忠。時相楊嗣昌、總理熊文燦不但力主撫議，且以糧餉納獻忠降。孔炤力排眾議，主張力剿，且上疏詳言可剿與必剿之策，以及獻忠之雖降必叛。後果料中，楊、熊甚恨。遂以崇禎十二年香油坪一敗，逮下詔獄。方以智乃於崇禎十三年三月以中式舉人上〈請代父罪疏〉，力言孔炤撫楚年餘八戰八捷，且香油坪之敗咎不在孔炤，故願如緹縈之求代父死、吉翂之爲父白寃。聖旨以「殿試在即，方以智不得以私情陳情」。但方以智依然「食不肉、衣不帛，終日嗚咽啼泣，出入圜扉省親不倦，並求百官代爲上達」，如是者一年八個月，崇禎皇帝終爲其孝心所感動，一再感嘆說「求忠臣必於孝子之門」，而釋放了孔炤。此次的寃獄，使方以智深刻地認識到朝廷惡性官僚不但不能公忠體國、消滅賊亂，反而排除異己、誣陷忠良的腐敗面目。

時事的危急與崇禎帝的平寃，使方以智經世思想達到高潮，崇禎十七年（一六四四年）正月，方孔炤受命以都察院右僉都御史降一級戴罪河北山東的屯務，二月兼理軍務，督同廣大二道就近禦防，方以智遂於正月二十四日上〈請纓疏〉，求「以兵曹參謀，出聯鎮協」，「如范仲淹之子，挺身行伍」，「父子枕戈，君親竝報」。二月初三日蒙詔對德政殿，方以智提出四策：一言督撫之權當重。主張「凡臨敵之撫，勿掣其肘，所屬之官，應令自選報部；錢穀之數，惟所適撥，則郡邑皆將也」；二言衛軍興屯。主張「凡上林草場諸楚地，西北山諸楚水，似可先之勞之；該管衙門，募屯開種，三春一麥，便見充盈」；三言招商海運；四言用人練才，鼓舞之幾。皇上對所言四策甚表稱賞，但卻爲時相所沮，終未得用。因此方以智經世之志又因惡性官僚而遭到挫折。旋即有三月二十九日李自成攻陷北京、崇禎帝自縊煤山之事。方以智哭帝於東華門爲李自成所執，備受拷打不肯降賊，終於四月十二日夜乘機逃出北京，於五月十日抵南都。

方以智仕宦北京期間，雖因朝廷惡性官僚掣肘，始終未能立功於朝，但是讀書學問卻未曾一日廢置。當孔炤遭寃獄，方以智每日掩寓讀書，並與翟鴻圖、吳恭順往來，研究金石、漢唐碑搨以及唐宋以前各種珍籍秘本。出入圜扉省親之際，又常聆聽方孔炤與黃道周所論象數易，對於方以智易學有很大啓發。此外《通雅》與《物理小識》也在此期間加以補充與定稿。

4 流離嶺南時期

方以智於崇禎十七年（一六四四年）五月十日抵南都，時福王即位南京，馬士英、阮大鋮用政，藉機大捕東林復社。阮大鋮誣加方以智降李自成之罪名，列名追捕，不得已離開南都，變姓名流離嶺南，以賣卜賣藥爲生，無意中卻爲同年進士南海參議姚奇胤所遇，遂館姚署中，是爲乙酉年（一六四五年）。桂王於次年丙戌（一六四六年）十月即位肇慶，以明年爲永曆元年。以擁戴有功，擢左中允，充經筵講官。旋與司禮太監王坤不和，掛冠離去，不入班行。永曆元年（一六四七年）二月拜禮部尚書東閣大學士，方以智上疏固辭，旋隨帝奔靈川，三月居夫夷蓮潭庵，四月二十日因岐華互爭，避兵孤行，六月至沅，七月入蘭地天雷苗。二年（一六四八年）至貴州赤溪土司，武岡羅公洞口，大埠猺，而於是年冬回桂林，隨即隱居平樂平西山，至永曆四年（一六五〇年）十月平樂爲清兵所陷爲止。

流離嶺南時期，永曆帝曾十次下詔，令其入閣，但方以智連上十疏辭之。據永曆元年（一六四七年）二月晦日〈夫夷山寄諸朝貴書〉表示其所以不能入閣有「三不能」、「三可笑」、「三不便」。他說：「自北都萬死守節而歸，爲馬阮所陷，以白爲黑，忠臣灰心，灑天瀰海，即得怔忡驚悸、嘔血頭暈之症，病且一年，今桂林復發之後，僅存人形耳。近日目昏不見，加以氣逆，一有所思，則暈大如斗，何以勝勞乎？一不能也。賤性狂直，見人之不善，則若不能容。今日之勢能一刻與人處乎？二不能也。性又疏懶，每答人一書，則先愁竟日，病來尤甚，晝刻之時，四分皆臥，今何以接待羣賢？三不能也。當端州會議，自矢不加官，方在屢疏控辭，而今乃坦然受之，食言不信，違神不祥，一可笑也。生平愛閒居，不慕官爵，見人營營，嘗笑之，而今何以自白？二可笑也。本文弱書生，而氣奮則欲橫尸戰場，今出則速死耳，殊非年來難後所講老莊之學，三可笑也。一弟議廢三衙門，以六曹帶之，分班直中書，又欲廢巡方，廢監司，今可行乎？一不便也。一思議不必每事差朝臣，今諸公乞差者差矣，朝堂幾空，得無怪乎？二不便也。一賤性外和內方，若一念耑至，則百情俱斷，遇事執強，毋乃嫌之乎？三不便也。」以上所謂三不能、三可笑、三不便，不外乎⑴亂後身體虛弱，不勝勞苦，⑵個性狂直，嫉惡如仇，⑶個性疏懶，不能理繁忙朝政，⑷端州會議曾自矢不加官，⑸生平愛閒居不慕官爵，⑹難後所講爲老莊之學，⑺政治改革主張將不能爲朝臣所受容。方以智立功於朝廷之雄心已經大減，代之而來的是老莊退隱之路。

對現實政治的冷感，並不意味著對於國事的漠不關心，因此方以智一面上〈十辭疏〉，苦辭閣銜，一面卻條陳〈芻蕘妄言〉，以獻救國之策。〈芻蕘妄言〉是永曆元年（一六四七年）所撰，共五策，一言制之當更，二言土塞當倡，三言議餉當求其源，四言說士之當求，五言間使之當廣。

5 逃禪前期

方以智於永曆五年初逃禪梧州，故大約自永曆五年（一六五一年）至清康熙十年（一六七一年）前後二十一年是逃禪時期。其間又分為前後兩期，自永曆五年至康熙三年（一六六四年）為逃禪前期；自康熙三年至康熙十年為逃禪後期。逃禪梧州時期法名行遠，字無可；禮覺浪道盛禪師於天界，更名大智，又稱弘智。別號很多，主要有藥地、欒廬、五老、木立、墨歷、極丸老人、筍參上人、青原愚者智、浮渡智等等。

方以智自永曆三年（一六四九年）隱居廣西平樂平西山，永曆四年十月錢秉鐙適至，又逢方以智生日，故同飲於平樂焦璉幕中。方以智送錢秉鐙後，自昭江返，未及平樂，聞平樂已陷，其家人被執，問方以智所在，告之以在迴仙洞嚴煒（字伯玉，常熟人，大學士嚴訥之孫，授光祿寺卿，隱居迴仙洞）家，清將乃發二十餘騎往迴仙，適方以智亦至。清兵縛嚴煒，拷掠備至，方以智乃薙髮僧裝出以免嚴煒。遂至平樂見馬蛟麟，蛟麟諭之降，不屈，脅之以刃，誘之以袍帽，皆不答，蛟麟乃延之上坐，禮之甚恭，因請出家，故隨之至梧。逃禪梧州年餘，先後在冰井寺、大雄寺、雲蓋寺。永曆六年（一六五二年）三月，施閏章奉使廣西抵桂林，與方以智訂交雲蓋寺，並同遊冰井寺。同年七月與施閏章越梅嶺北上，並同遊匡廬。永曆五年（一六五一年）於冰井寺做〈和陶飲酒〉詩二十首，詩中可見他對廬山之陶淵明與遠公遺跡的嚮往，以及回桐省親的強烈欲望。

永曆七年（一六五三年），回桐，皖開府李亢勸其出仕，贈以袍帽，方以智表明了逃禪與不仕異族的決心，並往天界禮覺浪道盛禪師爲師。是年冬，受大法戒，閉關高座寺竹關，覺浪爲作〈破籃莖草頌〉，又爲作〈莊子提正〉，是後來撰《藥地炮莊》的引子。方以智入關又撰〈象環寤記〉表明三教歸儒的主張。

永曆九年（一六五五年），孔炤卒，方以智破關奔喪，並於合明山下結欒廬守墓三年，稱欒廬大師。令三子中德、中通、中履續成《周易時論合編》，並以易理會通三教萬法。

永曆十一年（一六五七年）廬墓期滿，至江西寧都訪易堂諸子，與魏禧、邱維屏尤爲相契。隨至新城縣廩山，此後六、七年間雖屢易其所，但大抵不出新城縣境。

方以智逃禪前期生活極爲艱苦。錢秉鐙詩有「十日無棲此夜偏，故人衣被擬同眠，那知難後貧如我，抵足牛衣劇可憐」。這是逃禪梧

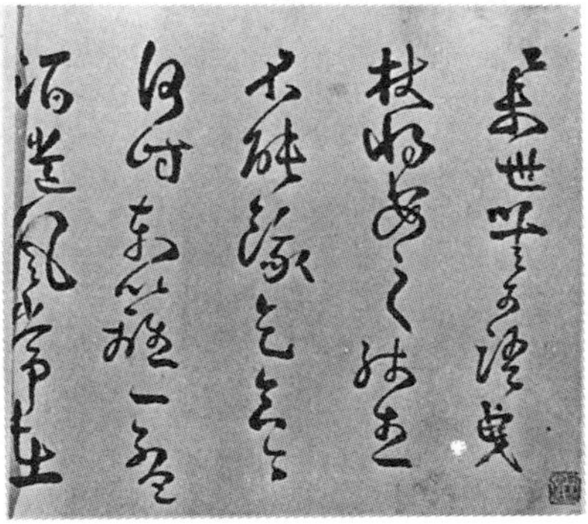

卷首

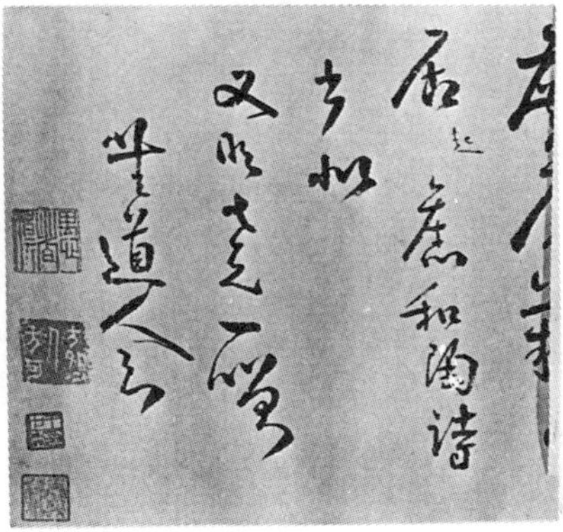

卷末

方以智書〈和陶飲酒〉詩卷真蹟

（王雪艇先生舊藏，今已捐贈故宮博物院）

州之初貧苦生活的寫照。遊廬山時，以苦行頭陀現身，熊開元親見，說他「肩大布衲遊行，即以爲臥具，別無鞵袋鉢囊」，錢謙益〈題無可道人借廬語〉亦云：「無可道人……薙髮入廬山，披壞色衣，作除饉男」。在廬山時期，錢秉鐙有〈寄藥地無可師〉詩描述得更爲真實。詩云：「風動知歲晚，木落知天寒，居人篝火坐，各各掩其關，言念藥地翁，一身棲廩山，廩山在何所，草屋八九間，江右土氣薄，況經兵燹殘，緼袍豈能溫，粗糲寧可餐，又聞終歲病，鬚鬢不復斑，豈徒無與侶，枯淡恐無歡，念此不能往，喟焉摧心肝。」可見方以智逃禪前期生活之貧苦。

6　逃禪後期

方以智自康熙三年（一六六四年）冬應吉州諸護法之請，入主青原山七祖道場，至康熙十年（一六七一年）秋自沉於萬安爲止，前後近七年是逃禪後期。大抵活動範圍都在青原山，因此也可以稱爲住持青原時期。

青原山原名安隱山，在江西廬陵縣境內，山有安隱寺，自唐開元間七祖行思禪師弘揚佛法於此，始成勝地。至宋始改名淨居寺。其後佛法漸衰。至明末由於陽明學盛於江右，鄒守益、聶豹諸公借寺春秋講學。至萬曆四十三年（一六一五年）鄒元標才把會館移至山前，並還寺於僧。僧徒乃興土木、修寺院，繼則延師開堂說法，禪侶漸集。永曆十一年（一六五七年）笑峯大然禪師奉覺浪道盛之命入主，永曆十四年（一六六〇年）笑峯卒於金陵，返厝青原。康熙三年（一六六四年）冬方以智又應邀入主，青原宗風一時稱盛。

青原山除爲佛教盛地以外，也是江右王學重鎮，鄒元標既還寺於僧，乃別建五賢祠（所祠五賢指王守仁、鄒守益、聶豹、歐陽德、羅洪先）與傳心堂，講學不輟，至清初施閏章以理學大儒分守湖西更盛。施閏章於五賢祠左建聖域坊，右建祖關坊，並於傳心堂左建仁樹樓，右建見山樓；樓以藏書，由郭林守之。

青原山既有淨居弘揚佛法，又有傳心堂闡揚儒學，遂爲荊杏雙修、三教合一盛地，方以智晚年主張三教合一與這種天時、地利的環境有密切的關係。

青原山所以在明末清初成爲三教合一、學風頗盛之地，與「人和」也有密切關係。除了二愚（施閏章，號愚山；方以智，號愚者）之唱和以外，廬陵知縣于藻爲最重要，于氏爲方以智流寓金陵時期好友于司直之子，以政事之暇，參究禪學，力爲檀護，並建禪堂，建歸雲閣、建晚對軒，與青原淨居寺之盛有很重要影響。

方以智住持青原山時期不但會通三教、以易衍道，同時刊行了生平重要著作。康熙三年（一六六四年）刻《藥地炮莊》九卷、《物理小識》十二卷；康熙五年（一六六六年）刊《通雅》五十二卷。此外還爲覺浪道盛禪師編輯語錄，成《天界覺浪道盛禪師全錄》三十三卷；並與施閏章合編《青原志略》十三卷。住持青原時期亦頗多山水之樂，康熙五年往遊武功山，搜得圖坪千丈崖瀑布，回青原山後發現小三疊瀑布，徵文四方，一時傳爲美談，青原之以瀑布名蓋亦自此始。往來青原的人士因之更眾，方以智的交往也因之更廣。

方以智在逃禪以前已備受社會上與學術界「忌才忌能」、「善妒成風」之害，逃禪之後

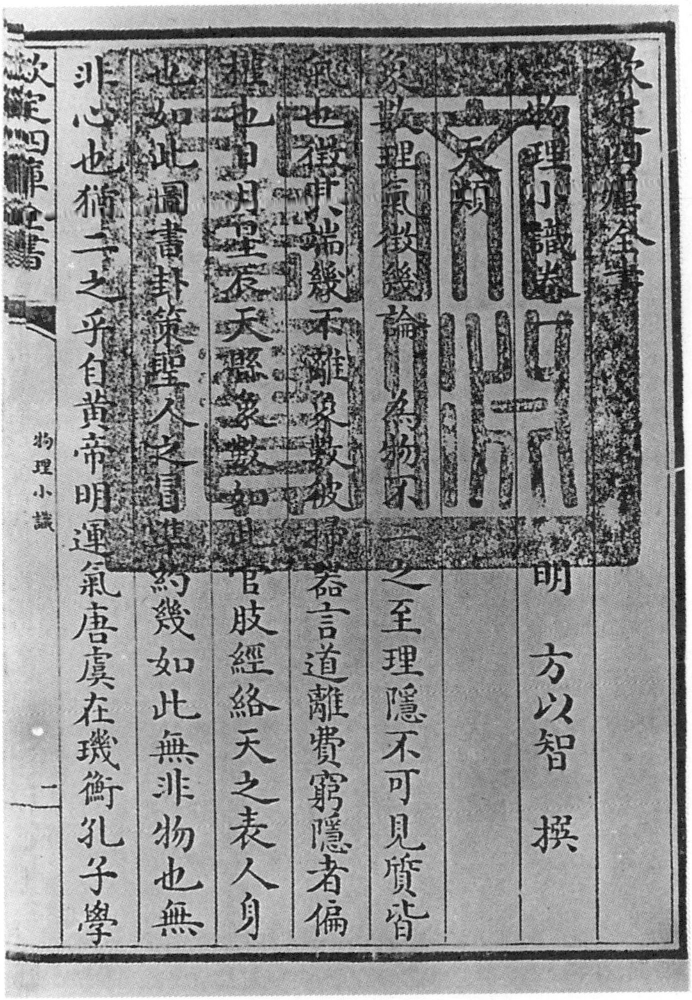

欽定四庫全書

物理小識卷一

明 方以智 撰

天類

象數理氣徵幾論為物不二之至理隱不可見質皆

氣也徵其端幾不離象數彼掃器言道離費窮隱者偏

權也日月星辰天懸象數如此官肢經絡天之表人身

也如此圖書卦策聖人之冒準約幾如此無非物也無

非心也猶二之乎自黃帝明運氣唐虞在璣衡孔子學

欽定四庫全書

物理小識 一

方以智著《物理小識》四庫全書本

（故宮博物院藏）

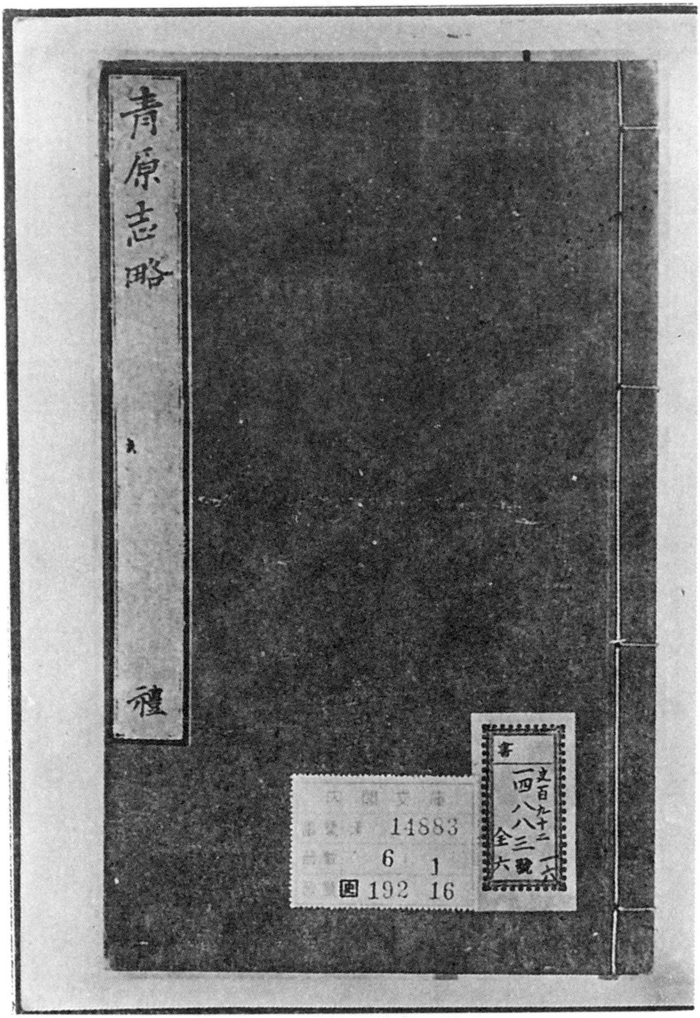

方以智編《青原志略》康熙八年刊本
（日本內閣文庫藏）

更甚。魏禧有〈讀史雜詠呈藥地大師〉詩，把方以智比諸都區賢，說「華秋滕兔，獵夫解貪，孝子在廬，猛虎俛顏」，並自註：「師廬墓後始脫疑謗」。可見廬墓期間（一六五五—一六五七年），不但遭人疑謗，而且還有人企圖加以謀害。永曆十五年（一六六一年）魏禧又有〈同林確齋與桐城三方書〉，勸方以智三子（即中德、中通、中履）「賣田宅、省徭役，使親戚朋友不相望，然後輕去其鄉，擇隱樸之地而托處以自遠於是非利害」。方氏乃桐城望族，當時奴變之風很盛，魏禧所勸與此或不無關係。

康熙六年（一六六七年），魏禧又有〈與木大師書〉。認爲方以智住持青原三年以來，因「道譽日盛，內懷憂讒畏譏之心，外遭士大夫羣衲之惟奉，於是接納不得不廣，干謁不得不興，辭受不得不寬，形跡所居，志氣漸移」，如此難免予小人以讒言、陷害之機，故勸其應如佛史上之古德，在道行法明之日，「掛鞋曳杖，滅影深山」。但是方以智以「士惡異己必吹其疵」，主張「止謗不辨」。而且從客觀環境上說，明末清初青原山正是方以智會通三教的最好時地，故對魏禧之忠言當然只有婉謝了。

康熙九年（一六七〇年）十一月初一日，方以智以「老病」辭淨居寺而退休。青原法侄爲築烹雪堂於青原，泰和首山中千監院亦爲築陶菴大悲閣，故康熙九年在烹雪堂過冬後，才退居泰和陶菴之大悲閣。至秋自沉於贛江惶恐灘頭，完節以終。距退休不到一年，距魏禧書勸也才四年。

四、著述

明末清初鼎革之際，文獻典籍頗多亡佚。特別是晚明諸遺老，或滅影深山，或避時諱，其著述更是湮沒不彰。清末民初以來，顧炎武、王夫之、黃宗羲諸大儒的遺書全集已經大部分整理出版；他們在學術思想史上的地位也得到相當的確定。而方以智不但很多著作至今尚未發現，就是已經發現的抄本也大多尚未整理出版，因此方以智的學術思想目前還缺乏全面而深入的研究，其在中國學術思想史上的地位也更無由確立。有鑑於此，本章將略考方以智著述，並略加介紹，希望藉此喚起大家對方以智遺書的注意，並冀望《方以智遺書全集》能因此早日問世。

據方昌翰《桐城方氏七代遺書》的考證，方以智除了《通雅》五十二卷、《物理小識》十二卷、《藥地炮莊》九卷載入《四庫全書》（其實《藥地炮莊》只有存目，而未著錄）以外，見於經義考者有《易餘》二卷；家藏抄本有十八種，即《稽古堂詩文集》、《嚮言》、《膝寓信筆》、《冬灰錄》、《象環寤記》、《此藏軒別集》、《此藏軒尺牘》、《廬墓考》、《東西均》、《鼎薪》、《正韻箋補》、《切韻聲源》、《一貫問答》、《猺峒廢稿》、《會宜編》、《經考》、《禪樂府》諸書；他如《學易綱宗》、《易籌》、《諸子燔痏》、《四書約提》、《漢魏詩風》、《陽符中衍》、《旁觀鐸》、《太平鐸》、《烹雪錄》諸書百餘種，已佚去無存。方昌翰所謂「佚去無存」的著作目前吾人也沒有新的發現，但是十八種抄本中，目前被發現的有七種，即《東西均》、《象環寤記》、《冬灰錄》、《廬墓考》、《一貫問答》、《會宜編》、《易餘》等，前兩種已於一九六二年合訂出版。他如《切韻聲源》見於《通雅》卷五〇，《稽古堂》初、二集見於《浮山文集前編》卷一、卷二，《廬墓考》見於同上卷二，《猺峒廢稿》見於同上卷十。收入《桐城方氏七代遺書》的則有《稽古堂》初二集、《膝寓信筆》及《嚮言》三種，但經容肇祖考證，《嚮言》是錢謙益的作品。

近數十年來由於方以智的哲學思想受到普遍的重視，因此對其著作的搜集更有系統。據一九六〇年發表的統計中指出：方以智現存的遺著中除了《通雅》與《物理小識》以外，還有以下幾種。

㈠文集詩集方面

(1)《浮山前集》十卷

(2)《浮山後集》四卷（抄本）

(3)《博依集》十卷（存七卷）

(4)《流離草》（抄本《方密之詩鈔》摘錄）

(5)《流寓草》（同上）

(6)《藥集》（抄本）

(7)《膝寓信筆》（見《桐城方氏七代遺書》）

(8)《象環寤記》（抄本）

(9)《合山欒廬占》（抄本）

㈡哲學著作

(1)《藥地炮莊》（刊本）（成都美學林排印本不全）
(2)《東西均》（抄本）
(3)《易餘》（抄本）
(4)《性故》（又名《會宜編》。抄本）
(5)《一貫問答》（抄本）

(三)語錄

(1)《冬灰錄》（抄本）
(2)《愚者智禪師語錄》（嘉興藏本）

(四)史學著作

(1)《兩粵新書》

(五)音韻學著作

(1)《四韻定本》（抄本）
(2)《正叶》（抄本）
(3)《五老約》（抄本）

(六)醫學著作

(1)《内經會通》（抄本）
(2)《醫學會通》（抄本）

(七)雜著

(1)《廬墓考》（抄本）

(2)《印章考》（見《篆學瑣著》）

以上除了《通雅》、《物理小識》外，計二十四種。二十四種中除《浮山文集前編》、《藥地炮莊》、《愚者智禪師語錄》、《兩粵新書》、《印章考》五種以外，都是新發現的珍貴抄本。但是《兩粵新書》據朱希祖的考證，已斷定其非方以智所著。書中對瞿式耜頗加詆毀，對五虎更是攻擊不遺餘力，可見它可能是吳黨人士假方以智之名以攻楚黨者；其文字粗俗不堪，更足以斷定其非方以智作品。

除了方昌翰與侯外廬的考證以外，從方以智本人文集中還可以看到他曾經有《史漢釋詁》、《五言古詩》、《稽古堂雜錄》、《醫學》、《嶺外文（編）》、《史紬》、《易義》等著作，但皆已散佚。《浮山前集》（《流離草》）、《浮山後集》（《鳥道鳴》、《無生寱》、《借廬語》）二種抄本，則爲方杰人師所珍藏。

《浮山前集》（《流離草》）是方以智流離嶺南時期的詩集，似係家塾抄本，無卷數、頁數，但有方以智親筆批改筆蹟。封面上有「浮山前集」與「流離草」並排字樣，內頁署有「愚者著」字樣，並有「文忠少子中履謹藏」陽文朱印。「愚者」即方以智，私謚文忠。中履即方以智第三子。

《流離草》有詩二二二篇，時間上自隆武元年（一六四五年）至永曆四年（一六五〇年），每詩皆依時間先後有秩序地排列，是研究方以智流離嶺南時期最珍貴的史料。大陸上搜集方以智著作中也有《流離草》，但那是從《方密之詩鈔》中節錄出來，一定不全。

《浮山後集》（《鳥道鳴》、《無生寱》、《借廬語》）也是方杰人師珍藏之手抄本。封面有「浮山後集」與「鳥道鳴、無生寱、借廬語」並排字樣。無卷數、頁數。亦經方以智手批。除了《鳥道鳴》（只有〈齋戒〉與〈平西禮佛〉兩首）以外，都是永曆四年（一六五〇年）平樂陷後，至永曆七年（一六五三年）回桐省親數年間的詩集。換言之，「無生寱」是逃禪梧州時期所作，《借廬語》則是遊廬山時期所作。錢謙益曾有〈題無可道人借廬語〉，作於永曆七年。《浮山前集》（《流離草》）、《浮山後集》（《鳥道鳴》、《無生寱》、《借廬語》）是方以智流離嶺南與逃禪前期詩草，是極珍貴的史料。

目前臺灣公藏方以智著作有《浮山文集前編》十卷（中央研究院歷史語言研究所傅斯年圖書館）、《通雅》五十二卷、《物理小識》十二卷、《藥地炮莊》九卷（史語所傅斯年圖書館。已由廣文影印）、《愚者智禪師語錄》四卷（嘉興藏，藏國家圖書館，今收入《中華大藏經》）、《兩粵新書》（僞書）、《印章考》（《篆學瑣著》）等。

要理解方以智不能只局限於他本人的著作；如他晚年與施閏章編輯出版的《青原志略》一書便收錄了方以智許多詩文，是理解方以智住持青原時期不可缺少史料；《天界覺浪道盛禪師全錄》三十三卷是方以智所編，其中有不少方以智按語，而且師徒兩人思想上有頗多契合，也是藉以理解方以智思想的重要史料。此外如方孔炤《周易時論合編》二十三卷，更可藉以理解方以智易學主張。

總之，目前方以智著述雖有許多發現，但大多爲抄本，整理出版的還少；我們希望羣策羣力、廣爲搜求，並促成《方以智遺書全集》早日問世。

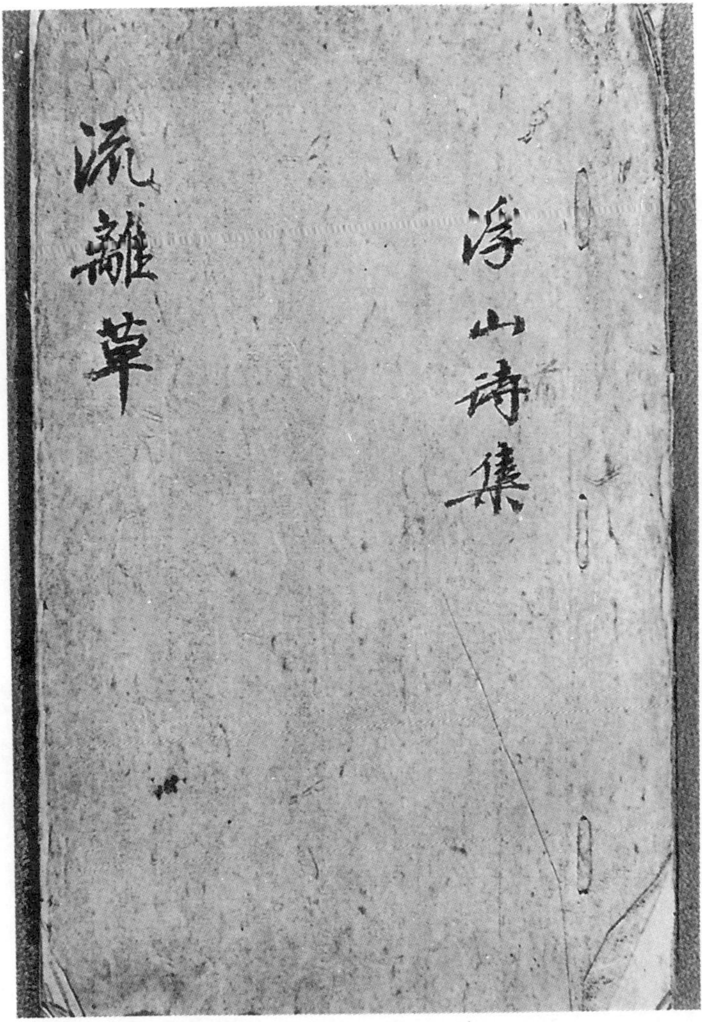

方以智《浮山前集》(《流離草》)抄本
(方杰人師珍藏)

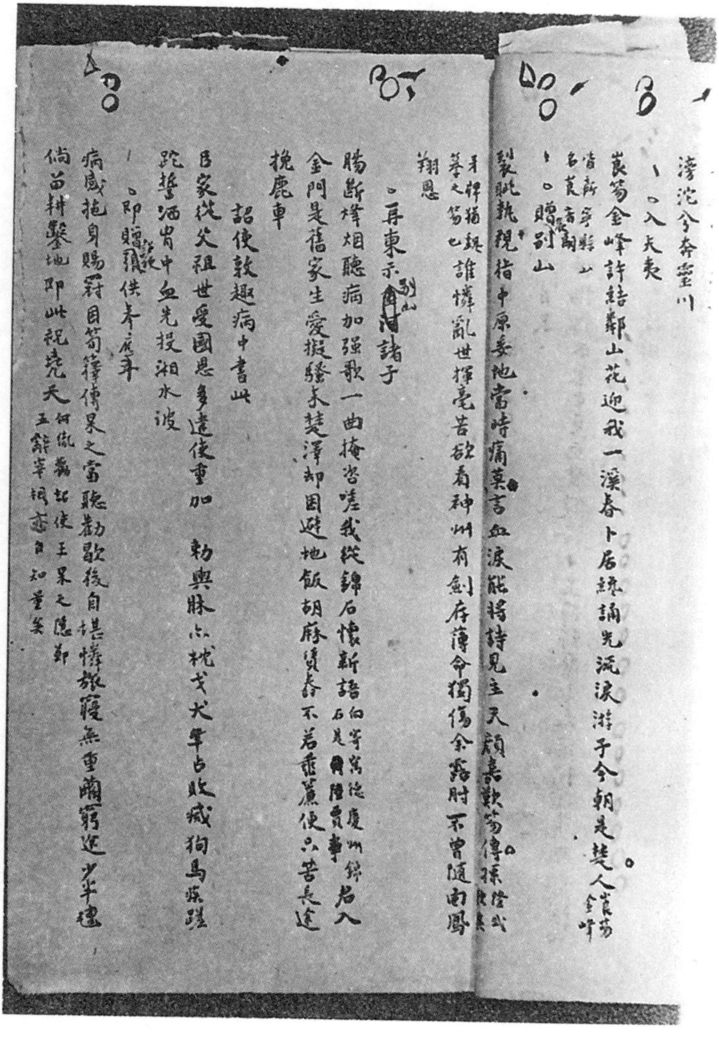

方以智《浮山前集》（《流離草》）抄本內頁之一

（方杰人師珍藏）

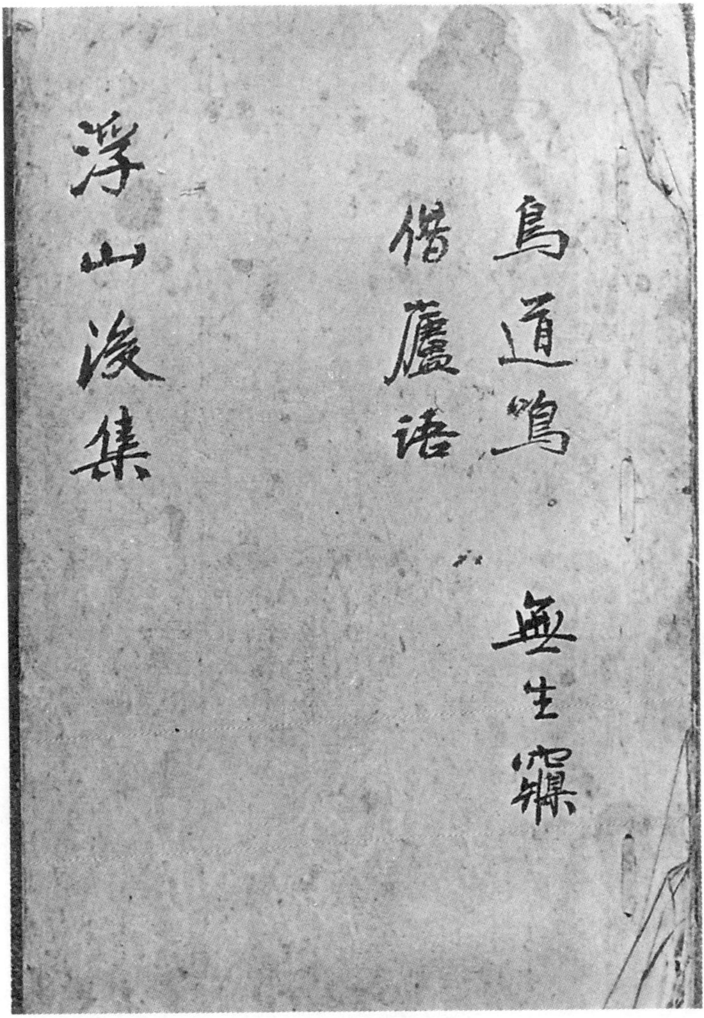

方以智《浮山後集》（《鳥道鳴、無生寱、借廬語》）抄本
（方杰人師珍藏）

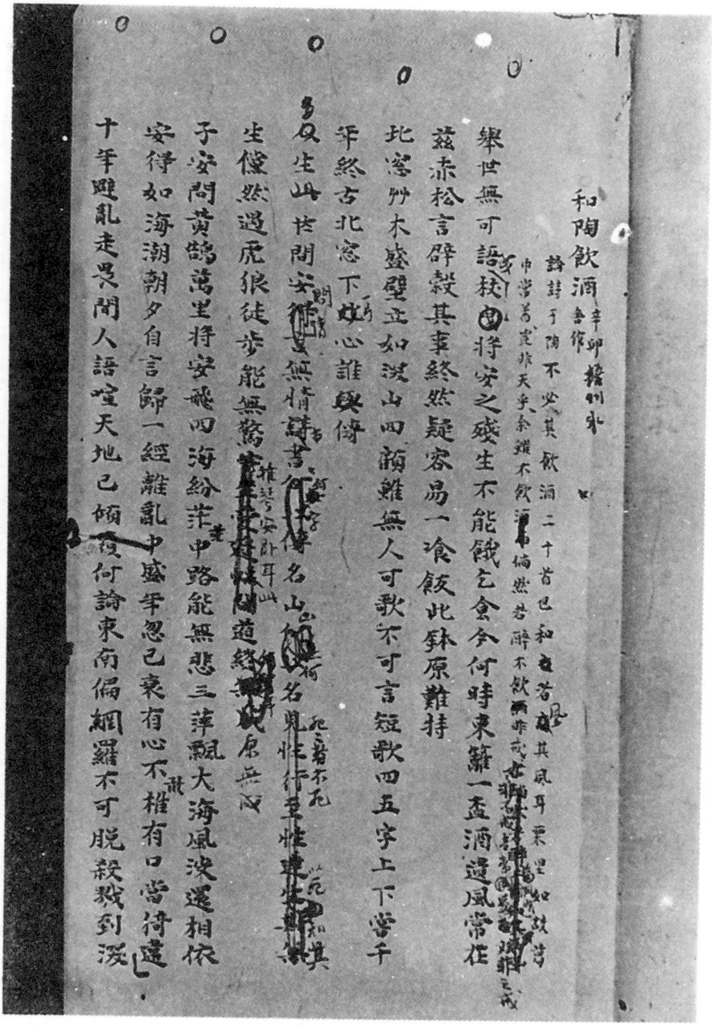
和陶飲酒 辛卯梧州作

舉世無可語，被因將安之？矮生不能餓，乞食今何時？東籬一盞酒，還風常住

茲。赤松言辟穀，其事終然疑。容易一飡飯，此缽原難持。

北窗竹木盛，壁立如澳山。四顧雖無人，可歌不可言。短歌四五字，上下當千

年。終古北窗下，此心誰與傳？

[illegible]

生儻然過虎狼，徒步能無驚？[illegible]道終[illegible]，原無成。

子安問黃鵠，萬里將安飛？四海紛茫中，路能無悲？三萍飄大海，風波還相依。

安得如海潮，朝夕自言歸？一經離亂中，盛年忽已衰。有心不摧，有口當待遺。

十年避亂走，異聞人語喧。天地已傾[illegible]，何論東南偏？網羅不可脫，殺戮到深

方以智《浮山後集》（《鳥道鳴、無生寱、借廬語》）抄本內頁之一

（方杰人師珍藏）

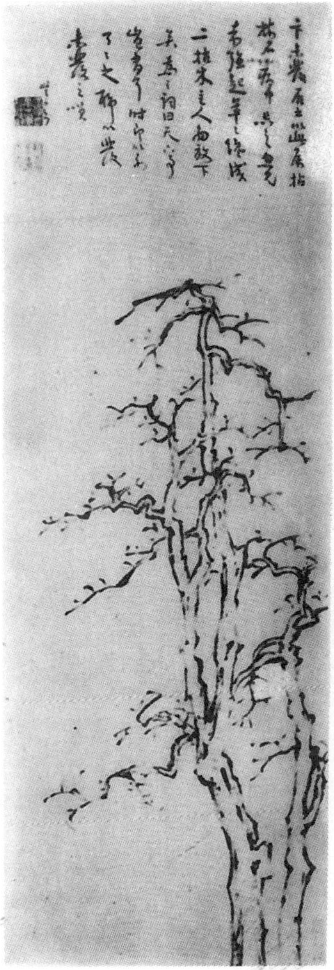

方以智枯木圖軸

方以智山水冊

方以智山水冊

五、思想淵源

方以智的思想可以分為三個主要的構成部分，一是理學，二是易學，三是佛學。而這三個部分都有明顯的思想淵源可尋，茲略述之。

1 理學

方以智的理學主要淵源於其家學。自曾祖父方學漸倡導理學以後，祖父方大鎮紹之、父方孔炤承之，至方以智集其大成。一般而言，方氏理學起碼有以下三個特點：一是主性善，二是主崇實，三是主藏陸於朱。

•性善說

性善說乃針對性無善無惡說而發。明中葉王陽明曾云：「無善無惡心之體，有善有惡意之動，知善知惡是良知，為善去惡是格物」，其目的實在闡揚性善與致良知之旨；但弟子王畿卻根據「無善無惡心之體」一語，發展出「心是無善無惡之心，意即是無善無惡之意，知即是無善無惡之知，物即是無善無惡之物」，換言之即主性無善無惡說。後來由於「王學左派」與狂禪派的發揮，性無善無惡說幾乎取代了性善說而成爲一般人所信仰的性說；李贄更因此著《藏書》任意顛倒歷史是非，社會的是非標準因而逐漸遭到破壞。故有識之士，特別是王學江右學派、東林學派都力主性善說以反駁王畿性無善無惡說；方學漸便是主張性善說的代表者之一。他認爲往聖先賢都以性善說相傳，如孔子之「繼善」，曾子之「止善」、顏子之「擇善」、子思之「明善」、孟子之「性善」、宋儒之「人性皆善」、「純粹至善」，王陽明之「吾心純乎理而無人爲之私謂之善」，都是性善說的一脈相傳；無善無惡說則始於告子、瀾於釋氏，更瀾於王畿；告子得孟子之闢而止，釋氏雖經宋儒力闢，卻旋熄旋燃，王畿卻借兵二氏，集虛無之人成。可見性善與性無善無惡在歷史上是完全相異的兩個傳統。方學漸認爲唯有性善說才是儒家正學，性無善無惡則是偏說；因爲「由善之說，善之又善，究之乎爲賢爲聖；由無之說，無之又無，究之乎無父無君」，因此他主張「至善心之體也，誠意誠此善也，致知明此善也，格物爲此善也，爲善而復於至善止矣。此謂本體工夫合一之學」。換言之，唯有根據性善說才能使人性朝向至善的境界發展，才能達到致良知與知行合一的本體工夫合一之學，才算符合陽明學說本意。方學漸終生倡導性善以闢王畿性無善無惡說，與東林學派主張相同，故顧憲成對他非常推崇，死後門人私諡「明善先生」。

方學漸這種性善說爲子孫所紹承。方大鎮說：「性善之宗，吾儒正學；近日吳下關中俱同此指，家侍御（指方學漸）亦同此指」；又說：「至善者吾性之本體也，於此下手是以本體合工夫，於此究竟是以工夫合本體」。方孔炤也說：「標性善者生機也；標四無者，死語也。下學藏上，則死語即是生機」。方以智則說：「有善惡對待之善，有不落善惡之善」，而陽明所謂「無善無惡心之體」的「無善無惡」是指不落善惡之至善，而不是王畿的所謂無善無惡，換言之，陽明性說符合儒家性善說的傳統，王畿則是單提。

•崇實論

方氏理學除了以性善說反對性無善無惡說以外，還以崇實論反對虛無論。這種崇實論亦首倡於方學漸。他認爲漢儒重訓詁，唐儒重辭章，其弊爲有「空談」而無「實行」；宋儒起而矯其弊故重「篤行」，但末流卻有「襲行」而無「實心」；陽明爲了矯宋儒末流之弊而倡致良知之學；有「實心」而末流卻依附靈明本體不言工夫，而流於虛無。方學漸認爲王學末流這種虛無之弊與二氏之「舍實而求虛，離有而索無」同弊，而與儒家之「藏虛於實，潛無於有」的主張背道而馳。換言之，方學漸的崇實論就是要以儒家的「藏虛於實，潛無於有」來取代王學末流及二氏的「捨實而求虛，離有而索無」。方學漸晚年顏講學處爲「崇實堂」，可見他主張崇實論之堅定。

方大鎮一方面繼承方學漸的崇實論以反駁二氏及王學末流虛無之弊，一方面則更強調儒家虛實合一的主張。他認爲「虛明神化的本體」（虛）與「倫物學問之實務」（實）是可以並行不悖、合二而一的，而且唯有相輔相成才不致有偏；如果只偏重「倫物學問之實務」，容易流於「我見滯實之病」，如果只重視「虛明神化之本體」，則容易流於「掠虛欺人之病」，這可以說是儒學的虛實合一論。方以智一生學問可以分爲前後兩個階段，前一階段可謂從事於「務實」之學（《通雅》與《物理小識》爲其代表），後一階段可謂從事於「致虛」之學（《東西均》、《藥地炮莊》爲其代表）；但他務實不忘致虛、致虛不離務實，目的即要達到儒學這種虛實合一的最後境界，並藉以破王學末流與二氏之虛無。

方以智早年受業師王宣、白瑜也主虛實合一論，王宣說：「用實者虛，用虛者實，虛實本一致也」，白瑜也說：「字畫亡於董雲間，詩古文亡於鍾竟陵、王山陰，理學亡於顏山農、何心隱，禪亡於天童。畫鬼魅易，畫犬馬難；掠虛易，核實難，無怪其然」。他們兩人的主張對方以智也有很大的影響。

•藏陸於朱

方學漸是一陽明學者，但鑑於王學末流之弊，故主張「藏陸於朱」，目的在藉朱子學以補陽明學之不足。譬如，陽明言本體固精，朱子言工夫，更不可忽視。以聖人下學上達之旨來看，吾人應從朱子所言工夫入手上達陽明所言本體。因此，唯有「藏陸於朱」才能調和朱陸，並到達聖人下學而上達、本體工夫合一的理想，像王學末流捨工夫言本體、捨下學言上達皆不符聖人之旨。可見「藏陸於朱」目的即在調和朱陸。方學漸好友葉燦對他這種調和朱陸的性格說得很明白，他說：「先生潛心學問，揭性善以明宗，究良知而歸實，掊擊一切空幻之說，使近世說無礙禪而肆無忌憚者無所關其口，信可謂紫陽（朱子）之肖子，新建（王陽明）之忠臣矣」。

方大鎮也認爲王陽明與朱子各有精論不可偏廢。如陽明言良知，事實上與往聖先賢之言至善、仁義相通，都是言心的本體；陽明的性說與朱子、孔孟也是同屬一脈之相承，可見陽明言本體是有其地位的。而朱子之重視工夫、重視讀書也是聖人下學之旨，它與悟道相輔相成，陽明朱子晚年定論便不明白這一層。可見方大鎮認爲朱子與王陽明應相輔相成。方孔炤於萬曆四十七年（一六一九年）任福建福寧州知州，常「往探紫陽羈轍處」；於格物說亦主朱子，而認爲「新建之致良知是上冒也；其言格去物欲則偏說也」；對於陽明學末流之「以畏難暱便之情襲偏上末流之說，……動掃考亭、杜撰狂談」更表示不滿。方以智早年更根據朱子格物說發展出其知識主義（以《通雅》爲代表）及物理研究（以《物理小識》爲代表）。由此可見，「藏陸於朱」最後卻發展出經史考據與科學研究。

2 易學

易學是方以智思想的核心，也是方氏四世相傳的家學。方學漸有《易蠡》十卷，方大鎮有《易意》四卷，方孔炤有《周易時論合編》二十三卷，方以智有《易餘》二卷、《易義》、《學易綱宗》、《易籌》、《易圖》等。目前只有《周易時論合編》有順治十七年刊本，《易餘》有抄本，其餘似皆已佚。因爲《易餘》目前尚未整理出版，故目前只可以看到《周易時論合編》。

《周易時論合編》二十三卷，包括周易圖象幾表八卷、及上下經上下繫辭說卦序卦雜卦十五卷，順治十七年白華堂根據余颺所藏秘本、由李世洽鑑定梓行。有李世洽、方鯤、余颺、白瑜序，中德、中通、中履跋，及方以智後跋、又跋，及方孔炤所撰凡例十則。全書的主要部分是方孔炤廬父墓期間（一六三一——一六三四年）完成；崇禎十二年（一六三九年）撫楚事敗，與黃道周同在西庫論易之餘又有增述，其後又會揚、京、關、邵，推見四聖；明亡後隱居白鹿山莊之環中草堂又加合編，至永曆九年（一六五五年）未竟而卒。方以智廬墓於合明山欒廬，又命三子德、通、履合編而成。因此《周易時論合編》主要部分雖由方孔炤所撰，卻可以說是方氏易學之集大成。

根據《周易時論合編》看來，方氏易學最重視「時中」。《四庫全書總目提要》便說：「其立說以時爲主，故名時論」。其次是提出了「公因與反因的觀念」。方中通曾指出這種特點。他說：「公因，一也；反因，二也，此方氏之易學，真破天荒，一切皆然」。方以智也說：「爲物不二，至誠無息者，公因也；宇宙、上下、動靜、內外、晝夜、生死、頓漸、有無，凡兩端無不代明錯行，相反而相因者也。公因在反因中」。方孔炤也說：「必表寂歷同時之故，始免頭上安頭之病；必表即歷是寂之故，始免主僕不分之病」。所謂「公因」、「一」、「寂」、「爲物不二，至誠無息」都是指宇宙的本體；「反因」、「二」、「歷」、「兩端」都是指宇宙的現象。而「公因在反因中」，「一在二中」，就是指本體在現象中，如果就方氏理學中的虛實論而言，也可以說是「虛在實中」或「陸在朱中」。可見方氏易學與方氏理學是相通的，都是崇實。方氏所以重視象數易與物理研究，與這種思想背景有密切關係。此外方以智均的哲學更與家世易學中的調和性格有密切關係，詳見後論。

3 佛學

方以智明亡後逃禪，且力主三教合一，故佛學亦爲其思想中不可忽略的一部分。大致上說它主要淵源於外祖吳應賓，其次是覺浪道盛禪師。

吳應賓（一五六五—一六三四年）字尚之，一字客卿，號觀我。年二十二登萬曆十四年（一五八六年）進士。授翰林院編修，以目疾歸。天啓中詔加左春坊左諭德兼翰林院侍讀，崇禎七年（一六三四年）卒於桐城南灣別墅，年七十。著有《宗一聖論》十篇、《古本大學釋論》五卷、《中庸釋論》十二卷、《性善解》一卷、《悟真篇》、《方外遊》、《采真稿》、《學易齋集》各若干卷。門人私諡宗一先生。

吳應賓以儒者而精佛典，與當時佛教界大師如蓮池袾宏（一五三五—一六一五年）、憨山德清（一五四六—一六二三年）、無異大曦元來（一五七五—一六三〇年）都有往來，因此方以智說他「受戒蓮池、析教憨山、於博山處脫桶底」。覺浪道盛禪師也說他「合蓮池、憨山、博山爲一滴乳」。吳應賓又曾師事三教先生林兆恩（一五一七—一五九八年），故主儒釋道三教合一，其《宗一聖論》的「宗一」即指三教可以「各一其一」，也可「共一其一」。

方以智家世雖歷代爲純儒，但與吳應賓卻早相論學。方學漸與他闡釋性善之旨，各有著述；方大鎮與他激揚達二十餘年；方孔炤更娶其女吳令儀爲妻；方以智晚年會通三教受到吳應賓影響更大。

覺浪道盛（一五九二—一六五九年）閩拓浦張氏子，生而穎異，幼習舉業，年十五入贅，十九從元鏡出家。名道盛，號覺浪，別號杖人，又稱浪杖人。於崇禎三年（一六三〇年）始出說法。前後說法四十餘年，坐道場五十餘處。嗣法弟子二十九人，記莂居士四人。覺浪與吳應賓同屬博山法乳，與方孔炤在甲申、乙酉間（一六四四、四五年）已在南京會晤，永曆二年（一六四八年）覺浪至桐城浮山會聖巖掃塔，並遊樅陽，夏休於小龍山之中方禪寺，與桐城諸居士論道。方孔炤時隱居白鹿山莊，亦出與論道。方以智舅吳道凝、叔方文亦與覺浪有往來。

覺浪雖嗣法曹洞宗，但五宗並舉，三教並弘，與方以智晚年會通三教之旨同。其次覺浪雖爲禪師，但卻精通儒書，尤精於易，與方以智亦能契合。此外，覺浪《莊子提正》主莊子爲老子託孤說更影響了方以智《藥地炮莊》。總之覺浪道盛禪師是方以智晚年思想上一位重要影響者。

六、方以智均的哲學

就目前可見的資料中，最能代表方以智思想的著作是逃禪前完成的《通雅》與《物理小識》，及逃禪後完成的《東西均》與《藥地炮莊》。大體上說《通雅》反映了方以智知識主義的強烈，《物理小識》可見其對於物理研究（相當於自然科學）的重視，《東西均》代表其均的哲學，《藥地炮莊》則代表其三教合一的主張。這四種思想主張雖然在形式上有極大的差異，實際上卻是非常有機地連續著。爲了有機地把握方以智的整個思想體系，我想先敘述其均的哲學，而後再依次敘述其他各種思想主張。

所謂「均的哲學」就是要求對立物達到均衡調和的哲學。這是對於明末學術思想界發展的偏病而發。《東西均》一書闡發這種哲學主張最明。所謂「東西」即指對立的兩端，「均」是造瓦而使均平的工具，也是調和樂器而使均聲的工具（即指均鐘木），其目的都在使形或聲得到均平與均聲，所以說「均固合形聲兩端之物」，換言之，就是要使不調和的、相對的兩端趨於調和的意思。他又說均有公均、隱均、費均。隱均、費均是有、無相對的兩端，公均則是不落有無的調和狀態。因爲所謂「有」是指「有藏無」的有，而非絕對的「有」；所謂「無」是指「無攝有」的「無」，而非絕對的「無」，所以「有」、「無」才可以「存、泯同時」達到一種均衡調和的狀態。也唯有達到這種狀態才是一種真正均衡調和的「公均」的狀態。這是方以智所認爲宇宙間最圓滿最理想的境界。均的哲學就是在闡述如何達到這種狀態的一種哲學。

均的哲學主要以易爲根據，故云：「中土以易爲均」。它可以以「∴」（讀伊）的象形符號來表示。這三點主要實來自《易傳》中「一陰一陽之謂道」與《論語》中「吾道一以貫之」。上一點指道，下二點指一陰一陽。換言之，上一點是指宇宙間的本體，它是均衡調和的一種狀態，下二點指宇宙間一切對立的現象。方以智提出了「隨泯統」與「交輪幾」來說明其間的均衡調和關係。隨泯統是認識的三個過程。方以智說：「明天地而立一切法，貴使人隨；暗天地而泯一切法，貴使人深；合明、暗之天地而統一切法，貴使人貫。以此三因，通三知、三唯、三謂之符，覆之曰交、曰輪、曰幾，所以徵也。交以虛實，輪續前後，而通虛實前後者曰貫——貫難狀而言其幾。暗隨明泯，暗偶明奇，究竟統在泯、隨中，泯在隨中。三即一，一即三，非三非一，恆三恆一。」就隨泯統而言，隨、泯、統是認識的三個階段，隨是「明天地而立一切法」，「泯」是「暗天地而泯一切法」，統則是「合明暗之天地而統一切法」，它正如正、反、合的認識過程。如果說∴的下二點是一隨、一泯的話，則上一點是「統」的狀態，也就是一種完全認識。但是「統在泯、隨中，泯在隨中」，這是一種以「隨」爲基礎，以「統」爲最高理想的哲學主張，但是隨、泯、統三者正如正、反、合三者一樣都是「三即一、一即三，非三非一、恆三恆一」的關係。∴三點的關係即是如此。其他如三因（即正因、了因、緣因）、三知（《論語．堯曰》：「不知命，無以爲君子也；不知禮，無以立也；不知言，無以知人也」）、三唯（《易傳》：「唯深也，故能通天下之志；唯幾也，故能成天下之務；唯神也，故不疾而速，不行而至」），三謂（《中庸》：「天命之謂性、率性之謂道、修道之謂教」）也都具有這種「三即一、一即三、非三非一、恆三恆一」的關係。

除了隨泯統以外，還有交輪幾的關係。「交以虛實、輪續前後，而通虛實前後者曰貫——貫難狀而言其幾」。所謂虛實交是指宇宙間的所有現象都是相對的二，如有無、動靜、陰陽、形氣、道器、晝夜、幽明、生死、虛實都是對立的兩端（二），都會相交，此謂「虛實交」。「虛實交」亦即對立現象的相交運動。也可以稱之爲「合二而一」。

「虛實交」是指空間上對立兩端之相交，「前後輪」則是指時間之前後連續。從時間上來看，小自一個人的一呼一吸、一日之生死（即晝夜）、一月之生死（朔晦）、一歲之生死（歲），乃至天地之生死（元會），都有一前、一後及前後連續的關係。所謂「推見在之前際，即過去之後際，推見在之後際，即未來之前際；此一天地未生前，即前一天地已死後，此一念未生前，即前一念已死後；今日之子時前，即昨日之亥時後，兩天地之大生死，即一日之十二時也」。這種時間之前後相接連續，在佛教中稱爲「輪」，邵雍則稱之爲元會運世；方以智即以此稱之爲輪。總之，宇宙間任何現象的運動變化過程中都有時間的推移在其中，所謂過去、現在、未來；昨日、今日、明日都是連續不斷。

何謂幾？「交也者，合二而一，輪也者，首尾相銜」，「幾」則是交輪之後的一種更進一層的高級狀態。其地位相當於「一陰一陽之謂道」的「道」。「幾」具有最高的主導地位，但與交輪有密不可分的關係，所以說「必格破虛、實之交，而後能合虛、實交之幾；迸裂前、後之際，而後能續前後之幾」，這正如太極不能離兩儀而獨存，統不能離隨、泯而獨存之意。就∴而言上一點是無對待、不落四句的太極！下二點是相對待、交輪太極之兩儀；太極統兩儀，而又在兩儀之中，上一點統下二點而上一點又在下二點之中。

∴的上一點是指不落有、無的絕對本體，因此所有與太極同一層次的不同名辭都可以等同於上一點。如太極、精一、時中、混成、環中、真如、圓相、太一、太無、妙有、虛滿、實父、神氣、烟熅、玄同、真我、法身、真常、正法眼藏、無位真人、理、心，天，都是諸子百家，三教五宗用來表示本體的名辭；名辭儘管不同，所指則一，都相當於易之太極與∴的上一點。∴的下二點則是指宇宙間所有相對待的現象如虛實、動靜、陰陽、形氣、道器、晝夜、幽明、生死、水火、男女、生尅、剛柔、清濁、明暗、順逆、有無、真妄、安危、勞逸、剝復、震艮、損益、博約之類，所有相對待的現象都有相反相因、相勝相救的關係。上一點與下二點也是相對的兩端，也有相反相因、相勝相救的關係。所以既不可「喪二求一，頭上安頭」，也不可以「執二迷一，斬頭求活」。上一點在下二點之中，但卻統貫下二點。換言之，下二點有其客觀存在性，上一點有其主體性。

∴說強調「合二而一」，故主張學術思想上的集大成與尚大全；強調不落有無的「一」，故主張聖人之中道；強調隨泯統的認識過程，故主張信、疑、信的懷疑主義；強調交輪幾的變化過程，故主張學術進化論。以下依次略加說明。

「合二而一」在哲學上是要全面把握對立面，但在學術思想上，則要求兼容百家集其大成。因此他早年便主張「坐集千古之智，折中其間」。只有集大成者才能見道之大全，否則都只是偏精或甚至偏而不精，都不免如「眾盲之於象」，或「撫鐵牛以爲象」，甚至如「盲之夢鐵牛」。在他看來，中國學術思想史上只有「達巷之大成均」（孔子）才是真正集大成者，其他如「混成均」（老子）、「鄒均」（孟子）、「蒙均」（莊子）、「乾毒之空均」（佛教）、「壁雪之別均」（禪宗）、「濂洛關閩之獨均」（指宋代周敦頤、二程、張載、朱子）；都是偏精而已。但是集大成比偏精不易博人快意，故孔子雖然集羲皇、軒轅、堯舜、湯武、殷三仁、周公之大成，集《詩》、《書》、《禮》、《樂》、《易》、《春秋》之大成，以及伯夷、伊尹、柳下惠之大成，尖快小才卻往往恨其無快人之意，而反對孔子。李贄輩即是如此。方以智之推尊孔子爲集大成，與李贄輩之反孔思潮有關。

集大成必須兼容百家，聽其代明錯行，不可攻乎異端而加以排斥，故孔子說「攻乎異端，斯害也已」，孟子雖不得已而辨，但辨而非攻。後世卻假「辨異端」之名，而行「攻異己」之實，故天下是非失去標準。

集大成必須適逢其時，孔子適逢其時，故能成爲集大成之聖人。至於孔子以前與孔子以後的聖賢則因未逢其時，故雖博大真人亦不免終成一曲之士。在方以智看來，明末也是一個道術日裂的時代，同時也是一個可以集大成的時代，因此他也要集先秦諸子百家之大成，朱王之大成，漢宋明之大成以及三教之大成、中西學術之大成。《通雅》、《物理小識》及逃禪後的《東西均》、《藥地炮莊》等著作都充滿著這種集大成的色彩。而其最後目的是要當「大醫王」、「應病予藥」醫治天下庸醫之病，故文德翼説他：「醫能醫病、藥地能醫醫，是曰醫王」。

方以智這種集大成之願主要是站在知識（而非道德的立場上）立論。他要把所有相異或對立的眾說加以辨駁折中，而後形成自己的學說，與∴說的「合二而一」是相通的。也可見方以智知識主義的強烈。

與集大成密不可分的是中的觀念。所謂「中」有時中、中庸、中道、中和、中正之意。一般把「中」解釋爲「無過不及」，往往流於機械式的折中，而失去「時時此中，乃庸其中」的時中意義，故方以智把「中」解釋爲「不落有無」的「太極」與「中天」，即∴的上一點。

「中」並不是機械式地要求折中調和。「中」乃因時因地而變。因此只要合時合地，即偏亦中；不合時地，而勉強求其折中，則不是真正的所謂「中」。

聖人集大成，見道之大全，故能「兩端用中」，諸子百家則各見道之一端，故「各出一奇以與天下爭」，孟、荀、莊、列、申、韓、惠、秉無不各執一說，此乃天下所以紛紛之故。事實上，所有這些立說，都可以代明錯行，並行不悖，以發明道妙。吾人當「合觀之」，才能「兩端用中，一以貫之」。方以智認爲何心隱、李卓吾等肆無忌憚之小人，不但不符中庸之道，甚至破壞中庸之道。

方以智一方面主張集大成（「坐集千古之智」），一方面主張中庸之道（「折中其間」），同時還具有強烈的懷疑精神，他這種懷疑精神不但表現在文獻的考證上，而且也表現在自然科學的研究上。他說：「物理無可疑者，吾疑之，而必欲深求其故也；以至於頹牆敗壁之上有一字焉，吾未之經見，則必詳其音義，考其原本，既悉矣，而後釋然於吾心。」

把懷疑的對象由一般的文獻記錄，擴大到自然界事物，是方以智懷疑精神的特點。

方以智逃禪以後，懷疑精神不但未減，反而在早年物理研究與音義考證的基礎上，進一步加以理論化，其懷疑精神更爲強烈。他說：「疑何疑？誰非可疑？又誰可疑乎？善疑者，不疑人之所疑，而疑人之所不疑；疑疑之語，無不足以生其至疑。新可疑，舊亦可疑；險可疑，平更可疑。……」「天地間一疑海也」，大而至於天象，如七曜衆星何以繫而不墜？七十二候何以轉而不息？小而至於人身，如眼何以能看？耳何以能聽？手何以能持？足何以能行？都是常人習而不察的現象！如果我們帶上懷疑的眼鏡加以觀察思索，一定會發現其中有解答不完的無數疑問，這種「習之則忘、思之則駴」的現象在天地間簡直是數說不盡，吾人不在此處懷疑，便沒有什麼可以懷疑的了。所以方以智特別強調「新可疑，舊亦可疑；險可疑，平更可疑」、「善疑者，不疑人之所疑，而疑人之所不疑」（牛頓之發現萬有引力定律，瓦特之發現蒸汽原理，都是疑人之所不疑）。方以智這種懷疑精神與其早年所從事的科學研究有密切關係，因此也更顯現出這種懷疑精神的可貴。

方以智雖然極力強調懷疑的重要性，但是「疑」只是手段，最初應從「信」入手，最後還要以「信」爲歸。換言之，方以智的懷疑精神是一種信、疑、信的過程。因此他說：「人不大疑，豈能大信？然先不信，又安能疑？疑至於不疑，信至於不信，則信之至矣。」這種信、疑、大信的懷疑精神與∴說中的隨、泯、統的認識過程相同，與黑格爾的正、反、合辯證法亦有些類似。

方以智所以強調以信爲入手，與當時知識界之不信西學有關。因爲他們根據「常見」對於當時西學表示不信的態度。他說：「大西儒來，脬豆合圖，其理頓顯，膠常見者駴以為異，不知其皆聖人之所已言也。」「拘者守所見，不在目前，則戛戛乎不信。——語山中之老農魚大於木，即疑，而且有蝦須如檣，蝶翅如帆，鰲背如山、長百里者；言衣為野蟲所吐，即疑，而且有鎖鎖石絨，投之水中愈潔者；西域種羊，桃核如斗，井火、石油，海水、硇水、佔僤者十且八九詫，況其他乎？」所謂「膠常見者」、「拘者」、「佔僤者」都是根據習以為常之見，對於新傳入的遠西學術表示不信的態度者。既先不信，便無法懷疑，更無法從懷疑中發現中西科學之異同優劣，故方以智要特別強調最初要先信的重要性。

懷疑的最後目的是要達到「大信」。「大信」就是對於天下事物的客體達到完全認識之後，對於「自我」之肯定與相信，換言之，即對於「心」的主體性的顯現，及心的「自由」的獲得。譬如方以智根據文字的訓詁考證發現同樣是「茶」，因時地不同，還有檟、茶、陀、擇、𣦠、德等不同稱謂；同是「心」，因各家立論不同，還有太極、精一、時中、混成、環中、真如、圓相等不同稱謂，常人不知會通，故「此尊此之稱謂，彼尊彼之稱謂，各信其所信，不信其所不信」，如果經過一番信疑工夫，便可信天地間本無此稱謂，本無此法，而可以自我稱謂。總之，對於「物」完全認識之後，可以達到自我的肯定與心的自由。這是方以智懷疑的最後目的。因此其懷疑精神還有純知識以外的意義在內。從某些意義上說，也是反對李卓吾等不重視工夫而主現成良知者而發。

∴說中的交輪幾是一種運動變化的過程，所有事物都隨時隨地在交輪的過程中，向更圓滿的「幾」的狀態發展。輪雖然是借自佛家輪迴的觀念，但是既然解釋之為「續前後」，便是指時間的前後相接，而不是輪迴。換言之，它是一種直線的進化理論，而不是一種循環論。

方以智對於事物發展的這種進化看法，主要是根據學術思想方面研究而得出的，特別是早年從事的考證工作與物理研究。譬如從考證方面他發現「古今以智相積，而我生其後；考古所以決今，然不可泥古也。古人有讓後人者。……生今之世，承諸聖之表章，經羣英之辯難，我得以坐集千古之智，折中其間，豈不幸乎？」換言之，人類知識因累積而進步，故後人一定可以超越前人。這是一種今勝於古的進化觀。

方以智這種進化觀也受到邵雍元會運世說的影響。因爲根據邵雍元會運世之推論，明末適逢正午，萬法當明，因此他對於自己所處的時代表示相當的樂觀。方以智家世易學很重視邵雍河洛象數易影響。因此這種進化觀自方孔炤至方以智、方中通實一脈相承。

此外，方以智的進化觀與當時耶穌會士之輸入西學也有關係。方以智對於耶穌會士傳入的西教雖然沒有接受，但是對於西方天文曆算學、地理學、醫學、動植物學等都加研究，對於西人以望遠鏡觀測天象尤表讚賞，認爲他們「詳於質測」，而且認爲可以「借遠西爲郯子、申禹周之矩積」，意即可以借西方科學來補中國科學不足，並發揚中國古有的科學研究傳統。

總之，方以智以《東西均》一書爲主而提出的哲學思想，我們可以總括之爲均的哲學，它主要是想在事物均衡發展下求取進步。它是一種調和哲學，同時也是一種進步哲學。∴是表示這種哲學的象徵符號，而隨泯統、交輪幾、集大成、中道思想，以及懷疑精神、學術進化觀則是它的具體內容。這種哲學在方以智整個思想體系中佔有最核心的地位。以下將討論的知識主義、物理研究及三教合一也都與此有關，也可以說都是由這種思想體系展現出來的。

七、方以智的知識主義

就某種意義上說，朱子學派與陸象山學派之歧異在於前者偏重道問學，後者偏重尊德性。王陽明爲了挽救朱子學末流之弊，故承陸象山之教，更強調尊德性的重要，但是末流亦不免流於過分偏重尊德性之弊。爲了挽救王學末流過分偏重尊德性之弊，明末學者一方面從理論上肯定學問與知識的價值，一方面從實踐（考證）中表現其對學問與知識的重視。因此在明末理學中有知識主義與反知識主義的強烈對立，方以智在這種對立中，是知識主義行列中的一位傑出者。

明末強調知識主義的儒者大體上可分爲兩派，一是從實際考證工作上表現出其對知識的重視，一是從理論上肯定知識的重要性。方以智逃禪以前主要是從事考據的工作，從實踐上表現出對讀書工夫的重視，逃禪後則在考據的經驗基礎上，提出論理上的主張。以下分三點加以探討。

1 藏通於雅

《通雅》一書是方以智早年從事文字音義考證的總集。從書名上可以看出方以智是想藉文字的考證（「雅」）以達到會通古今（「通」）的目的；但是從全書內容看，它主要是一部「藏通於雅」的著作。因此它起碼反映出兩點重要的意義，一是想藉考證的方法，以達到會通，與一般理學家由虛玄一路講豁然貫通的方式有所不同；一是重視文字本身的價值，與一般糟粕文字的理學家更是大異其趣。

方以智基本上認爲王學末流理學家所以糟粕文字、洸洋自恣、逃之虛空，主要是因爲小學沒落，文字本身的價值沒有受到應有的重視所致。明末雖然也出現了不少博學者與考證學者，如楊慎、焦竑、陳耀文、王世貞、胡應麟等，但是大都「當駁者多不能駁，駁又不盡當」，因此方以智一方面肯定文字的價值，認爲它是「道寓於器、前用盡神」、「載道法、紀事物」所必不可少的工具了，它不但是士人「即薪藏火」之井竈，也是「理事名物之辨當管庫」，離開文字而談學問，不但不得書中本意，而且甚至「構虛詞、鶩縣谷」。一方面則從事文字音義的考證訓詁。《通雅》一書就是這樣的產物。

方以智肯定文字的價值，而重視小學研究。梁啓超說《通雅》是「近代研究小學之第一部書」。也更重視音韻學研究，而且很受金尼閣《西儒耳目資》的影響。金尼閣《西儒耳目資》刊行於天啓六年（一六二六年），原爲方便傳教士學習中文之用，但對我國本土正在復興的音韻學研究卻有很大影響。方以智流寓金陵時期閱讀該書，他說：「今日得《西儒耳目資》，是金尼閣所著，字父十五，母五十，有甚、次、中三標，清、濁、上、去、入五轉，是可以證明吾之等切」，又說：「余十餘年疑十數家之等韻，忽因泰西創發」，可見他不但深受西方音韻學影響，而且有意會通中西音韻學，對於阿拉伯數字之簡便（所謂「十字皆只一畫，不煩兩筆」，及西方拼音文字之「因事乃合音，因音而成字，不重不共」表示極大的贊賞。近人羅常培甚至認爲這是三百年前大膽的漢字革命論，也是羅馬字注音的響應。

方以智的考證有四個特點，⑴重視證據。糾正古人錯誤，必當藉他證，絕不敢「以無證妄說」，⑵引文必註明出處，絕不敢「以意取《玉篇》之字」。《通雅》所引必註明引自何書，原來如何訓詁，後人如何辯證，今又作何辯證，如此使後人可以在這種基礎上更進一步加以辯證。而且「士生古人之後，貴集眾長，必載前人之名，不敢埋沒」。⑶他認爲考證必須要「博學積久，待徵乃決」，與高談性命者之全恃自悟者不同；因此他隨手筆記，既可備忘，又可以參證比較。與顧炎武之以抄書爲著書同，亦與乾嘉學者之勤作箚記者同。⑷重視懷疑。方以智之懷疑精神之強烈在上一節中已加討論，在《通雅》之考證工作中則充分表現出來。以上這些精神與宋明理學以自悟談性命者不同，而與清代學者以考證作學問者卻極相近，故四庫館臣在評論《通雅》之時，便把方以智視爲清代乾嘉考據學的先河；認爲他「考據精核……窮源遡委，詞必有徵」，「在明代考證家中，可謂卓然獨立者」。

考證是理解文字音義的一個手段，其最後目的是要求會通。「惟通，斯得其全」，即只有會通，才能見道之大全。一般人卻只執訓詁，遂謂全得聖人之指，這是再迂腐不過的。總之，訓詁考證最後目的是要得「聖人之大指」及見道之「大全」，「雅」只是手段，「通」才是目的。

2 藏悟於學

方以智除了從實際的考證工作與「藏通於雅」中，表現其對知識的重視以外，還從哲學理論上提出「藏悟於學」的主張，以證明學問與讀書工夫之必不可少。他說：「學必悟而後能變化，悟必藏於學而後能善用」，可見學與悟是相反相因，相輔相成。又說：「德性、學問本一也，而專門偏重，自成兩路，不到化境自然相訾」。尊德性與道問學不但可以並行不悖，甚至互不可少。但是王學末流卻「捨學言悟」，故方以智要提出「藏悟於學」的主張，來強調學的重要性，首先他從訓詁學上說明學即兼有悟的意思，「學也者爻也、孝也、效也、教也、覺也」，兼有悟、誦讀、躬行等意思。因此儒家有重學傳統，《論語》首言「學」，孔子「只說個學字，而不以悟道掛招牌」，罕言性命天道，而雅言學問；雖然尊德性，卻以道問學爲工夫；孔子這種重視學的傳統，後來一直爲儒家學者所承襲，宋明理學家雖偏重尊德性，但並沒有完全否認「學」的重要，朱子固不必論，陸象山等人也不例外。一般人批評陸象山、張子韶學禪、掃文字，以爲落空。事實上陸象山反對「束書不觀，游談無根」，張子韶亦有久不讀書，面目可憎，語言無味之嘆，兩人都沒有否認讀書的重要。程頤謂讀書爲玩物喪志，事實上是要逼人篤信，陸象山說六經註我，事實上是要人讀書當求諸己，可見儒家重視學問的傳統至宋明理學仍未斷絕。王陽明本人爲了挽救朱子學末流過分偏言學之弊，而偏言悟，但末流學者卻「專主空悟，禁絕學問」，「倚現成良知以呵學」，「即語學亦語偏上之學」（即空悟之學）、「矜高而厭學」。儒家重學的傳統至此受到最嚴重的挑戰。

方以智之重視「學」除了要恢復儒家之重學傳統以外，還有以下幾點原因：(1)人的一生自赤子開始便是一個學習過程，近自穿衣吃飯，遠至天地間之方言、稱謂、動植、物性、律曆、古今得失等各種學問，都必須經過「學」的工夫而後才能「知」，學而後知，無所不學則無所不知，這種學而後知的本能，就是「良知」、「良能」，亦即人性。換言之，人之所以爲人，在於天生具有學的本能；現成良知派認爲一切知能都是「本自具足」，不待學習，則「學道人先從不許學飯始」。(2)就學與悟而言，悟較易流於虛僞，他說：「道德至尊而易以僞，言道術之言尤易僞，況駕道德之上而藏身不必言者乎？」因此其道愈高，其僞愈多。但是學問則「九真而一僞」，淹洽者、疏漏者、博能約者、博未約者，明眼人一看便知，絲毫無法虛僞掩飾。(3)學與悟發展至極端都不免生弊，但博學之弊比悟門之弊對社會危害性較小。「師心之禍，甚於守糟粕之弊，豈特一、二倍哉」，「博學之病，病不過老牖下，孰與悟門之病，誑惑橫行，而僭第一坐乎？」

頓悟門雖似高於學問門，說出個「學」字，則似是一個未悟道底，但道是什麼，悟個什麼，真正大悟人仍然以學問爲事，謂以學問爲保任也可，謂以學問爲茶飯也可。「盡古今是本體，則盡古今是工夫」。天在地中，「性在學問中」，故悟在學中，因此吾人必須「藏悟於學」。

3 藏理學於經學

如果說宋明學術思想主流爲理學的話，清代學術思想主流則爲經學。清代經學的全盛雖是乾嘉時代的事，但其萌芽則可追溯至宋明理學末流，因爲明末王學末流把理學發展到反知識主義的路上，不但糟粕文字，反對學問，甚至反經學、反聖人，因此站在知識主義立場的學者，爲了挽救理學末流這種弊端，不但重視文字與學問的地位，尤其更重視經學的地位。明末理學家對經學的重視，其原意本在充實理學內容，並挽救理學於不墜，但是到了乾嘉時代，附庸卻蔚爲大國，經學遂取代了理學而爲清代學術思想的主流。在這種轉變過程中，明末清初可以說是一個最明顯的過渡時期。方以智就是在這種情況下提出「藏理學於經學」的主張。

「藏理學於經學」主要是針對王學末流之「糞掃六經」、「師心杜撰」而發。由於陸王學者主張「心即理」「六經註我」，因此理在吾人心中，而非在聖人經書之中。有明一代由於陸王心學盛極一時，經書的地位已經動搖；末流學者，特別是何心隱、李卓吾一輩之「師心無忌憚」，「糞掃六經」，乃至「市井油嘴皆得以鄙薄敦詩書、悅禮樂之士」，聖人與經書的地位因此就更低了。方以智則認爲「聖人之經即聖人之道」，「聖人之文章即性道」，「詩書禮樂即聖人之正寂滅道場」，「寓罕言（性命）於雅言（詩書禮樂）」，故宋明諸大儒也沒有離經學以言理學；即使是陸王之「即心即經」「即心即理」，也只是爲了針砭朱子學末流支離之弊而發。末流學者捨經學言理學，不免「捨經而樓上駕樓」；其結果不是「以講道高自標目」，就是「滉洋自恣，莫可窮詰」。爲了捨救理學末流這種弊端，只有再建立經學的地位，因此要提出「藏理學於經學」的主張。

就方以智而言，「藏理學於經學」的所謂經學最主要的是指《易經》而言，因爲理學最主要在研究宇宙人生之道理，而易最能統貫宇宙萬法的秩序變化。他說：「易統三才萬法，而此中之秩序變化具焉，太枯不能，太濫不切，使人虛掠高玄，豈若大泯於薪火，故曰藏理學於經學」。

由於理學藏在經學中，故方以智給予經書以崇高的地位，並與諸子百家著作區別開來。他說：「聖人表中正以與萬世化，諸子各出一奇以與天下爭。……讀聖作當虛心以從經，覽百氏當化書以從我，察其兩端，由中道行」。所謂「虛心以從經」，與「化書以從我」明顯區分出聖經與子書的地位，這與陸象山「六經註我」的態度異，與王學末流之糞掃六經更是迥然不同。

總之，「聖人之經即聖人之道」，理學既以求聖人之道爲主旨，便不應捨棄經學；捨經則理亦無所得。陽明學末流信陸王之「心即理」太過，以致忽略朱子「格物窮理」的工夫，終至糞掃六經，排突聖人。其弊不只是求不得聖人之道，甚至還師心禍世，混淆是非。方以智爲了重建理學，重立經學地位，故提出「藏理學於經學」的主張。其子方中德繼承這種主張，也主張「以經學藏道」。此與顧炎武之「經學即理學」都在明末清初學術轉變過程中具有同樣重要的意義。

「藏通於雅」、「藏悟於學」、「藏理學於經學」是一而三、三而一的主張，它是「一在二中」、「公因在反因中」的應用，也是「藏陸於朱」的一種延伸。方以智這種主張表面上似乎有些偏重於「雅」、「學」、「經學」，事實上這是爲了挽救王學末流糟粕文字、禁絕學問、糞掃六經不得不然，其最後理想還是要上達「通」、「悟」、「理學」，這種通與雅、悟與學、理學與經學的統一，就方以智個人而言是完成了，這是他學術思想上最大的特點。此外，方以智這種主張可以看出清代經學可說是從理學內部矛盾中所逐漸演變而來，特別是對於明末王學末流的反動，更是一個直接促成的因素。

八、方以智的物理研究

宋明理學中除了尊德性與道問學之爭以外，還有心之理與物之理之爭。朱子鑑於五代以來儒者流於二氏虛無談心之弊，故主張即物窮理，偏重在物之理的研究，陸象山卻認爲朱子即物窮理不免流於支離，故主張理在心中，偏重在心之理的探討。求理於物與求理於心遂成爲理學爭論的問題之一。明代由於朱子學末流已流於馳外不見聖人之道之弊。因此本來求理於內心與求理於外物的危機，到了明末達到了極其緊張的狀態。明末自然科學方面的突出成就，理學內部這種論爭是重要原因之一。方以智所以以一位反王學末流的理學家從事自然科學研究，其因在此。

方以智鑑於王學末流掃物尊心、捨物言理之弊，一方面從理論上肯定物理研究的重要性，一方面也從事實際的物理研究。但是他畢竟是一個主張挽朱救陸、調和朱王者，所以物理研究終究只是手段與基礎，其最後目的是要達到心與物完全融合貫通的境界。用方以智自己的話說，就是要使「通幾」（求理於心）與「質測」（求理於物）配合，達到「合外內、貫一多而神明」的境界。

方以智早年便對物理具有濃厚興趣：「自小即有窮理極物之僻」，「物理無所疑者吾疑之，而必欲深求其故」；出遊與流寓金陵時期更不斷從事物理研究；仕宦北京時期，便完成了《物理小識》一書。流離嶺南不但行醫爲生，而且對當地動植物也都細加觀察，並因而糾正不少前人記載的錯誤；逃禪後雖然主要的學問重心轉到易理的探討上，但卻仍指導次子中通與弟子揭暄、游藝研究物理。而且從理論上會通易理與物理。因此從表面上看，方以智似乎逃禪前重視物理，逃禪後卻捨物理而談易理，實質上逃禪以後，反而在理論上寄予物理以更大的關心。方以智之所以如此重視物理，主要是針對明末王學末流之否認「物」的地位與物理的價值而發，即所謂「舍物以言理」、「托空以愚物」、「離氣執理」、「掃物尊心」、「掃器言道」、「離費窮隱」、「吹影鏤空」等。這種末流不但不符合陽明立教本意，而且事實上也不可能，因爲心與物的關係，正如火與薪的關係，「火因烈於薪，欲絕物以存心，猶絕薪而舉火也，烏乎可？」它又如仁與樹的關係，「核仁入土而上芽生枝，下芽生根，其仁不可得矣」，故欲捨物言心，等於捨樹求仁。宇宙間的所有現象也沒有捨繁多而去易簡者。譬如「天」並不只是一個渺渺的天，而且還必須有七曜、二十八宿、三百六十五度四分之一，如此才能成天之用；地必須有四輪、七山、億萬萬國、山川、草木、動物五方各三百六十才能成地之用；人也必須有五官、百骸、二十五經絡、九十九萬毛竅，才能成人之用。

「盈天地間皆物」，理又在物之中，捨棄物又格什麼理？王學末流捨物而言理，最後只有「空窮其心」永遠求不得理；要真正求得理，只有即物窮理。故方以智主張「格物之則，即天之則，即心之則」，這與「空窮其心」的王學末流正處於反對立場。

王學末流「捨物言理」也不符合往聖先賢重視物理的傳統。上古聖人教導百姓煉金揉土、取火耕土、建築高室、編織衣服、分干支、明歲月、立書契、紀制度等，無一不是爲了「備物致用」、「使物各得其宜」。尤其是天文曆算方面更是自黃帝以來所最重視；唐堯、虞舜繼承這種傳統；至孔子以曆衍易，對曆數律度尤加重視，可見重視物理實爲上古聖人以來相沿不斷的傳統；上古未發明文字以前雖然無書，但他們卻「以天地身物爲現成律襲之秘本」，所以可以說「上古以來乃讀混沌天地之書者」，「上古窮理盡性，俯仰遠近皆其書」；陸王一派提出「皋、夔、稷、契所讀何書」質疑，就是不明白這種傳統所致。

方以智的物理研究可以《物理小識》一書爲代表。全書共分十二卷、十五類。即天類、曆類、風雷雨暘類、地類、占候類、人身類、醫藥類、飲食類、衣服類、金石類、器用類、草木類、鳥獸類、鬼神方術類、異事類。他是崇禎四年（一六三一年）二十一歲爲其師王宣梓行《物理所》一書以後，隨聞隨記而成。至崇禎十六年（一六四三年）撰序時已大致完成；其後續有補充，由三子方中德、方中通、方中履編錄，友人于司直之子于藻於康熙三年（一六六四年）刊於廬陵縣知縣任內。有于藻〈序〉、方以智〈自序〉、方中通〈編錄緣起〉。

從全書目錄與內容來看，可以充分看出他所從事的物理研究包括天文、曆算、氣象、占候、地理、人身、醫學、藥物學、飲食、衣服、金石、器用以及動物、植物等有關學問。方以智稱之爲「物理」，也稱之爲「格致」。大致上說，它也可以相當於今之「自然科學」。由於這種物理研究非比性命可以自悟，而是要即物而窮其理，質而測之，故方以智又稱之爲「質測」。

方以智的物理研究起碼有以下幾個特點。

1 重視觀察與試驗

傳統的物理研究「所言或無徵」或「試之不驗」，爲了求得物理的正確知識，方以智特別重視觀察及試驗，以「徵其確然」。對於植物的根、莖、花、葉更是觀察入微，記載翔實，而且因之糾正不少前人記載的錯誤、疏漏與臆說。對於天文曆算方面的爭論更重視觀測試驗，爲了反駁西人「日大於地百六十餘倍」的說法，曾根據實驗提出「光肥影瘦」之論。但對於西洋人以望遠鏡觀測太白，更表示贊佩。方以智在《物理小識》中到處有「試之驗」、「未試」、「累試累驗」、「未嘗驗之」、「今不驗」、「今試之」，可見其試驗精神的濃厚。這應是「質測」的最具體表現。這種重視觀察實驗以求得正確物理的精神，不但富有近代科學精神，與清代考證學之重視證據的求實精神亦相符合。

2 「借遠西爲郯子，申禹周之矩積」

所謂「借遠西爲郯子，申禹周之矩積」，意即借助西方科學，以發揚中國的科學研究傳統。方以智認爲中國上古聖人不但沒有忽略物理，而且還樹立了優良的研究傳統，只是後儒加以忽視罷了。方以智從事物理研究的目的之一，就是要爲往聖繼此絕學，並加以發揚光大。因此《物理小識》不但對傳統科學文獻廣徵博引，而且更肯定中國人有科學研究的潛能，譬如他說當時西方傳入的地圖說，岐伯早已言之；如北極之下，半年晝，半年夜之說亦早見諸周髀；其他很多西人新說早由中國古代科學家指出，只是後世失傳而已。但是方以智也指出西學「詳於質測而拙於言通幾」，即精於科學物理，而不善言哲學易理。因此西方不少精密前進的科學可以用來掃除中國的迷信舊說，如《博物志》載天河與黃河相通，後世相傳不疑；一六一一年（萬曆三十九年）伽利略以望遠鏡觀測，發現天河實由無數小星構成，此說經湯若望《新法表異》一書介紹入華，方以智立刻接受，並斷定舊說為迷信寓言。因此方以智要「借遠西為郯子，申禹周之矩積」。當然西方的科學也還不完備，所謂「智士推之，彼之質測猶未備也」。因此它還只能借用，不可以全盤接受，更不能全部仰賴西方科學。方以智這種融會中西科學的努力在近世中國科學史上有重要的意義。

3 講求實用

方以智的文字音義考證多屬於典禮制度與音韻之書之學，其最後目的在經世致用，其物理研究屬於象緯律曆、醫藥物理之學，更具有實用意義。《物理小識》十五類、數千百條，幾乎每條都與日常生活有關，都有實用價值。天文曆算類討論歲差、日月食、曆法、日地大小、開闢紀年、節度定紀等都是當時修曆運動中爭論不休的問題；醫藥類是個人習醫之經驗與心得；其他如轉水法介紹由低處引水灌溉高地之法；稱杆輪運、起重法介紹省力起重的方法。書中有「愚者訊諸山野人」、「愚者訊饒人」、「愚者訊之田父」等記載，更是直接從勞動農民中獲得的經驗，可見其物理研究始終不離實用。

4 物理通乎易理

從某些意義上說，方以智的物理研究實脫胎於家傳之象數易。因此《物理小識》雖然主要是在研究物理，卻每每言及易理。在他看來物理實與易理相通，特別是醫理。因此他說：「兩間皆藥也，皆物也，皆理也」。方氏易學講公因與反因（前述），這種關係在醫學中也能得到證明，方中通說：「公因，一也；反因，二也。此方氏之易學，真破天荒，一切皆然，即醫可以取證」，可見醫理也具有公因反因的關係。譬如水火即是相反相因的關係，水濕、火燥，水內景、火外景，水有體、火無體，水用之而少、火用之而多，可見水火之相反關係，但實際上，兩者有時分用而本不相離，有時互用而不孩偏顯，有時相制而適以相成，可見其相因關係。所以水火相反相因、交濟相成，可以代錯而行。可見就公因與反因、或一與二的關係來說，易與醫通。物理中既藏易理，易理亦有助於對物理的理解。

方以智雖然因爲不滿王學末流而重視物理研究，但是他並未因此忽略心的地位與重要，相反的，他認爲心與物兩者有密不可分的關係。因而提出「通幾」與「質測」兩種方法，以爲求理於心與求理於物的方法，以達到「合內外、貫一多」的心物貫合的境界。

方以智認爲心與物是相反相因、互不可缺的兩端。因此他常說：「舍心無物、舍物無心」，「離心無物、離物無心」，「心外無法、法外無心」，「無非物也、無非心也」。但是分別言之，物具有客觀存在性，心卻具有主體性，因此他一方面說：「盈天地間皆物也」，「格物之則，即天之則，即心之則」，「火無體而因物見光以爲體，猶心無體，而因事見理以徵幾」，一方面又說：「惟心能通天地萬物，如其原，即盡其性」，「心之所至，即理之所至」，「不測不二，端幾惟心」，「受命如嚮，惟心所造」。因此偏於言物，或偏於言心都無法完全認識理。朱子「但云今日格一物，明日格一物，以爲入門」，主張「窮理博物，而一旦貫通」是偏於言物；陸王把格物解爲「格去物欲」，又主「自得本，莫愁末之說」則偏於言心，都不能完全認識理。有鑑於此，方以智乃承其父方孔炤之說提出通幾與質測兩種方法，前者以「格心之理」，後者以「格物之理」，藉著這兩種格物方法的密切配合，以達到對於理的完全認識。

通幾與質測來自易傳之「通」與「質」，方孔炤變化之爲通論與質論，通幾與質測。他認爲聖人因鑑於權變常度之難明，故言「通」以免「拘者泥之」，言「質」以免「高者蕩之」，方孔炤因之創爲通論與質論。通論以避免「執一切皆太極」而流於「荒冒而義不精」；質論以避免「執　太極爲執總惡別之疣」。而且更進而主張「藏通於質」，「以通論貫質測」。方以智繼承這種主張說「有質論，有推論，偏一事而廢一論乎」，「有質論，有推論，推所以通質，然不能廢質，廢質則遁者便之」。由此可見通與質、通論與質論的密不可分關係。

就本文脈絡來說，「通幾」相當於心之理的研究，「質測」相當於物之理的研究。由於王學末流捨物之理的研究而高談心之理，故方以智批評他們「掃質測而冒舉通幾以顯其宥密之神者，其流遺物」。「掃質測」與「遺物」都是指忽略物之理的研究而言。至於耶穌會士傳入的西學雖精於物之理的研究，卻不擅長於心之理的探討，故方以智評他們「詳於質測而拙於言通幾」。

通幾與質測正如通與質、通論與質論一樣，關係極爲密切，不但互不可相廢；而且可以相輔相成。「或質測，或通幾，不相壞也」，「不可以質測廢通幾，豈可以通幾廢質測乎」，「以通幾護質測之窮」，「質測即藏通幾」。

方以智不滿意傳統格物說，而分別以通幾與質測來研究心之理與物之理，其最後目的是要達到心、物完全均衡調和的狀態，即所謂「合外內、貫一多而神明」的境界。由此可見，方以智並不是所謂的「唯物論」或「唯心論」，而是心物一貫論。

總之，方以智因爲個人有「窮理極物之癖」，而且有鑑於王學末流捨物言理之弊，故一方面竭力強調古聖先賢有重視物理的傳統，一方面則親自從事物理研究。他這種研究不但是歷史的，因爲它對於傳統科學文獻有廣徵博引、細加考究；同時也是科學的，因爲它很重視觀察實驗，而且很重視西方以望遠鏡觀測天文。此外方以智這種科學研究乃針對理學末流之弊而產生，其最後目的是要達到心之理與物之理的合一，也可以說是一種「萬物一體」「天人合一」的狀態。方以智這種藉物理研究以達到「萬物一體」、「天人合一」的境界的方法，與一般空言萬物一體的宋明理學者大異其趣。

九、方以智的三教合一

自魏晉南北朝以來，儒釋道便不斷互相排斥衝突，但同時也不斷有三教合一的主張。宋明理學雖以闢二氏、重建儒學爲己任，但在思想內涵上卻深受二氏影響，甚至可以說它是一種三教合一的新儒學。這種特點在陸王一派學者中表現得特別明顯。陸象山的心學有濃厚的禪學色彩，當時已被視爲禪習；王陽明承象山之教，禪學色彩更爲濃厚，其末流甚至形成所謂「狂禪派」。狂禪派的主要特徵是捨工夫言本體、捨實有言虛無，故其所倡三教合一事實上是站在本體立場、集三教虛無之大成。這與理學當初以闢二氏、重建儒學的宗旨顯然背道而馳；有識之士乃起而矯其弊，一部分學者如顧炎武、黃宗羲、王夫之等都站在儒家門牆之內重建理學，他們或站在陽明本人學說、或借助於朱子學說、或甚至借助原始儒家學說，但都不外以儒救儒。另一部分學者則認爲甕內不能運甕，要挽救儒學，必須直搗二氏窠臼；因此他們也提出三教合一的主張，一方面批判三教末流之偏弊，一方面發揚三教的原始精神，最後再把三教會歸於儒，以達到重建儒學的目的，方以智就是這一類學者中最傑出的代表者。

明末清初鼎革之際，有不少遺民以逃禪的方式表明其不仕異族的決心，此即所謂「遺民僧」。方以智於永曆四年（一六五〇年）、永曆七年（一六五三年）曾兩次以逃禪的決心婉拒了清朝政府的袍帽，就此而言，方以智的逃禪與一般的遺民僧一樣，都是對異族政權一種反抗或不合作的表示。但是從明末清初的史實看來，逃禪與異族並無必然關係。如王夫之反滿情緒最爲高漲，但是卻始終婉拒方以智逃禪之勸，對二氏更是加以嚴厲批評；木陳道忞（一五九六—一六七三年）是當時佛界大師，卻與清政府密切合作，甚至應詔入宮，備受皇帝禮遇。換言之，方以智的逃禪固與異族入主有關，但是在異族壓迫逐漸消除後，仍然逃禪以終，一定還有其他因素。

除了異族入主以外，方以智的逃禪還有以下幾個原因：(1)方以智流離嶺南時期，其父方孔炤隱居桐城白鹿山莊，以戰亂之故，無法歸里省親，但同時永曆帝連下十次詔書，命方以智出任閣臣。方以智在忠、孝難兩全的矛盾心理下，早有逃禪保身以盡孝道之意。他說：「吾歸不可，出不可，善吾身以善吾親，其緇乎？」又說：「中丞公白髮在堂，皆爲之枯，十年轉側苗峒，不敢一日班行，正以此故。」這是方以智逃入僧院的原因之一。(2)方以智的逃禪主要與其三教合一的主張有關。方以智外祖吳應賓以儒者而精於佛典，並師事三教先生林兆恩，故主張三教歸儒。覺浪道盛禪師則以高僧而精於儒典，亦主三教並舉、五宗並弘。此與方以智集大成與三教合一的主張相符合，方以智能逃禪二十年，而以僧終，這種思想上的因素是最主要的。

方以智以儒者而託身僧院，雖主三教合一，目的卻要復興儒學。因此其《藥地炮莊》一再強調莊子是孔子託孤，無異在表明自己雖薙髮爲僧，思想上卻不失儒者本色，其好友施閏章也一再說他是儒者。換言之，逃禪爲僧僅是一種形式，會通三教、復興儒學才是實質，這是方以智逃禪的主要意義。

方以智之三教合一基本上還是站在儒家虛實論的立場上展開。換言之，他一方面針對明末三教之虛弊而發揚三教之崇實精神，一方面唯恐矯枉過正，故又提出三教虛實合一的主張。

明末不只是儒學掠虛談玄、捨物言理，即使佛、道也是掃物尊心、流於虛無，因此方以智不但發揮儒家知識主義與物理研究的傳統以挽救儒學，而且也進一步發揚佛道崇實傳統以挽救二氏，甚至發揚耶穌會士重視學問、重視科學的精神。就佛教而言，原始佛教有所謂內明與外明。內明指身心性命之理，外明指聲明（即聲音文字之學）、醫明（即醫學）、巧明（即科學技術之學）、因明（即邏輯學），合稱五明。可見佛不但不忽略人倫政事，也不忽略知識或實有。達磨創立禪宗主要是針對當時經論支蔓、福壽功德之弊而發，但後世學者既不明原始佛教本意，又不明達磨立教苦心，因此矯枉過正，捨物言心，流於虛無。一般人以爲莊子以虛無自然爲宗，必定掃倫物、反知識，事實上《莊子》一書所言皆自具兩端，雖偏言虛無而不廢實有，〈天下〉篇便極言六經與數度的重要，不但重視學問知識，而且重視象數物理。莊子每言虛無的靈臺，卻說「靈臺者有持而不知其所持，而不可持者」，又常說「議之所止，極物而已，以有形者象無形者而定」。可見莊子雖偏言虛無而並不離實有。但是後人不知莊子「以虛無自然爲宗，稱混沌、滅禮法、廢權衡」之立教本旨，卻假之以「賤學荒事、棓聖縱盜、滑稽顛倒、推墮洸洋」，如此既不得莊子「虛無自然」之益，反流於「掠虛門勝」之弊。一般人或以爲惠施不言虛無，或以爲惠施不言實有，事實上惠施不但言萬物一體，又言物理質測，其所設問，絕非一般「畏數逃玄、竊冒總者所能答」，其所言者亦非「循牆守常、局咫尺者所能道」。此外西方耶穌會士雖以傳教爲務，但也輸入西方曆算奇器等科學，因此在方以智看來也是言虛無而不廢實有。總之，無論是佛教、道家、天主教都是言虛無而不廢實有，而且可以說都是主虛無與實有合一，與儒家虛實合一的主張相同，因此都可以合一，也因此三教可以歸儒。

方以智除了站在虛實合一的立場上會通三教以外，也用∴的符號來會通三教。他認爲易、莊、禪都具有公因與反因的關係。他引用易傳、禮運、老莊、華嚴互爲參證，以說明三教都討論到寂然無分別的一與歷然分別的多之間的密切關係。換言之，歷然分別的現象界雖然賾動繁然，但是都各具一理，不雜不亂，各循其方，唯有窮通萬法之理，才能把握寂然無分別的本體。但吾人也必須把握寂然無分別的本體，才能統貫歷然無分別的萬法。這種寂然無分別的一與歷然分別的多的關係，即虛與實、內與外的關係，亦即方氏易學中公因與反因及∴說中上一點與下二點的關係。

∴三點的關係是「三即一，一即三，非三非一，恆三恆一」的關係，而三教的關係亦然。所謂：「教無所謂三也。一而三、三而一者也。譬之大宅然，雖有堂與樓閣之區分，其實一宅也。門徑雖殊而通相爲用者也。」可見三教殊途而同歸、一致而百慮，既可分亦可合。

三教雖然都言「二」（現象），但也都未忽略言「一」（本體），而其言「一」也都可以會通。「太極也、精一也、時中也、混成也、環中也、真如也、圓相也，皆一心也，皆一宗也」，「氣也、理也、太極也、自然也、心宗也、一也，皆不得已而立之名字也」。

三教聖人都是主張合虛實、合內外、貫一多、本體與現象合一者，因此三教皆可合一，但是後世賢哲往往爲挽救一時之弊，必須提出權宜之偏說。這些偏說雖然不符合聖人之旨，但卻可以用「代明錯行」（《中庸》：如四時之錯行，如日月之代明）之法互補互救。如禪宗可以救理學滯學執著之弊，理學也可以補禪宗諱學言悟、不立文字之弊；老子可以救佛學唯我獨尊之弊，佛教也可以救道家曳尾全生之弊。如此代明錯行、互補互救，便可會集諸偏說而見道之大全。

根據這種代錯原理，不但理學內部朱陸之爭可以止息，即使三教之間一些爭論不休的問題也可以解決。如有與無的問題，一般人總認爲儒家言虛有、二氏言虛無，有與無之爭不息，因此三教始終不能會通。但方以智卻認爲三教皆言實有與虛無合一之學；有無之不可分是三教之所同。而有、無事實上可以代明錯行、並行不悖。所謂「體道於無，可以養神虛受；還事於有，便知物則咸宜。火候自適於兩忘之無，所以調氣踐形而泯性情也；實務藏用於法位之有，所以隨分安時而無思慮也」。可見有無雖是相反的兩端，但各有其用，可以代明錯行、會通一貫，而至於不落有無；既至不落有無之絕對的一，則有無可以無爭，三教亦可會通。

其次一與多也是當時爭論的問題。方以智則用博與約的關係加以說明。他認爲「博文約禮」的命題可以改爲「博物約空」，而博與約可以互換而成「博空約物」；既可以「博空約物」，又可「博物約空」，故一與多事實上是可以貫通的。「一是多中之一，多是一中之多，一外無多，多外無一，此乃真一貫者也。」

儒釋道三教爭論最烈的莫過於出世與入世的問題。一般人總以爲儒講入世，佛言出世，兩者根本不能調和。但方以智卻認爲「同此宇宙日月，同此身心性命，稱謂有方，語正宜通而互爭之」，又說：「言自各異，而不可相廢也；偏廢則皆病矣」。換言之，出世與入世是相反相因的兩端，可以代明錯行，並行不悖。就∴說而言，入世是存，出世是泯，存、泯同時，故出世、入世不悖；但是「舍存豈有泯乎？」既捨入世豈有出世。可見方以智雖逃禪世外卻不忘入世之業，其所以不能接受魏禧「掛鞋曳杖，滅影深山」之勸，與他所持這種入世思想有密切關係。

總之，儒釋道三教皆主虛實合一之學，因此都可以會通，後世聖賢爲了針對時弊，立說或不免有偏，但卻可以代明錯行，互補互救。方以智這種三教合一的最終目的是要重建儒學，但是清代學術並沒有朝著這個方向走，而從明末掠虛的理學，矯枉過正地走入滯實的清代經學。

十、結語

從以上的敘述，起碼可以得到以下幾點結論：

㈠方以智是明末清初一位風格奇特的思想家，兼有「大傷心人」與「大醫王」的雙重性格。從生平上說，他因慕司馬遷之出遊天下，而於二十歲（崇禎三年，一六三〇年）出遊江淮吳越；二十四歲（崇禎七年，一六三四年）因桐城民變而流寓金陵；三十四歲（崇禎十七年，一六四四年）因李自成攻陷北京被執不屈；逃抵南都後因馬阮亂政，列名追捕，而流離嶺南；三十六歲（隆武二年，一六四六年）以擁戴永曆帝有功擢左中允，旋因司禮太監王坤之專橫而掛冠離去；四十歲（永曆四年，一六五〇年），清兵陷平樂被執，寧取白刃而不受袍帽，遂至薙髮爲僧；四十三歲（永曆七年，一六五三年），皖開府李芃又逼以袍帽，遂至天界，禮覺浪道盛爲師。但是雖然逃禪世外，卻仍無法擺除來自俗世的讒言讒語，遂於六十一歲（康熙十年，一六七一年）自沉贛江，完節以終。其一生可謂在流離坎坷、患難悲劇之中，是十足的大傷心人。但是從思想上說，九歲（萬曆四十七年，一六一九年）便能賦詩屬文，並接觸西學與物理；十二歲（天啓二年，一六二二年）能背誦六經，其後更加博學，舉凡陰陽象數、天官望氣之學，律呂之源、兵法之要，無所不窮；書法、圍棋、舞劍、彈琴、吳歌、雜技等亦無所不精；二十歲以後從事經史考證與物理研究，至仕宦北京時期便完成了百科全書似的《通雅》與《物理小識》。四十歲逃禪以後研究易理、會通佛與老莊，主張三教合一；他要把古今中外學問像藥材一樣，會集一爐，加以烹炮燒煮，並製出各種藥方以救治學術思想界的千疾百病，以及不諳靈素而爭掛單方招牌的庸醫之病，時人因之稱他爲「大醫王」。唯有苦難的時代才能產生憂患的意識，唯有憂患的意識才能孕育出光輝的思想，因此對於方以智而言，大傷心人的悲劇生平與大醫王的光輝思想，似相反而實相成。

㈡方以智曾祖父方學漸是陽明學派的學者，但反對王畿、李贄及二氏之「捨實而求虛，離有而索無」，而主張「藏陸於朱」，「潛無於有，藏虛於實」，這種尊朱崇實的主張一直爲方氏所繼承發展，而且越來越偏重，至方以智遂實際從事經史考證與物理研究，《通雅》與《物理小識》就是這種思想背景下的產物。因此無論在經史考證或物理研究，方以智都是一方面批判王學末流「舍學言悟」、「舍物言理」之弊，一方面又強調伏羲、孔子、朱子、乃至陸象山都有重視學問與物理的傳統。換言之，他對王學末流的不滿而言是一種反動，但是就其從傳統中尋找理論根據而言，卻是一種連續。由此可見：⑴近人對於清代考證學興起的解釋，或主反動說，或主連續說；如果我們從方學漸、方大鎮、方孔炤至方以智四代家學的演變來看，它對於王學末流而言是一種反動，但是對於朱子，甚至孔子而言則是一種連續。⑵方以智反對王學末流之「掃物尊心」而提出「盈天地間皆物」的主張。其所謂「物」除了書籍文獻以外，也包括自然界的萬物，因此他在從事經史考證的同時，也從事自然科學（即質測之學）的研究。可見明末理學內在的矛盾中不但逼出了文獻的考證，也導出了自然科學的研究。而且方以智的科學研究中包括天文、曆法、數學、醫藥、植物、動物、礦物等，其所謂「質測」，更包括觀察、實驗、懷疑、儀器觀測（如以望遠鏡觀測天象）等，若後人沿著這個方向發展，一定可以繼續產生更精密、更進化的科學。由此可見，明末科學所以特別發達，與對王學末流的反動及朱子格物說的復活有密切關係（西方耶穌會士之傳入科學最多只是一個輔因），而儒家阻礙中國科學發展之說，也難以完全成立。

㈢方學漸是陽明學者，方以智早年也受方大鎮陽明學之教，逃禪後更在一定程度上放棄大規模的經史考證與物理研究。江西青原山為江右王學重鎮，其學風與方學漸、方大鎮原很相近，故方以智逃禪後期住持青原山淨居寺，不但表揚王學，而且一再主張「以無我為過關」、「以毋自欺為薪火」。換言之，方以智逃禪以前偏重在以朱子務實之學為基礎，以建立陽明致虛之學，逃禪之後卻以陽明致虛之學統貫朱子務實之學。以方以智自己的話說，前者是「質測即藏通幾」、「下學而上達」，後者則是「以通幾護質測之窮」、「達上而學下」。牟宗三先生認為朱子與王陽明最大的不同在前者是採取順取之路的一種橫攝系統，後者則是採取逆覺之路的一種縱貫系統；就此而言，我們事實上也可以說，方以智逃禪前是要以朱子的橫攝系統上達陽明的縱貫系統，逃禪後則是要以陽明的縱貫系統來融化朱子的橫攝系統。此外，嵇文甫說朱子與陽明最大不同在於朱子把尊德性與道問學作為一種左右二元的並列，陽明則把尊德性與道問學作為一種上下一元的統屬；就此而言，我們也可以說方以智把尊德性與道問學作為既是左右二元的排列，又是上下一元的統屬（逃禪前傾向前者，逃禪後傾向後者）。總之，方以智有意調和朱子學與陽明學，並集其大成於一身的性格是極為明顯的；其逃禪前後學術思想風格雖然有很大不同，但是就其調和朱王的努力看來，卻是自成體系，毫不脫節矛盾的。由此我們也可以看出方以智逃禪前（異族入主前）從事經史考證，逃禪後卻放棄了，這從他本人的思想體系看來是很可以理解的；換言之，明末考據學之所以興起，主要是對王學末流的反動以及在理論上所受朱子的影響，與異族的壓迫無關。

㈣方以智鑑於明末學術思想界的多樣性與矛盾性，而提出「均的哲學」；這種哲學主要表現在他根據《易傳》「一陰一陽之謂道」而創出來的「∴」的符號（下二點爲一陰一陽，上一點爲道）。方以智認爲陰中有陽、陽中有陰，故陰陽具有相反相因的關係（即下二點，又稱反因）；兩者互不可缺，而且必須互相調和才能見「道」之大全（即上一點，又稱公因）。其他如一與多、內與外、博與約、虛與實、悟與學、心與物，……等所有對立的兩端也都與一陰一陽一樣，必須互相調和。至於調和的方法，就是《中庸》所謂「如四時之錯行，如日月之代明；萬物並育而不相害，道並行而不相悖」的原理。從學術思想界上說，能使各種不同的說法任其代明錯行，並育並行，不但不會有「攻乎異端」之事，而且可以保持其多樣性。但是這並不是一種學術界的靜態平衡，也不是一種機械式地在對立中求取調和；根據交輪幾與隨泯統的法則，學術思想界在代明錯行、並育並行的狀態下，自然會不斷的向前進步與發展，方以智所以主張集大成、學術進化論，其理論根據即在此；因此均的哲學是一種變的哲學，也是一種進化哲學。

㈤方以智的志節與學問在當時曾備受推崇，江子長曾譽之爲四真子，即「真孝子、真忠臣、真才子、真佛祖」；張英也稱他「爲人才、爲學人、爲忠臣、爲孝子」；黃宗羲是方以智流寓金陵時期的好友，對方以智的醫學與易學成就表示推崇；對其奇才尤表驚服，而視之爲四位畏友之一；王夫之在方以智流離嶺南時期認識，逃禪後頗多交往，他雖然婉拒方以智逃禪之勸，但對其會通三教、重建儒學的努力更是仰慕終生，嘆爲觀止。但是入清以後，儒學逐漸定於一尊，考據又趨獨盛，方以智這種合一三教、會通中西以重建儒學的主張，卻不能爲「以考據爲儒學」的乾嘉學者所理解與受容。因此除了早年所從事的文字音義考證（即《通雅》）被譽爲清代考據之先河以外，他幾乎可以說是清代儒學界的「異鄉人」；至於三百年後的今天，我們不但對他的學術思想主張缺乏深刻與全面的認識理解，就是對他的生平也感到相當陌生。事實上清末民初以來正處於中西文化交流鼎盛的時代，也是重建中國思想文化最迫切的時代，方以智重建明末清初中國思想文化所提出來的方案，應該可以做爲我們的借鏡。

參考書目

1 史料

《通雅》 方以智，清光緒六年桐城方氏重刊本。
《物理小識》 方以智，《國學基本叢書》本，臺灣商務印書館，民國五十七年臺一版。
《浮山文集前編》 方以智，明此藏軒刊本，民國二十一年曬藍，中央研究院傅斯年圖書館藏。
《東西均》 方以智，中華書局，一九六二年。
《藥地炮莊》 方以智，清康熙三年，盧陵曾玉祥刊本；民國六十四年臺北廣文書局影印。
《浮山前集》(《流離草》) 方以智，抄本。方杰人師珍藏。
《浮山後集》(《鳥道鳴、無生寱、借廬語》) 方以智，抄本，方杰人師珍藏。
《膝寓信筆》 方以智，《桐城方氏七代遺書》，光緒十四年，日本東洋文庫藏(以下簡稱《七代遺書》本)。

《青原愚者智禪師語錄》 方以智，修訂中華大藏經會印行，臺北，民國五十七年（以下簡稱《中華大藏經》本）。
《青原志略》 方以智、施閏章合編，康熙八年，日本內閣文庫藏。
《心學宗》 方學漸，萬曆三十二年刊，東京大學文學部漢籍中心藏。
《東遊紀》 方學漸，《七代遺書》本。
《性善繹》 方學漸，同上。
《庸言》 方學漸，同上。
《寧澹語》 方大鎮，同上。
《荷薪謅義》 方大鎮，同上。
《寧澹居集》 方大鎮，同上。
《寧澹居奏議》 方大鎮，同上。
《周易時論合編》 方孔炤，順治十七年白華堂刊本。
《蒭蕘小言》 方孔炤，《七代遺書》本。
《古事比》 方中德，廣文書局，民國五十八年影印。
《數度衍》 方中通，《四庫全書珍本》二集，臺灣商務印書館。
《古今釋疑》 方中履，康熙二十一年桐城方氏汗青閣刊本。
《汗青閣文集》 方中履，《七代遺書》本。
《王船山遺書全集》 王夫之，中國船山學會，民國六十二年影印。

《蓼齋集》李雯，順治十四年刊本。
《愚山先生全集》施閏章，乾隆年間刊本。
《愚山先生年譜》施念曾，見《愚山先生全集》所附。
《桐城耆舊傳》馬其昶，宣統三年刊，中央研究院傅斯年圖書館藏。
《陳忠裕全集》陳子龍，光緒年間刊本。
《璇璣遺述》（又名《寫天新語》）揭暄，《刻鵠齋叢書》本。
《黃梨洲遺書彙刊》黃宗羲，永吉出版社，臺北，民國五十八年影印。
《天經或問》游藝，日本享保十五年（一七三〇年）江府書林松葉軒萬屋清兵衛鐫。
《桐城續修縣志》廖大聞，道光七年刊，內政部藏。
《所知錄》錢秉鐙，世界書局，民國六十年影印。
《田間文集》錢秉鐙，同治二年皖桐斟雉堂刊。
《藏山閣詩存》錢秉鐙，光緒三十四年刊。
《魏叔子文集》魏禧，《寧都三魏文集》本。
《瞿忠宣公集》瞿式耜，道光十五年刊本。
《天界覺浪道盛禪師全錄》覺浪道盛，《中華大藏經》本。

2 近人研究專書

《方以智晚節考》 余英時，新亞研究所，香港，一九七二年。
《歷史與思想》 余英時，聯經出版事業公司，臺北，民國六十五年。
《清初僧諍記》 陳垣，勵耘書屋鋟板，民國三十四年。

3 近人研究論文

方　竑 〈方密之先生之科學精神及其物理小識〉，《文藝叢刊》一卷二期，民國二十三年。
朱　倓 〈明季桐城中江社考〉，《中央研究院歷史語言研究所集刊》一本二分，民國十九年。
李慎儀 〈東西均中「合二而一」的原意和實質〉，《哲學研究》，一九六五年三月。
容肇祖 〈方以智和他的思想〉，《嶺南學報》第九卷第一期，民國三十七年十二月。
張德鈞 〈方以智物理小識的哲學思想〉，《哲學研究》，一九六五年三月。
張永堂 〈方以智與王夫之〉，《書目季刊》第七卷第二期，民國六十一年冬季號。
張永堂 〈方以智與西學〉，《天主教學術研究所學報》第五期，民國六十二年十月。
羅常培 〈耶穌會士在音韻學上的貢獻〉，《中央研究院歷史語言研究所集刊》一本三分，民國十九年。

岡田武彥〈東林學の精神〉，《東方學》第六輯，一九五三年六月。
小川晴久〈方以智の自然哲學とその構造——三浦梅園の條理との關連で〉，《學習院高等科研究紀要》㈣，一九六九年。
坂出祥伸、見藪內清、吉田光邦合編〈方以智の思想〉，《明清時代の科學技術史》，京都人文科學研究所，一九七〇年。
重澤俊郎〈方以智哲學試論〉，《中國の文化と社會》，一九六八年。

高攀龍．劉宗周．黃道周．朱之瑜．黃宗羲．
方以智 / 傅武光等著. --更新版. --臺北市
：臺灣商務，1999[民88]
面； 公分.--(中國歷代思想家：14)
含參考書目
ISBN 957-05-1586-4 (平裝)

1. 哲學－中國－傳記

120.99　　88005605

中國歷代思想家(十四)

高攀龍　劉宗周　黃道周　朱之瑜　黃宗羲　方以智

定價新臺幣三六〇元

主編者　中華文化復興運動總會
王壽南
著作者　傅武光　古清美　黃春貴
賴橋本　許錟輝　張永堂
責任編輯　雷成敏
封面設計　張士勇
內頁繪圖　黃碧珍
校對者　呂佳真　陳惠安　江勝月
出版者
印刷所　臺灣商務印書館股份有限公司
臺北市重慶南路一段三十七號
電話：(〇二)二三一一六一一八
傳真：(〇二)二三七一〇二七四
郵政劃撥：〇〇〇〇一六五－一號
出版事業登記證：局版北市業字第九九三號

• 一九七八年六月初版第一次印刷
• 一九九九年六月更新版第一次印刷

ISBN 957-05-1586-4 (平裝)　　04073000

讀者回函卡

感謝您對本館的支持，為加強對您的服務，請填妥此卡，免付郵資寄回，可隨時收到本館最新出版訊息，及享受各種優惠。

姓名：________________ 性別：□男 □女

出生日期：____年____月____日

職業：□學生 □公務（含軍警） □家管 □服務 □金融 □製造
□資訊 □大眾傳播 □自由業 □農漁牧 □退休 □其他

學歷：□高中以下（含高中） □大專 □研究所（含以上）

地址：□□□________________

____

電話：（H）____________（O）____________

購買書名：________________

您從何處得知本書？

□書店 □報紙廣告 □報紙專欄 □雜誌廣告 □DM廣告
□傳單 □親友介紹 □電視廣播 □其他

您對本書的意見？（A/滿意 B/尚可 C/需改進）

內容____ 編輯____ 校對____ 翻譯____
封面設計____ 價格____ 其他________

您的建議：________________

____

____

臺灣商務印書館

台北市重慶南路一段三十七號 電話：（02）23116118．23115538
讀者服務專線：080056196 傳真：（02）23710274
郵撥：0000165-1號 E-mail：cptw@ms12.hinet.net